# 硬汉计划

## 12周终极燃脂增肌计划

[美] 拉里·凯勒（Larry Keller）
美国《男士健康》图书编辑部 著

杨静 译

THE MEN'S HEALTH
HARD BODY PLAN

The Ultimate 12-Week Program
for Burning Fat and Building Muscle

U0125893

机械工业出版社
CHINA MACHINE PRESS

本书由全球知名杂志品牌《男士健康》的专家团队编写，为读者提供了科学、权威、快速、有效的健身训练方法。书中所囊括的12周全身肌肉训练计划和考究的饮食计划，使你杜绝低效、无效训练方式，快速收获健身成果。

Larry Keller and the Editors of Men's Health Books , The Men's Health Hard Body Plan: The Ultimate 12-Week Program for Burning Fat and Building Muscle

ISBN 978-1-579-54424-9

## 图书在版编目（CIP）数据

硬汉计划：12周终极燃脂增肌计划 /（美）拉里·凯勒（Larry Keller），美国《男士健康》图书编辑部著；杨静译. — 北京：机械工业出版社，2019.5

书名原文：The Men's Health Hard Body Plan: The Ultimate 12-Week Program for Burning Fat and Building Muscle

ISBN 978-7-111-63302-0

Ⅰ.①硬… Ⅱ.①拉… ②美… ③杨… Ⅲ.①健身运动 – 基本知识 Ⅳ.①G883

中国版本图书馆 CIP 数据核字（2020）第232164号

机械工业出版社（北京市百万庄大街22号　邮政编码100037）
策划编辑：王　炎　　　　责任编辑：王淑花
责任校对：梁　倩　李　婷　责任印制：刘　媛
北京中科印刷有限公司印刷

2023年5月第1版第1次印刷
169mm×239mm·17.25印张·320千字
标准书号：ISBN 978-7-111-63302-0
定价：69.80元

电话服务　　　　　　　网络服务
客服电话：010 – 88361066　机　工　官　网：www.cmpbook.com
　　　　　010 – 88379833　机　工　官　博：weibo.com/cmp1952
　　　　　010 – 68326294　金　书　网：www.golden-book.com
**封底无防伪标均为盗版**　机工教育服务网：www.cmpedu.com

# 序

　　我曾就职于一家被公认为很"复古"的健身出版公司。那时我有一种模糊的感觉：我们总是在那里做着错误的事情，但我永远也弄不清楚我们应该做什么。

　　举个例子吧。有一天，我在公司的健身房遇到了一位同事。他是一名优秀的运动员，但从未接受过力量训练，然而他在那里做了一系列的手臂力量训练，一次又一次地重复，周而复始。最后，我问他在做什么。

　　"今天是我的手臂训练日。"他说。

　　这是一个刚开始力量训练3周左右的人，他已经有了"手臂训练日"，我猜可能还会有"腿部训练日""胸部训练日"，甚至"脖子训练日"。

　　这就像在车来车往的高速公路快车道上学开车，或者让刚学会走路的孩子去参加纽约马拉松一样荒谬！我的观点是：对于一个从来没有进行过力量训练的人来说，一开始就做高阶健身动作，这让我觉得非常奇怪。

　　然而，在那些日子里出版的健身杂志中所给出的建议，即使是聪明人也会喜欢。以我为例，早在1970年，我开始将沙子装满塑料瓶并用其作为健身工具，直到20年后，我才从健身杂志中意识到我一直在用如此错误的方法进行训练，在那之后的几年，我逐渐学习到了更多的科学健身知识，并且可以自信地说我知道如何正确地进行训练。

　　如果这本《硬汉计划》之前就一直存在的话，我可以让自己躲开很多的训练误区，避免不少的伤病，并且不会浪费数千小时的时间在那些原理不清晰、执行性不强的训练项目上。我还会更加了解我的身体，并且给它提供恢复和增长肌肉所需的"工具"。

在这些"工具"中，自当其冲的就是在适当的时间吃正确的食物，《硬汉计划》将会告诉你，最大化增肌、最小化增脂的饮食秘籍。

对于任何刚刚在健身道路上起步的人来说，这本书就是你的训练向导。我花了很多年学习到的内容，你只需精读这本书即可掌握。你将从一开始就进行富有成效的训练，立即取得进步，并获得足够的多样性，以防止你的训练计划变得过时。

——卢·舒勒（Lou Schuler, A.C.E.）《男士健康》健身内容编辑

# 目录

序

第一部分

力量训练的新科学

# 你会变得更强：增强力量的先进科学

30 年前，人们如果想要寻求专业的减脂、增肌、塑形建议，他们会到拳击手训练的健身房那儿去问教练。教练们知道该用怎样的重量和频次来训练，以及如何进行配套的饮食和需要服用哪些"奇怪"的补剂。他们所教的方法总有一些是正确的，所以人们才能获得一定的成绩，但那些不正确的方法在现在看来却是十分危险的。

如今，有更多的理论知识和训练方法为人们所熟知。这一领域是一门科学，而硬汉计划提供的就是最前沿的精准健身科学。

本书的力量训练计划是由世界顶尖的肌肉机理博士——彼得·列蒙起草的。他是加拿大西安大略大学的运动学教授及运动营养学研究的学科带头人。

列蒙博士是以科学视角研究运动的先锋，不过他可不仅仅是一位搞理论研究的人，他自己也是一名"大块头"，进行力量训练已经超过 30 年了。

在这 30 多年间，他听闻了不少号称能够最有效地增强肌肉和消除腰间赘肉的理论。然而，本书可不是各种坊间传闻的集合。现如今，科学可以为我们提供确切的答案，被你捧在手中的正是最可靠的科学健身观念。

本书通过科学的理论告诉你，在饮食上应当如何去吃才能最大化你力量训练所力图达到的肌肉增长和脂肪消耗的效果。其中一些饮食理论也许会出乎你的意料。"营养学这一领域存在大量的错误信息，"列蒙博士说道，"大家都以为这一学科十分简单，但事实上它相当复杂。"

正因如此，本书的饮食计划是由另一位专家——运动生理学博士托马斯·因克尔登撰写的。他是一名注册营养学家、有资质认证的体能训练专家，同时在佛罗里达州的"人类运动表现专家⊖"担任运动营养学主管。他参与了无数的营养学

---

⊖ 人类运动表现专家是一家涵盖各项运动专项体能训练项目的顶尖运动表现训练中心。各项运动的运动员都可以在此通过科学安排和量身设计的训练与饮食搭配来增强自身的速度、力量、爆发力、灵活性、耐力、平衡感等，以突破自身的水平。——译者注

研究，也撰写过许多与饮食和健康相关的文章。

这些膳食搭配的设计会帮助你获得同等力量训练下最大限度的肌肉增长，你甚至可能从中获得前所未有的饮食享受。

## 力量训练的实验效果

科学不仅帮助我们发现了使增肌效果最大化的方法，而且还探索出了力量训练的诸多益处。肌肉增长越多，人体的新陈代谢就越快，也促使人体更高效地减去脂肪。力量训练能够减缓骨质疏松，这个功效现在看来似乎没那么重要，但等到头发和牙齿都开始脱落的年纪，你就会感谢自己现在的付出了。

力量训练和其他形式的锻炼还能让人们更加精力充沛，锻炼甚至可以改善个体的情绪。这似乎难以置信，但杜克大学医学中心的研究者表示，加入到一个为期16周的锻炼项目的抑郁症病人在不服药的情况下与那些仅服用抗抑郁药剂的病人有着几乎同等程度的情绪改善。

我们猜测本书的大部分读者都是希望通过锻炼塑形增肌以获得傲人身材的人群。如果锻炼还能帮助你释放压力，那就更是锦上添花了。

本书将指引你正确进行增肌、减脂，其中包含了丰富的科学理论，它们将指导你正确进行力量训练，教会你选用合适重量，以及把控适宜进食量和进食时间的方法。这仅仅是一个概述，下文就对以上每一点分别提供更多科学理论知识的详述。

## 好好吃饭

我们允许大家正常进食，或者应该说我们要求大家经常进食，想必你是不会讨厌我们这项要求的。而我们所说的经常进食，是指一天吃六到七顿。当然，这可不是让你每天大吃大喝、去六趟无限任吃的自助餐，这种吃法只会让你大腹便便。

这里所言的经常进食，是指少食多餐。一天分六、七次地吃些简餐或是加餐能防止你在根据本书进行锻炼时频繁感到饥饿。少食多餐有许多经研究论证支持的益处。

往细处说，少食多餐和策略性地安排进食时间能够最大化人体对食物营养的吸收和增肌的可能性。

暴饮暴食与直接浪费食物毫无二致，因为人体无法从一次进食中吸收超量的营养。

但是，一日多餐则可以将人体一天需要的营养分成多份不停输送，帮助人体保持在合成代谢活跃和肌纤维修复的状态。此外，由于消化食物也需要消耗热量，一日多餐还能够促进人体的新陈代谢，而活跃的新陈代谢同时也在帮助你燃烧身体脂肪。也就是说，一日多餐促使人体将多余的热量转化成能量消耗掉了，相应地，被转换为脂肪储存起来的热量就少了。

也许你会以为健身的膳食搭配应该有更高的蛋白质配比。许多"健身狂魔"都深信蛋白质能促进快速增肌，你肯定也听说过这一传闻。高蛋白膳食搭配最近又被鼓吹得天花乱坠了，虽然蛋白质确实是修复和增加肌肉的重要成分，但你很可能已经过量摄入了。

硬汉计划提供的膳食搭配配比给了碳水化合物较高的比重，这是因为与蛋白质相比，碳水化合物更容易被人体转换成能量。人体在有足够的碳水化合物可以消耗以供能时，就不会把蛋白质用作能量来源。这样一来，在肌肉需要修复纤维和刺激增长时，蛋白质就可以发挥它的特长了。而这不正是你想要达到的效果吗？

你无需担心本书建议的膳食搭配只有纤瘦的超级模特们可以忍受，事实上，这些搭配都是既丰盛又健康的。

例如，你可以用蘑菇煎蛋卷、黑麦面包、牛奶或咖啡和一些西柚作为早餐，金枪鱼沙拉三明治作为午餐，鸡胸肉、烤土豆（可以加黄油）、一些蔬菜和草莓作为晚餐。此外，一天内你还可以吃3到4次小小的加餐。这可不是什么难以下咽的餐食，但只要配上本书设计的力量训练，就可以帮助你达到减重的目标。

这个饮食计划的另一个核心要素是进食时间。研究表明，训练前和训练后立刻摄入一定的碳水化合物和蛋白质对于增肌十分有利，原因是碳水化合物和蛋白质的组合似乎能够减少力量训练造成的肌肉纤维的撕裂。这样一来，人体在训练后所需要的恢复时间就缩短了，酸痛感也会减少，同时肌肉增长也会更快。

这难道不是最棒的结果吗？

硬汉计划要求大家训练结束后的一小时内食用一份碳水化合物和蛋白质比约为4:1的加餐。这份加餐无需你费心准备，无论是一个面包圈、一些水果还是一根能量棒都能满足这一需求。

我们了解大家在度假或是商务差旅中难免需要频繁外出就餐。哪怕是再懂得如何精确地摄入热量的人也难免觉得在外就餐比较棘手，但我们会为你解决这个问题。无论是早晨心血来潮想要来个甜甜圈还是夜晚出门去吃塔可钟（Taco Bell），都可以通过合理安排被纳入到我们的饮食计划中来。

首先，我们会为你提供各式旅行中控制热量摄入的小建议。这些小建议都不难记忆，比如点菜时提醒服务员把酱汁单独装盘，这样你就可以自行选择酱汁的用量了，亦或是在确定了晚餐有外出就餐的计划后选择少吃一点早餐、午餐，并减少白天加餐的次数，这样你就可以确保全天整体的热量摄入不会超标太多。

此外，我们也会提供给你许多脂肪含量没有超标的餐厅食品选择建议。硬汉计划的膳食搭配让你在健身的同时还能够吃龙虾、牛排以及墨西哥薄饼（当然，并不是在一顿饭里全吃上）。你会吃得既健康又潇洒。

---

**了解坚果**

食用坚果能够为人体补充许多营养，但过量食用则容易摄入过多脂肪。一人每日食用坚果的适宜分量为 1 盎司<sup>⊖</sup>，对应的坚果数量和热量如下。

**杏仁**：约 24 颗，164 大卡

**腰果**：约 18 颗，中等大小，163 大卡

**夏威夷果**：约 11 颗，204 大卡

**花生**：约 68 小颗，165 大卡

**山核桃**：约 15 瓣（一颗有两瓣），195 大卡

**核桃（干）**：约 14 瓣（一颗有两瓣），185 大卡

---

## 力量训练的方法

纵使膳食搭配再健康，人体总归无法光凭吃食物来增肌，但是食物为你提供了训练所必需的能量和身体恢复所必需的营养。说到力量训练，无论你是一个新手、有健身经验的人，抑或是健身达人，硬汉计划都能根据你的水平为你提供一个为期 12 周的力量训练计划。

同时，无论你在健身训练中达到了何种高度，也还是总能在本书中找到更高的挑战。要知道，本书中提供了超过 180 种训练方法供你选择。

在此，先为大家对计划中的训练要点做一个简单的要点概述，更详尽的内容会在后文展现。

**单组训练**。对于新手而言，硬汉计划建议大家采取每种训练仅做一组的策略。

**增加重量**。无论是单组训练还是多组训练，一组力量训练中重复动作次数一般不超过 10 次。如果你一组能做超过 10 次，你就该提升重量至你大约只能做 6 次的程度。当你在新的重量下不断进步，又达到一组能做超过 10 次的阶段，则应该再次提升重量至你大约只能做 6 次的程度。

**速度**。训练的组间休息时长应为人体所需的最短的恢复时间。事实上，1 分钟的

---

⊖ 盎司，英制质量单位。1 盎司 =28.3495 克。——译者注

组间休息已经足够了。保持这个训练速度能让你的训练更高效、耗时更短。

**组合训练**。针对健身达人，我们还囊括了组合训练（也称超级组）。组合训练要求健身者两项训练之间不歇息，这样的结果就是训练的效果更显著且花费的时间更少。

**强迫次数训练**。一些训练会要求你重复动作至力竭，并在此基础上再拼命增加1~2次动作，以此来刺激肌肉力量增长。做这种训练时你必须有一位健身搭档在身边辅助和保护你。

**金字塔序列**。偶尔你需要在训练时采用重量升序和次数降序的方式，不断增加重量直到你一组只能做得了1次动作。金字塔序列配合着强迫次数训练可以最大限度地刺激肌肉增长。

就像硬汉计划美味又丰盛的膳食搭配一样，我们的力量训练部分也不会要求你忍受特种部队训练般的折磨，但这并不意味着它很轻松，仅仅是可以忍受而已。我们为你提供的都是有着最新科学研究支持的专业理论知识，但你也必须有这份决心和自律来坚持我们设计的训练安排。坚持！这份坚持必然是值得的。只要坚持数周，你就能清楚地感知到自身明显的变化和力量的增长，我们相信你会喜欢这种改变的。

**健美小知识**

下面罗列了一个体重80公斤的人进行下列运动每小时消耗的热量。

动感单车，时速10公里：280大卡

动感单车，时速20公里：476大卡

越野滑雪：812大卡

慢跑，时速8.5公里：858大卡

慢跑，时速11公里：1067大卡

跳绳：750大卡

原地跑步：754大卡

跑步，时速16公里：1488大卡

游泳，每分钟22米：319大卡

游泳，每分钟45米：580大卡

网球，单打：464大卡

健走，时速3公里：278大卡

健走，时速5公里：371大卡

健走，时速7公里：510大卡

# 解剖学和生理学：助你了解肌肉增长的核心机理

> 肌肉是由许多的快肌纤维和慢肌纤维组成的。锻炼快肌纤维可以增大肌肉块头和增强肌肉力量，锻炼慢肌纤维则可以增强耐力。

要知道我们每个人身上都有着数不清的肌肉。只不过我们人体的大部分肌肉都不是那种能撑掉衬衣纽扣的随意肌，而是非随意肌（例如那些帮助我们消化食物或是眨眼的肌肉）和心肌（帮助我们心脏起搏的肌肉）。

事实上，我们渴望的肌肉是：随意肌和骨骼肌。人体有超过 600 块的随意肌和骨骼肌，这些肌肉都是可以受我们的意识控制的。换句话说，你随时随地都可以收缩和展示这些肌肉。

硬汉计划的主要目标就是锻炼骨骼肌。现在请你把自己想象成一名外科医生，我们来看看剥开皮肤后肌肉真实的样子。

## 裸露的肌肉

首先，肌肉间颜色是有区别的。主要由快肌纤维组成的肌肉颜色明显比主要由慢肌纤维组成的肌肉颜色浅，它们之间的颜色区别就像是鸡胸肉和鸡腿肉的颜色区别一样。后文会再详细地介绍快肌纤维和慢肌纤维分别是什么。

肌肉上粘连着的条状纤维组织就是肌腱，它们将肌肉连接到骨骼上，但并非所有肌肉都会与骨骼相连，有些会与其他肌肉相连，还有一些则直接与皮肤相连（比如你微笑时会运用到的 17 块肌肉）。

现在，想象一下你正看着自己训练时的肌肉。当你进行力量训练的时候，你的中枢神经系统会受到刺激。接着，你的肌肉纤维会收到中枢神经系统发出的神经冲动，进而产生肌肉收缩。

当你在做一组力量训练的动作时，你能清晰地看到自己肌肉的明显增大。这就是健身房里辛勤的人们都十分渴望的肌肉兴奋状态。这时，你的肌肉人人膨胀，血管也明显凸起。

肌肉会呈现这种兴奋状态是因为肌肉充血，血液带着肌肉增长和肌肉纤维修复所必要的营养和氧气沿着毛细血管不停地涌向肌肉。不过随着涌向肌肉的血液继续向其他地方循环，这种刚做两三组训练时呈现出来的兴奋状态很快就会消散了。

如果不努力坚持力量训练来锻炼这些肌肉纤维的话，想达到这种兴奋状态，甚至是实现更持久的肌肉增长，那可就是痴人说梦了。但别担心，硬汉计划的健身安排中会提供具体的锻炼方法的。

即使是同样的训练项目，增肌效果还是因人而异的，因为人体的增肌情况不仅受个人的努力训练程度影响，同时还受到先天基因的影响。有些人不怎么运动却有着角斗士般的健美身材，而有些人坚持训练却还是身材扁平、跟长期坐在办公桌边不运动的人群没什么两样。即便你属于后者，也别感到绝望。

没错，锻炼效果是会受到个人体质的影响的，但每个人的训练付出都必然会有相应的回报。起草了本书训练项目部分的列蒙博士说道："各种体质的男女老少都可以通过锻炼改善体形和增强体质。"

## 体形与体质

威廉·赫伯特·谢尔登拍摄了 46000 张人像，并从中总结出了他广为人知的体形分类，共 88 种。为了便于理解，他又将这 88 种分成了三大类。

**内胚型体形（肥胖体形）**。这类体形的人通常身材较为矮胖，体内脂肪存储较另外两大类而言更多。

**中胚型体形（肌肉体形）**。这种体形的人通常有着宽肩、细腰和较低的体脂率，相较于另外两大类人更易增肌。美式橄榄球的跑锋或是竞赛级健美选手一般都属于这种体形。

**外胚型体形（瘦型体形）**。这种体形的人通常身材较高且瘦削，而且较难增肌，比如 NBA 选手。这种体形的人若要想更快地增肌，本书饮食计划部分的作者托马斯·因克尔登博士建议配合训练每日进食 4~6 次。

列蒙博士解释道："大部分人都不是绝对的属于某一种体形，而是相对地偏向某一种体形的特质。人体偏向何种体形决定了其基本身材，而无论训练强度多大，一个人是很难突破其基本身材的限制的。"

## 快肌纤维与慢肌纤维

比起体形，研究运动力量的科学家们更关注快肌纤维和慢肌纤维（也称 I 型肌纤维和 II 型肌纤维）。超过 75% 的人快肌纤维和慢肌纤维数量比例在 50%:50% 左右，但顶尖的运动员们则是个例外，比如一些短跑运动员腿部肌肉纤维的快肌纤维和慢肌纤维数量比可以高达 85%:15%。

列蒙博士称："你可以把肌纤维的分布看作是一个连续轴，轴的一端是力量强大、可以快速收缩但耐力较差的快肌纤维，另一端是力量较弱但耐力较强的慢肌纤维，还有许多肌纤维是介于这两者之间的。"

如果你在进行力量训练时采用的是自己只能坚持几次动作的大重量，这时主要是快肌纤维在工作。这是由于慢肌纤维应付不了这样的大重量，因此只好向快肌纤维求助。但当你采用较轻的重量进行每组更多次数的训练时，则主要是慢肌纤维在工作。

力量训练的初始阶段侧重于快肌纤维的锻炼，因此本书要求初学者采用自己仅能坚持 1 组 6 次的大重量进行单组训练。后续训练会考虑到保持肌肉弹性和促进肌肉增长的需求而进行相应的改变。

对于平时缺乏力量训练、拿的最重的东西也不过是电视遥控器的人而言，肌肉细胞凋亡的周期约为 7~15 天。但对于坚持进行各种抗阻力训练的人而言，由于训练会造成肌纤维的轻微撕裂，这个周期会更短一些。

**每次训练完后充分休息，下次训练时已经完成自我修复的肌纤维就会变得更强健有力。这也是训练重量需要不断提升以持续刺激肌肉增长的原因。**

通常而言，同样是进行力量训练，女性由于快、慢肌纤维数量均少于男性，因此训练的增肌效果也不如男性显著。此外，女性的睾酮分泌量也显著低于男性。同理，男性中睾酮分泌量较高的人群增肌效果也比睾酮分泌量较低的人群显著。

随着年龄的增长和运动强度的降低，人体的快肌纤维会减少，而慢肌纤维会占据主导。如果一个人 40 岁以后仍在坚持力量训练，这种快肌纤维的减少或许能被避免。然而，快肌纤维减少了以后是否可以通过恢复力量训练来再生还属于未知领域。

## 力量训练的作用

曾经，像列蒙博士这样的研究者们都以为人体增肌的潜力完全受制于天生的快肌纤维和慢肌纤维的数量。不过现在，这种认知已经改变了。

列蒙博士说道："事实上，肌肉增长的可操控性比我们曾以为的要强。"每个人都有着通过特定训练方式增强自身快肌纤维或慢肌纤维的潜力。

然而，如果你天生就有比较多的耐力较强的慢肌纤维的话，你可能更适合参加马拉松，而不太可能通过专注于增强快肌纤维的力量训练而成为世界级的短跑运动员。列蒙博士表示，这是因为顶尖的短跑运动员往往天生就有较多的快肌纤维，而这种先天优势是很难被超越的。

同理，如果你天生快肌纤维就居多，那么想通过力量训练或是任何其他类型的训练让自身的慢肌纤维占据主导都是不太现实的幻想。然而，列蒙博士表示，通过训练一定程度上增强自身的耐力还是可以实现的。

## 肌肉传递的讯息

在你遵从本书的训练方法训练的初期，你可能会觉得自己的力量明显增强了，但却看不到明显视觉上的增肌效果，这是因为你成长中的身体会先经历神经肌肉反应这个阶段。

神经肌肉反应是指在力量训练的初期，神经感知到这项训练并将这个讯息传递给了脊髓和大脑。接着，神经会要求正在训练的肌肉收缩，而肌肉这个服从指令的好士兵就会乖乖收缩。只有神经肌肉反应建立起来以后，肌肉才能放松，而且只有这样肌纤维才能对力量训练的刺激作出相应的反应。

拉斯维加斯内华达大学的理疗系主任哈维·沃尔曼解释道："神经肌肉反应是你的大脑在向身体的其他部位解释你开始力量训练的这个情况，这是你身体的必经阶段。"

一旦神经肌肉反应建立起来，要不了几次训练，人体神经就能更好地与肌纤维连接，继而在锻炼时运用到更多的肌纤维。这是增强力量秘诀的一部分。

秘诀的另一部分在于增加肌肉量，而这部分一般需要更长的时间，通常约几周。这是由于人体需要合成肌肉收缩所需的蛋白质，而这个合成过程需要时间。

所以，如果你刚开始进行计划中的训练，某个重量只能一组做6次，两天后达到了一组8次，而一周后已经可以一组9次了，但你的身材看起来还是和以前毫无二致，这并不奇怪。此时，尽管你的神经系统与肌肉的连接已经增强，但你的身体还没来得及合成肌肉收缩所需的蛋白质，这才导致你看不出自身的训练效果。

**一般来说，训练初期，约3周内就会明显感受到自身的力量增长。**

列蒙博士表示，这种感受变化几乎是突如其来的。你会发现拎着满满当当的垃圾袋下楼突然变得格外轻松；你会发现以前一步一个台阶都觉得累的自己现在隔着两、三阶跨着上楼都十分轻松。你会注意到自己力量的增强，但要看到体形上实实在在的变化，那还得再训练个几周。

当然了，坚持训练只是基本，要想看到切实的效果，还少不了训练到位。如果你训练的时候只使出了四到五成的力量，尽管你也会引发神经肌肉反应，但你的身材可能还是达不到期望的效果。沃尔曼解释道："这是因为这种训练强度根本没有突破肌肉的使用瓶颈。"

因此，你应该做的是增加你的训练重量。当然，你也要注意不要超出自己的能力范围。沃尔曼表示，刚开始的时候，大家都难免要遭受些酸痛感，因为合适的重量是因人而异、无法一概而论的，在不了解自己水平的情况下，大家都只能采取试错法去试探自己的重量范围。

这就需要我们小心权衡锻炼效果和人身安全了。如果锻炼了几周后，你既没有任何酸痛感，也没有什么增肌效果，那基本上可以肯定是你的锻炼重量过轻了。但如果你锻炼后感觉肌肉疼痛而不是正常的酸痛的话，你就该稍微减轻一些自己的训练重量了。

## 理论运用：加速力量增长的方法

通过先前章节的阅读，现在你应该已经对硬汉计划的增肌方法和增肌原理有了大致的了解。本章会详细解释我们 12 周硬汉计划安排中的核心要点。

### 单组训练

力量训练长久以来的传统理论认为每项训练至少需要 3 组才能真正达到锻炼肌肉的效果。但现代科学已经证实，至少就短期训练项目而言，这种坚持多组训练的传统思想和认为肥胖的人在瘦下来以前不能开始力量训练，不然块头只会越来越大这种观念一样过时。

事实上，纽约阿德尔菲大学的两位研究者回顾了 35 个比较单组训练和多组训练训练效果的研究，发现其中 33 个研究的结果都是进行单组训练和多组训练的力量增长水平差异不显著。因此，他们总结道，对于训练周期在 4~25 周内的短期项目而言，大部分证据显示进行单组训练和多组训练的力量增长和增肌效果没有显著差异。

基于这个理论基础，硬汉计划建议初学者进行单组训练。这样做不仅能减少训练所花费的时间，同时还能降低受伤风险。

单组训练确实有益，但我们只建议初学者进行单组训练，这是由于当你进阶到中、高级水平时，你需要更多的变化才能继续刺激肌肉增长。

彼得·列蒙博士表示："单组训练足以刺激初学者的肌肉增长了。但一段时间后，肌肉会适应单组训练的强度，导致其训练效果减弱。这时你就需要额外的训练方式来使肌肉超负荷锻炼。"

列蒙博士建议更高水平的健身者增加训练组数，采取多组训练来超负荷锻炼肌肉。

### 力量快速提升

不锻炼最常见的借口大概就是太忙了，但往往在健身房里无意义地浪费过多时间的也是这些声称太忙的人。列蒙博士解释道："你可以大幅减少训练时间，锻炼本不需要花费很久。"

列蒙博士表示，高效的关键在于训练间隙的时长控制。别忘了，你是在健身，不是在逛博物馆，可别慢慢吞吞、优哉游哉的。肌肉需要恢复力量的时间，但并不需要太久。列蒙博士说道："一组训练结束后短暂休息就应该立即投入下一组训练，训练间隙约一分钟就很合适。"

除此之外，计划中还有别的方式帮助你节省锻炼时间。训练安排中囊括了组合训练，也称超级组。组合训练是将两组自由重量训练合二为一，这两组训练既可以是锻炼同一肌群的，也可以是锻炼不同肌群的。

举例来说，如果你已经处于高级水平，我们可能会安排你同时做哑铃弯举和哑铃推肩作为一组组合训练，期间无休息间隙。

组合训练就是将两组训练合二为一并去掉组间休息，要你疯狂地动起来。这有助于减少训练时间和增强训练强度，对你来说简直是一箭双雕。

有些人还会进行三组式组合训练甚至于四组式组合训练，组间不休息。你也可以挑战看看，但列蒙博士提醒大家，只有在进阶力量训练到高级以后才能尝试多组式组合训练，对于初学者而言，这种方式只会大大增加受伤风险。

组合训练的美妙之处在于你可以自行选择组合的方式。列蒙博士称："这世上只有你的想象力会限制组合训练的多样性。"

## 两天间隙

虽然前文强调组间训练不需要过多休息，但同一肌群的两次训练间确实需要 48 小时的休息。今天刚练完胸部和上臂，明天又练这两个肌群是没有意义的。

列蒙博士表示，如果你每天都在锻炼相同的肌群，你的力量增长可能不会太大，甚至还可能直线下降。这是由于肌肉还未从先前的训练中恢复过来。如果你高强度地锻炼同一肌群，肌纤维就会撕裂，而当这些小裂口愈合以后，肌肉就会更加强健有力，但裂口的愈合需要时间。

如果你愿意的话，一周训练 6 天也没有任何问题。关键是要合理安排每天锻炼的部位，避免连续锻炼同一肌群。你可以今天锻炼手臂和肩部，明天锻炼腿部和臀部，进行分块训练。

力量训练不宜过量，这不仅是为了给肌纤维恢复的时间，而且也是为了避免过劳。列蒙博士称："如果你每天都过度训练，表现肯定一天不如一天，长此以往，难免会觉得太过辛苦而产生放弃的念头。"

## 变化的意义

每天都吃一样的晚餐难免食欲不振；再动听的音乐，单曲循环久了也会产生审美疲劳。训练也是一样的。人类是渴求变化的动物。列蒙博士称："如果你天天都在重复同样的训练方式，难免会失去兴致。"

硬汉计划为不同水平的健身者提供了多达 182 种各式各样的锻炼方式选择。在每周安排中融入了许多不同的锻炼方式。自由重量、器械、无重量训练……这些变化多端的锻炼方式能持续地激发你对锻炼的热情。

兼收并蓄地采取上述不同类型的锻炼方式不仅能持续激励锻炼的热情，同时也是高效增肌的有效途径，这不正是大部分人参与力量训练的目标吗？

一个锻炼方式丰富多样又有充分变化的计划安排可以说是至关重要的。

本书会指导你采用一些锻炼诀窍来在短时间内迅速突破瓶颈：

**10-6 规则**。锻炼的基本目标是在特定重量上争取做到每组重复 10 次动作，但当你做到每组 10 次后，就应该增加重量到自身只能坚持每组 6 次的程度。随着肌肉力量的增强，在新重量下你也会做到每组 10 次，此时就应该再次增加重量到自身只能坚持每组 6 次的程度。

列蒙博士解释道："这个规则设计是为了让大家在自身可承受范围内尽可能地进行高强度运动。毋庸置疑，锻炼强度对所产生的肌肉适应性调整至关重要。"随着训练的推进，你的力量必然会增强，此时你就需要增加重量或是增加每组的重复次数。在大多数情况下，列蒙博士都会建议增加重量，但也存在例外的情况。

**减轻重量，增加次数**。你可以每隔一周进行一次轻量多次的训练，稍微减轻重量，并将每组次数增加到 15~20 次。这样的训练能够锻炼到一些在每组重复 6~10 次的情况下锻炼不到的慢肌纤维。这种轻量多次的训练会带来与重量少次的训练不太一样的肌肉酸痛感和疲乏感，而且这种变化也能让训练保持一点新鲜感。

**金字塔序列**。在力量训练中，你可以采用金字塔序列或是倒金字塔序列。金字塔序列是指每组不断增加重量和减少次数的锻炼方式。举例来说，第一组用能重复 10 次动作的重量，第二组增加到最多只能做 6 次的重量，第三组继续增加重量并减少到只能做 3 次，最后一组再次增加重量并减少到只能做 1 次。列蒙博士表示，这种方式能够很好地带动更多的肌纤维。反金字塔序列亦之。

**组合训练**。如前所述，组合训练是将两组训练合二为一、组间不休息的高强度锻炼方式。

**强迫次数训练**。如前所述，强迫次数训练要求你重复动作至力竭，并在此基础上再拼命增加一至两次动作。列蒙博士称："当一些肌纤维力竭后，那些平时较少被运用到的肌纤维就会参与进来。"

做强迫次数训练时你必须有一位健身搭档在一旁帮助你做最后几次动作，或者你也可以选择在固定的器械上做这项训练。但若你只是一个初学者，又没有健身搭档辅助，那可就不要难为自己用自由重量做强迫次数训练了。如果你到最后阶段力竭时没能做完最后一个动作，很可能就会被压在杠铃下面动弹不得了。

## 健身搭档

虽然没有健身搭档也可以根据硬汉计划的安排进行训练，但列蒙博士建议大家都找一位健身搭档，理由如下：

**安全**。当你在努力做强迫次数训练或是掌心湿滑的时候，采用自由重量有时难免会支撑不住或失手。健身搭档可以在你快支撑不住时帮你一把，又或者是在你已经失手后把你从杠铃底下解救出来。要知道，有健身搭档在身边，差点失手这种事情不过是两个人休息时的笑料，但若你没有健身搭档的保护，就真的可能会伤筋动骨了。

*激励*。列蒙博士说："健身搭档最重要的意义在于社交层面。"两个人一起锻炼，枯燥的训练也会有趣许多。而且，搭档还能起到激励自己的效果。如果你想找借口不去锻炼，你的搭档就会嘲笑你直到你惭愧难当最终还是选择去了健身房。此外，一旦你们开始搭档训练，你们还可以互相比赛看谁的训练重量更大、动作重复次数更多。

你甚至可以聘请一位专业的私人教练来为你提供实时的专业训练建议，比如何时应该增加或减轻重量、何时应该增加或减少次数等。研究表明，专业的私人教练能够使你的训练效果更显著。威廉·克雷默博士曾做过一个对比研究，比照在有专业的私人教练（有资质认证的体能训练专家）指导下训练和独自训练 12 周的健身者的健身成果。结果显示，有专业私人教练指导的健身者在最大卧推重量和深蹲负重上的进步比独自健身者显著得多。

## 负向训练的好处

要想最大化硬汉计划安排的训练效果，就要在负向训练阶段减缓速度。负向期指的是训练时的承重位置下降的阶段。举例而言，当你在做卧推时，负向期指的是你托举的杠铃打开双臂下压的阶段，也称作离心期。而当你托举重量伸展手臂上推的时候，则处于向心期。

列蒙博士称："下压时应该减缓速度，用上推时长的两倍来下压。减缓速度下压时手臂需以抗力对抗地心引力，这样能够显著促进肌肉增长。"

在进行卧推训练时，有些人会在负向期借助下压的速度将重量反弹以图获得上推的动力，请勿这样投机取巧。为了最大化训练效果，你必须在下压时减缓速度、绷紧肌肉，并承托着重量下压。

尽管负向训练增肌效果显著，但是初学者请不要冒险用超重重量进行负向训练。（列蒙博士将超重重量定义为一个人无法独立在一组内以标准姿势做超过 6 次的重量。）

## 大肌群与小肌群

为了使你的健美计划安排得更富含变化，列蒙博士建议你不时地改变锻炼不同肌群的顺序。不过，每次训练建议先行锻炼大肌群，然后才锻炼小肌群，否则，在锻炼完小肌群后，你可能已经无力好好锻炼大肌群了。

因此，如果你今天要锻炼腿部，可以先锻炼大腿，也就是股四头肌和腘绳肌等大肌群，然后才锻炼小腿肌等小肌群。同理，如果你今天要锻炼手臂，可以先锻炼肱二头肌和肱三头肌，然后再锻炼前臂和腕部。

这些就是本书为你提供的诀窍。只要根据硬汉计划的安排和窍门坚持锻炼，你就一定能变得更加健美。赶紧开始训练吧！

# 承重：适宜训练重量的选择

---

刚开始尝试一种新的训练方式时，建议先采用较轻的重量熟悉动作轨迹和要领，然后增加重量到自身只能坚持每组重复做 6~10 次的程度，而当目前重量每组 10 次对你而言已经相对轻松时，就又到了该增加重量的时候了。

---

选择合适重量的诀窍其实很简单，那就是不要勉强自己使用超出自身能力范围的重量训练。确保训练重量没有超出你的能力范围也很简单，只要首先选用较轻的重量，然后逐步增加重量即可。至于以多大的重量为限则因人而异，取决于你自身的身体素质水平和训练计划安排的进行情况。

## 初学者须知

对初学者来说，力量训练正确的打开方式就是——放轻松。彼得·列蒙博士提醒道："许多初学者总是想用尽可能大的重量训练，但由于他们太过紧绷，其实用到了不少该项训练中本不该发力的部位。"

举例而言，许多人在锻炼肱二头肌的杠铃弯举时，会从一开始就采用较大的重量，然后借助身体的摇摆将杠铃甩到胸前，但这种做法其实是错误的。杠铃弯举要求的正是依靠手臂的力量举起杠铃，而非依靠身体的摆动。列蒙博士称："摇晃身体会带动背部和腿部的肌肉，但杠铃弯举这项训练并不是为了锻炼这些部位。"

如果错误地进行这项训练也无法顺带锻炼到背部和腿部肌肉。列蒙博士解释道："这样顺带的带动强度太低、重量太轻，并不足以锻炼到背部和腿部肌肉，而且还容易受伤。"

为了避免上述常见的错误，列蒙博士建议大家在最初的几组训练中采用较轻的重量，并着重学习和掌握该项训练正确的轨迹和诀窍，随后再增加重量到自身只能坚持每组 6~10 次的程度进行训练。列蒙博士说："如果你用某个重量锻炼，一组只做了 3 次就力竭了，那你就应该减轻一点重量；如果你用另一个重量锻炼，一组能做到 12~15 次，那你就应该增加一点重量。"

列蒙博士还说道："当你一组 10 次能做好几组以后，就又该增加重量了。新重量以你能一组做 6~10 次为宜。"

如果你能一组做 10 次，那你的训练重量大约为你能承受的最大重量（你一组只能做一次的重量）的 72%；如果你一组能做 6 次，那你的训练重量大约为你能承受的最大重量的 85%。只有这样大重量高强度的训练才能更好地刺激增长较快的快肌纤维，进而促进快速增肌。如果你一组能做到 15~20 次，那你的训练重量只有你能承受的最大重量的 50%~60%，这时你更多地是在锻炼可以促进耐力增强但增长较慢的慢肌纤维。

掌握正确的动作要领对于初学者而言尤其关键。如果由于训练不当导致几周都看不到任何锻炼效果，初学者极易感到挫败。因此，如果你在健身房训练，你可以拜托教练为你指正动作；如果你在家训练，好好坚持下去，同时每隔几天再读一读每项训练的动作要领介绍，把要领铭记于心。

一位有资质的体能训练专家、美国国家体能协会专员帕特里克·麦迪埃特介绍道："原则上说，无论是哪项训练，如果你要增加重量，都应该增加现重的 10% 左右。"

如果你能坚持 6 周，健身很可能就会成为你的习惯，而无需你再日日心理斗争到底要不要去训练。此外，一旦你看到了切实的训练效果，你就更有动力坚持下去。

---

**只能做一次的重量并非训练目标**

一组只能做一次的最大重量并不应该被囊括在你的训练计划内，初学者尤其如此。

有些人在训练卧推时，会采用他们一组只能推得了一次的大重量。然而，除非你是在为参加奥林匹克竞赛训练，否则这种训练方式毫无意义。

列蒙博士说道："这种剧烈的竭尽全力的训练方式没有什么显著的益处，而且还更可能造成肌肉拉伤，甚至是损伤心脏和脑干。"

"相对较轻的重量和每组更多的次数同样可以有显著的训练效果。如果你是想了解自己的进步状况的话，测试自身每组 5 次或每组 6 次的最大重量同样有效，而且相对而言更加安全。比如你现在每组 6 次的最大重量是 200 磅<sup>⊖</sup>，而一个月后达到了 250 磅，你就可以清晰地看出自己的进步幅度了。"

---

⊖ 磅，质量单位。1 磅 ≈ 0.454 公斤。——译者注

## 原地踏步

大部分人选择力量训练也不是为了练就保龄球那么大的肱二头肌或是青筋凸起的手臂，而不过是想在一定程度上改善体形、提升自我感觉罢了。但是，当你目前的训练强度带来了一定的效果时，再继续停滞在此是行不通的。

麦迪埃特说道："你还是得作出一些改变。"如果你一直使用一样的重量训练，你的肌肉早晚会适应这一重量，进而停止增长。

为了避免这种结果，你可以每隔几周增重减次、减重增次、改变锻炼动作的顺序，或是在训练安排中加入一些训练同一肌群的新动作。

## 突破瓶颈

如果你用特定重量训练了一个多月，但你既增加不了每组次数，也增加不了训练重量，那你就是遭遇瓶颈期了。例如一个月前你就在用140磅的重量做卧推，每组10次，但你现在依然只能用140磅做每组10次。

如果一个人的训练安排毫无变化，那遭遇瓶颈期就是无法避免的事情了。一段时间后，人体会适应一定强度的训练。因此，原先可以刺激力量增长的训练强度就不再奏效了。具体来说，随着肌肉增长，同样的重量只能带动更少的肌纤维，因此，在不增加重量的情况下，一些原先还能带动的肌纤维现在也锻炼不到了，训练效果必然大打折扣。

也就是说，在原来特定重量还有点挑战性的时候，所有肌纤维会齐心协力地发力，但一段时间后，一些肌纤维就会开始偷懒，只有增加重量、加大刺激才能鞭策它们。

列蒙博士说："理论上说，变化能带来刺激，而刺激才能促进肌肉的进一步增长。"前任西雅图华盛顿大学首席体能教练瑞克·胡歌利也表示：

"合理的训练安排是需要变化的，不能每周都重样。否则，你肯定会对训练失去兴趣以及遭遇瓶颈期而停滞不前。"

胡歌利建议大家做个纪录，规划好训练安排的变化。

他说："训练日志是个好帮手。将训练安排和训练目标按照锻炼部位和肌群划分并记录下来，这样可以为你的日常锻炼提供参考。"换句话说，你应该从全局的角度来考虑一下自己的训练安排，并在其中加入一些适宜的变化。

如果你在家健身，也可以在一块小黑板或小白板上写出自己的训练安排和一些额外选项来提醒自己坚持锻炼、融入变化。

要想增加训练强度，以鞭策偷懒的肌纤维，只需采用上文已经介绍过的保持肌肉增长的诀窍。例如，改变锻炼动作的顺序、减轻训练重量的同时增加每组次数或组数，或是以更慢的速度做每个动作。

列蒙博士介绍："有时会遇到特定重量下训练一段时间后还是达不到每组 10 次的情况，这时依然可以选择增加重量。可能你停滞在了每组 6~8 次，但增加重量以后发现，在新重量下自己也能做每组 7~8 次。这是由于瓶颈也可能是心理因素造成的，我们在进行力量训练时往往没有使出全力。"

过度训练也可能引致瓶颈。人体需要时间去适应力量训练，但若你在短时间内密集训练就可能导致瓶颈期。

在训练之间充分休息对于持续的肌肉增长十分关键。贝希勒博士说："充分休息与力量训练本身一样重要。"因此，硬汉计划支持你努力训练以快速增肌，但绝不会为同一肌群安排连续两天的训练。

# 准备好了吗：训练的适宜时机

刚刚吃完一顿简单的加餐、穿着舒适宽松、动力满满、士气高昂。满足这几点，你就已经准备好开始训练了。轻微的感冒或酸痛都不应该成为不去锻炼的借口，咬牙坚持下去，你可以的！

倘若你已经办好了健身卡或者在家中准备了完美的私人健身室，健身的理论知识也已经烂熟于心，现在斗志昂扬、时刻准备着投入到健身大业之中。那么，现在你就应该考虑进行训练的适宜时机和训练前的必要准备了。

事实上，有了上述的前提，你已经不需要多少额外的准备了。但若你已步入中年而且有家族疾病史，那么在开始任何其他训练计划之前你都应该征询医生的意见。美国运动医学会建议满足下述两条或以上情况的人群在开始力量训练以前征询医生的意见：

- 年龄在 45 岁以上人群
- 父亲或其兄弟在 55 岁前罹患心脏病，或是母亲或其姐妹在 65 岁前罹患心脏病人群
- 吸烟人群
- 高血压患者
- 胆固醇超标患者
- 长期缺乏运动人群
- 体重超重 20 磅以上人群

符合上述两条或以上情况的人，你的医生很可能还是会建议你去做运动，但为了以防万一，请咨询和遵从医嘱。

## 注重饮食

力量训练前不进食也不会影响增肌，但吃一点有助于保证你的训练状态。举例来

说，如果你选择早上空腹训练，由于你夜晚睡眠时已经消耗了大量的碳水化合物储备，这时不进食直接训练可能会因为低血糖而感到昏昏沉沉、头重脚轻。训练前食用一点富含碳水化合物的食物会让你精力更充沛，这也是硬汉计划膳食安排的重点之一。

训练后进食能够补充训练中耗尽的碳水化合物储备。此外，证据显示，训练后补充蛋白质能够促进肌肉恢复和增长。我们建议你在训练后的 15~60 分钟内进食。

比起一天三顿正餐，一天多几顿简餐和加餐更有助于营养吸收，而且这样你就不会因为正餐后过饱而无法训练。本书根据目前尖端的运动营养学为你设计了合理饮食方案，保证你既不会感到饥饿，也不会因此长胖。

## 训练时机并非代表一切

有些人太过注重训练时机，然而其实训练时机和去训练时穿什么颜色的服装一样，不是什么特别重要的事情。

当然，有几项研究表明，夜晚相对更适合力量训练。这个结论的理论基础是夜晚人体的同化激素和分解代谢激素比例有助于肌肉增长。同化激素构建肌纤维，而分解代谢激素分解肌纤维。一言以蔽之，肌肉增长的整个理论就是肌纤维构建、分解、重建、分解的循环往复。

训练时机有它的影响，但并不是训练效果的决定因素。比起什么时候训练，你到底去没去训练才更重要。

无论你在一天的何时训练，只要坚持训练，就一定会有效果。你完全可以不固定训练时间，根据自己的时间安排灵活选择训练时间，这样一来，你也更容易坚持下去。

一些狂热的健身迷会一天两练，每次锻炼不同的一到两个肌群。这样锻炼完全没有任何问题，但大多数人并没有足够的时间和热情去坚持如此严酷的训练安排。

## 酸痛感与不适

你上次训练的酸痛感还在，或是得了感冒，脑袋昏昏沉沉的，这时还应该继续训练吗？这个问题需要分情况讨论。

酸痛感与力量训练的交缠永无止尽，对于初学者而言尤其如此。大家总是倾向于一开始就采用过大的重量而非逐渐增加重量，酸痛感便会随之而来。拉斯维加斯内华达大学的理疗教授哈维·沃尔曼建议大家通过降低训练强度来度过这一阶段。他解释道："酸痛的肌肉既虚弱又已经受损，如果继续在较高的强度下训练只会让损伤加重。"他还说："刚开始的时候，大家都难免要遭受些酸痛感，因为合适的重量是因人而异、无法一概而论的，在不了解自己水平的情况下，大家都只能采取试错法去试探自己的重量范围。"

说到底关键还是要区分酸痛感和疼痛感。沃尔曼表示，酸痛感无妨，但若是疼痛感，你就应该警觉了。疼痛感是人体传达停止信号的方式，是你的身体在呐喊："可别再练啦！"若仅仅是酸痛感的话，你可以咬咬牙坚持下去，只是要注意，在酸痛感消散前应该采用更轻的重量训练。事实上，用更轻的重量训练可能比直接停止训练更能缓解酸痛感，因为这样做能够促进力量训练的副产品——堆积的乳酸分解。

训练前，你可以用热敷的方式放松一下酸痛的肌肉。随后，用毛巾裹着冰块敷同一位置不超过 20 分钟。这是来自美国国家体能协会的可靠建议。

如果上述方法都无法帮助你摆脱酸痛感，那就不要再勉强自己了。这时的酸痛感可能是由于你患上了肌腱炎甚至是肌腱断裂的症状。为了从根本上减少酸痛感产生的可能，你应该在训练前后甚至是休息间隙进行拉伸。证据显示，不进行拉伸的话，人体的肌纤维修复也会一定程度上受阻。而拉伸也是讲究方法的，本书将在后面的内容中对热身和冷身运动进行详细阐述。

一般而言，感冒时继续训练是不会导致病情恶化的。一项研究给 50 名志愿者接种了感冒病毒，并将他们分为两组，一组进行锻炼，另一组则久坐不动。研究者的结论是两组间感冒症状的持续时间没有显著差异。因此，他们给出了如下的建议。

只要感冒症状不严重，比如只是流鼻涕、打喷嚏或是喉咙痛，都可以继续训练，只需注意刚开始时相较平时降低一点训练强度即可。

如果训练几分钟后感冒症状减轻了，你就可以相应地增加一点训练强度。

但是，如果感冒症状较严重，比如发烧、呕吐、腹泻或是有排痰性咳嗽，那你就该停止训练，好好休息，等到感冒痊愈再恢复训练。

---

**何时应当减轻训练重量**

肌肉疼痛，尤其是一开始未察觉、训练过后的几天才出现的肌肉疼痛，是肌肉过劳的症状之一，它意味着你采用的重量过大、训练强度过高。最简单的应对方法就是减轻重量。

此外，如果你常常焦躁不安、失眠、静息心率增快、食欲匮乏、乏力或是易怒，你可能也需要考虑减轻重量了。

过度训练可能导致失眠，但有些过度训练的人会误以为自己失眠是由于训练强度不足，于是不断地加强自己的训练强度。然而，这是一种恶性循环。

## 士气的价值

就算你的身体状况没有问题，你还需要达到饱满的精神状态才能开始力量训练。否则，你总会找到各种各样的借口逃避训练。

列蒙博士说："保持士气高昂的状态十分重要。每个人参与力量训练都是有原因的，要么是为了保持健康，要么是为了练就更好的身材，不要忘记自己训练的初衷，它能给你提供源源不断的动力。"

关键是靠毅力熬过最初的 6 周。列蒙博士解释道："一段时间以后，训练就会变成一种习惯。如果熬过了最初训练的 6 周，大家一般都会有足够的内在动力继续坚持下去。"

另一方面，没能熬过最初的 6 周，士气就会一泻千里。列蒙博士解释道："一旦你偷懒了一次，第二次偷懒的借口就更容易找到。要不了多久，你就会发现自己已经连续 5 天没去训练。你得想方设法避免这种士气的溃散。"

列蒙博士是搭档健身或是组团健身的支持者。一起健身带来的团队精神能激励你坚持训练安排。

## 着装风向标

力量训练的着装无需繁复或多么高级，轻便、吸汗的宽松短裤和 T 恤就很合适。不过，紧身的短裤也有它的优势。弹性纤维的紧身裤就很不错，它一定程度上可以防止热量散发和某些运动损伤。

**训练时应穿多功能训练鞋。**比起只是为跑步设计的跑步鞋，穿多功能训练鞋更为合适。穿跑步鞋进行力量训练可能会造成脚踝和膝盖损伤。

**戴健身手套做力量训练。**佩戴健身手套做力量训练的好处有二：首先，健身手套能在采用比较大的重量训练时起到辅助紧握防止滑脱的作用；其次，佩带手套也可以最大程度上保护你的手腕在训练过程中的固定，降低受伤风险。

**大部分人根本无需佩戴配重带。**如果一开始就习惯了依赖配重带来锁腰，训练效果就会大打折扣。这是由于配重带事实上会阻碍下背肌群和腹部肌群的强化。不过，如果你已经遭受了背部拉伤，配重带有支撑和稳固的作用，可以让你早些恢复力量训练。此外，如果你在用非常大的重量做每组较少次数的训练，配重带也有一定的帮助作用。但是你要注意，如果你需要配重带的辅助才能做到特定的大重量，那么该重量可能对你而言还是过重了，你应该考虑采用较轻的重量。

# 全身增肌计划：由你掌控

想要达到最优的训练效果，首先，你要明确自己的定位。这一点非常关键，因为初学者、中级者和高级者的训练类型和训练数量都是有差异的。初学者如果一开始就按照中、高级的训练安排训练，很可能会因难度太大而放弃。因此，一定要循序渐进。

同理，如果你已经有了一定的健身经验，就无需再从初级开始。初级训练安排的目标是在短期内实现初步的体格改善，而体格的雕琢则是中、高级训练者才会考虑的事情。如果你已经健身一段时间了，初级训练安排对你而言可能就太简单了。如果你尝试了一下初级训练安排，而且感觉十分轻松，你就应该马上转而采用中级训练安排。

## 初学者

硬汉计划初级训练安排最大的特点就是单组训练。对于初学者而言，单组训练已经足以刺激肌肉增长了。此外，单组训练能够节省时间，对于刚刚开始健身的人而言较为方便安排和协调。

**每周每个肌群锻炼两到三次，并且对每项训练都采用自身每组仅能做6次的重量。**

某个动作训练一阵儿后，当你每组能做到7次时，继续坚持；当你每组能做到8次时，依旧继续坚持；但当你已经能做到每组9~10次时，你就应该增加重量至自身每组仅能做6次的程度了。

随着力量的增强，你必须继续增加每组次数或是训练重量才能继续进步。前者会增强你的耐力，但如果你的目标是尽快增肌，那你还得选择后者。列蒙博士建议道："训练强度在自身可承受范围内越高越好。"

## 中级者

可以想见，中级训练安排难度会上一个台阶。在这个阶段，训练安排不再是单组训练，而是多组训练，每个动作训练3组，每组6~10次。

此外，本阶段的训练安排会涉及到一些新概念。

中级训练安排的其中一个挑战是组合训练，也叫超级组。超级组要求健身者连续进行两项训练且期间不歇息，这样能够提高训练强度，为训练安排增加变化，同时还能节省锻炼时间。列蒙博士说道："毋庸置疑，锻炼强度的调整对改善所产生的肌肉适应性至关重要。"

当然，以中等强度训练足够的时长也能与高强度的短时训练消耗掉同等的能量，但后者能带来更加显著的力量增长效果。

中级训练安排相较于初级的另一项变化就是"变化"本身。在这一阶段，训练安排会时常打乱锻炼动作的顺序，并不时在你通常每组 6~10 次的基础上减重增次，要求你用更轻的重量做每组 15~20 次。此外，新增的金字塔序列——即每组不断增加重量和减少次数的锻炼方式，也能增强训练强度和丰富训练安排的变化。

## 高级者

高级训练安排包含了许多中级已经涵盖的概念，如训练到力竭。然而，高级者会进行更多高难度的训练，同时也会采用更大的重量。

如果你已迈入了高级，你应该可以预见训练安排会更加艰苦，但你在这一阶段很可能会因此更加跃跃欲试和热血沸腾。此外，此时的你应该已经对于身处健身房感到非常自如了，甚至会十分乐意在此投入更多的时间。

随着力量的增强，你不仅要不断增加训练重量，而且还得不断尝试更多新的训练动作。别担心，我们替你考虑到了这一点，随着你的进阶，你的训练安排中会涵盖越来越多新的训练动作。

## 共同点

初、中、高级训练安排的其中一个共同点是全身性，即每个肌群都被纳入到训练安排之中。

全身性非常重要。如果你专注于某一肌群的锻炼而忽视其他肌群，你受伤的风险会相应增加。例如，如果你只锻炼腘绳肌却忽视股四头肌，你的大腿肌肉拉伤和下背慢性疼痛的概率就会增加；如果你像许多人一样只锻炼胸部却忽视背部，很可能就会发现自己尚未步入中年就已经连体态都变形了。

硬汉计划为每个阶段的健身者的每个肌群分别设计了 3 套轮换的每周训练安排，因此许多训练动作你一个月才会重复一次。

坚持硬汉计划中的训练安排能够带来喜人的锻炼效果。这样比较丰富多变的每周训练安排可以很好地锻炼到肌肉和大部分甚至是全部参与锻炼的肌纤维，因此，你的肌肉会变得更大、更匀称。

效果会如此显著是因为你的训练安排充满了变数，肌肉会对新的刺激作出适应性调整，因此你得不停地迷惑它。

无论是初级到中级或是中级到高级的进阶都没有绝对的标准。肌肉和力量增长的速度因人而异，取决于每个人的基因构成和训练强度。

不过，一个初学者若是严肃认真地根据硬汉计划设计的训练安排操练了12周，那么他（她）就应该差不多准备好进阶至中级了。

哪怕是一个满足于初级水平的人，只要持续坚持初级训练安排，也一样会有所成就。尽管保持在这一水平无法让你超越这个阶段继续增肌，但是可以帮助你保持现有的锻炼成果。列蒙博士称："你还是会比曾经不锻炼的自己出色许多。"

列蒙博士称："这就是我建议大家在大重量少次数的常规训练中不时插入减重增次训练的原因。这样一来，你可以运用和锻炼到各种肌纤维而不仅仅是快肌纤维。除了肌肉整体块头的增大，打破常规的训练还能带来肌肉力量和耐力的双重提升。"

全身性训练能够促进肌肉增长还有另一个原因，那就是它能够引发更强烈的激素反应。部分研究者认为，如果一个人只锻炼一些小肌群，其刺激增长的荷尔蒙的释放量会小到基本没有任何实质作用。列蒙博士解释道："有些荷尔蒙的释放与肌肉增长过程是密切相关的。"而你需要这些荷尔蒙来达到增肌的目的。

如果上述理由都还不足以说服你进行全身性训练，这儿还有一个理由。许多对健身持怀疑态度的人声称力量训练只会让人练出肥大、僵硬又笨重的肌肉。但是，全身性的力量训练（综合锻炼所有肌群）不仅能够预防肌肉僵硬，还能让你的肌肉在块头增大、力量增强的同时又兼具灵活、柔韧性。

初、中、高级安排的另一个共同点是休息。

热切想要健硕的手臂的人可能会忍不住连做3天弯举训练，而热切想要有力的胸肌和肩部的人则可能会忍不住一周连续5天做卧推训练。然而，这并不符合肌肉增长的机理。

事实上，这样连续多天地锻炼同一部位只会适得其反。这是因为肌肉增长的核心机理在于力量训练造成肌纤维的轻微撕裂，随后肌纤维的修复带来了肌肉的增长。但是肌纤维的修复只有通过休息才能实现。

因此，考虑到每次训练后肌纤维需要时间实现修复，硬汉计划要求大家两次锻炼同一肌群之间必须间隔至少48小时。换句话说，如果你周一锻炼了肱二头肌、肱三头肌和胸肌，那你至少得等到周三才能再次锻炼这些部位。

这样正当的休息时间你怎能不好好珍惜呢？

硬汉计划

第二部分

全身增肌计划

# 热身运动与冷身运动

> 训练正式开始前，可以先简单做一些慢跑、椭圆机等有氧运动，随后进行拉伸，接着进行轻量的力量训练。每次使用大重量进行力量训练前都应该按照上述方法进行热身。

华盛顿大学前任首席体能教练瑞克·胡歌利说："雄狮小憩醒来会做什么？当然是伸展一下了。热身运动越充分，在力量训练中的表现就会越佳。"

大多数健身迷也都认同胡歌利的说法，认为力量训练前进行热身是很有必要的。

原因在于，热身运动可以使肌肉充血、温度上升，进而降低肌肉拉伤或撕裂的风险。肌肉的准备活动充分，身体才能更有效地募集肌肉进行训练，进而降低肌肉受伤的风险。

## 拉伸的真相

首先讲解拉伸是因为大部分人对拉伸的认识都是错误的。你可能也听过训练前必须拉伸这种说法，但这并不是全部的要点，拉伸不应该是最先做的。

拉伸是必要的，但你应该先以轻量的有氧运动热身，使肌肉做好充分的准备，然后再简短拉伸在此之后打算锻炼的肌群。但是请注意，简短并不意味着随便，如果你拉伸得太猛，很可能会恰恰伤到那些你希望通过拉伸来保护的肌肉。

我们并不希望你拉伤肌肉，但是配合着全身性的力量训练安排，在训练前后各进行几分钟的拉伸有助于增强柔韧性，防止肌肉僵硬。

静态拉伸，即轻缓地在一块肌肉的最大活动范围内收缩和舒张，这是最安全的方式，例如某个身体部位在关节允许范围内的来回转动，伸展到感受到抗力或是紧绷感时保持几秒钟，随后放松舒张。切记不要拉伸到有疼痛感的程度。

我们建议大家每种拉伸做一到两组，并在抗力最大或紧绷感最强的位置保持 10 秒钟。同一拉伸动作可以每组逐渐增加拉伸强度和距离，这样有助于增强肌肉柔韧性。

拉伸的同时晃动是很容易受伤的。晃动会造成肌肉反射性收缩，继而引起肌肉拉伤或撕裂。列蒙博士说道："轻缓拉伸不会引发反射性收缩，这样一来，你就可以稍微拉伸得久一些。"

## 有氧运动

有氧运动是训练前全身性热身的最佳方式，跑步机和固定式健身单车以及椭圆机都是不错的选择，当然你也可以选择慢跑、健走以及摆动、伸展一下你的手臂。

关于有氧运动的适宜时长，列蒙博士建议道："无论你选择了哪种有氧运动，都应该坚持到你出了一身汗为止。对大多数人而言，这大概需要 5~7 分钟的时间。"

快节奏的运动有利于人体的心肺功能。如果你在基本要求的基础上延长一些时间，进行 20 分钟左右的有氧运动，那这就不仅是热身了，而且还是硬汉计划号召大家参与的有助于最大化力量训练效果的有氧运动。

## 轻量力量训练

下述两种方式都可以预热稍后要锻炼的部位。

- **采用配重。**贝希勒博士表示，可以先用正式训练重量一半的重量来热身。例如，你计划今天用 120 磅的重量做卧推，那你可以先用 60 磅的重量做一组。这样一来，你就可以按照这项训练特定的运动轨迹来拉伸肌肉，而且还达到了迅速热身的目的。
- **采用自重。**自身体重也可以辅助热身。例如，你计划以 10 次卧推作为第一项训练，又不想把杠铃片卸了又装，你可以趴下做 30 次俯卧撑作为热身，然后直接以计划的全重做卧推。

就算你是那种忙得家人想和你一起吃顿饭都得预约的人，应该也能挤出几分钟来在训练前热个身，因为热身只需要几分钟罢了，把它塞进你的计划安排表里吧。

如果你打算用大重量做少次数的训练，那训练前热身就更重要了。列蒙博士警示道："重量越大、每组次数越少，则不热身直接训练的受伤风险就越大。"

## 冷身运动

就像训练前的热身运动一样，训练后的冷身运动也经常被大多数人所忽略。但由于训练中和训练刚结束后流向肌肉的血液都在激增，此时冷身运动其实十分重要。

在肌肉充血的状态下，大量携氧的血液都在肌肉中，导致循环回到心脏的血液和氧气量减少。如果你突然停止了力量训练或其他训练，血液就会淤积在肌肉中。然而，你的心脏需要血液中的血红蛋白所携带的氧气，如果心脏的需求得不到满足，严重者甚至还会遭遇心力衰竭而亡。

这情形实在是可怕，但是却很容易避免。列蒙博士表示，你只需要在结束力量训练以后做一些轻量的有氧运动或是降低重量再做几次动作，甚至是稍微走动走动即可。这样一来，淤积在肌肉中的血液就会重新被挤进血管、通过血管循环回到心脏。对大多数人而言，5 分钟的冷身运动就已经足够了。

## 上身拉伸

### 颈部扭拧拉伸

准备时直立，目视前方，保持背部挺直，双脚打开与肩同宽，颈部伸直并放松肩部。

A 缓慢朝左侧转头至颈部最大活动范围边缘，保持 10 秒钟，随后转向，朝右侧转头至颈部最大活动范围边缘，保持 10 秒钟，接着回到初始姿势。

B 保持上身直立，低头收拢下颌直至颈后感受到轻微拉力，保持 10 秒钟。

C 缓慢抬头直至目视正上方，但避免过度以致于头部抵肩，坚持 10 秒钟，然后放松。

### 颈后肩部拉伸

A 站直，打开双肩，挺起胸部并打开双脚至与肩同宽。以右肩为例，将右臂伸直并举过头顶，接着屈肘，将右手掌心贴于颈后肩胛骨之间，左手自然垂放于身体左侧。

B 左手过头顶轻压右肘，将右臂徐徐压向身体中部和颈后下部。完成一组训练后，换臂重复动作。

### 胸部拉伸

双手与肩同高、掌心朝外置于门道的两侧，保持抬头挺胸、膝盖微屈。

上身前倾至能感受到适度的拉伸，保持 10 秒钟，并保持自然呼吸。该动作做一组即可。

## 下身拉伸

### 脊椎旋转

坐于地面并伸直双腿。

A 右腿屈膝并抬起，跨过左腿，并将右脚平踏在左膝外侧的地面，同时将左肘抵在右膝外侧，右臂伸直，手掌于身后撑地作为支撑。

B 缓慢向右肩后方转头，以带动上身向右侧扭转，扭转的同时左肘向右膝外侧施力。保持上身挺直并坚持一会儿，然后换方向重复上述动作。

### 仰卧腿拉伸

A 仰卧位平躺于瑜伽垫上，背部贴住垫子，抬起大腿并用前臂环抱大腿。将膝盖在可承受范围内尽可能地拉近胸部，这个动作能够拉伸下背。

B 保持膝盖贴近胸部的同时，将双腿伸展过头。这个动作同时还能拉伸腘绳肌和臀肌。在此基础上，头部和肩胛骨部位抬离地面可以进一步拉伸上背。坚持 10 秒钟，随后回到初始卧姿。

### 蝴蝶式腿拉伸

坐于地面，双腿自然弯曲并使脚掌心互相贴合，双脚尽量贴近身体。用手肘或手掌朝地面轻压双膝并保持一会儿。

### 股后肌群拉伸

以右腿为例，坐于床沿或长凳上，右腿伸直置于床或长凳上，并使左脚踏于地面。右手掌心朝下置于右膝上，接着右臂伸直缓缓前移，在可承受范围内右手指尖尽可能伸向右脚尖，保持一会儿后，换脚并重复上述动作。（与坐于地面做类似的动作不同，此动作会减轻下背承受的压力。）

### 大腿拉伸

以右腿为例，站立的同时以右手扶住椅背或墙面作为支撑，向身后抬起右小腿并以左手握住右脚前脚掌，接着向上拉右脚直到右脚跟抵在臀部，保持一会儿，随后换腿并重复上述动作。

### 小腿拉伸

以左腿为例，在距离墙面一步远处站稳，接着身体前倾，以前臂抵墙，头部靠在手背上，右腿弯曲迈在身前，同时左腿在身后伸直。

髋部缓慢前移直到左小腿感受到拉力，保持左脚脚跟触地，左脚尖朝前并坚持10秒钟。换腿并重复上述动作。

# 全身增肌计划：初级训练安排

初、中级训练安排分别包含了3套不同、每周轮换的单周全身训练安排，分别是训练安排一、二、三，第4周则重新从训练安排一开始轮换。这样一来，大部分的训练都是每3周才会重复一次。这种轮换制是硬汉计划为了促进肌肉快速高效增长的独特安排设计之一。

具体的轮换方式如下：

第1周，初级训练安排一；第2周，初级训练安排二；第3周，初级训练安排三；第4周，初级训练安排一；第5周，初级训练安排二；第6周，初级训练安排三，如是循环。等到3套初级训练安排循环了4次，即一共12周以后，你就可以进阶到中级，开始根据中级训练安排训练了。

## 训练指南

初级训练安排是按照每周训练3天来设计的。如有需要，它也可以被调整为每周2天的训练。下文有调整训练天数的方法，但首先你需要了解一些初级训练安排的基本要求。

1. 正式训练前先做一定的有氧运动和拉伸，然后用较轻的重量做当天训练安排中的训练项目，作为热身组（6~10次动作）。

2. 热身后，以自身一组仅能做6次的重量作为起始重量开始训练。新手在第1天可能需要花点时间来测试和确定合适的起始重量。确定起始重量后，在该重量变得太过轻松以前，它就是你的训练重量了。每项训练每组做6次即可。在保证轨迹和姿势正确的前提下，每项训练的正向阶段（也称向心阶段或提升阶段）可以尽可能快地完成，但负向阶段（也称离心阶段或下降阶段）则要慢下来，大约用4秒钟的时间完成。

3. 随着你力量的增长，你可以在保证轨迹和姿势正确的前提下逐渐增加每组次数至10次。

4. 当你在特定重量下可以完成每组10次动作后，在下一次进行该训练项目时就应将训练重量提升到自身仅能一组做6次的程度。同样，在新的训练重量下逐渐提升每组次数，而每次达到每组 10 次时就增加重量。

根据上文介绍的轮换制度每周轮换训练安排，这样可以更全面地锻炼到全部肌群，同时也能促进肌肉更快地增长。

如果需要将训练安排从每周 3 天转换为每周 2 天，则可以将第 3 天的训练项目（1）至（3）加入到第 1 天的训练项目中；并将第 3 天的剩余训练项目加入到第 5 天的训练中去。

## 训练安排一

| | 手臂与肩部 |
|---|---|
| 第 1 天 | （1）杠铃颈前推举—P074<br>（2）杠铃上提—P075<br>（3）哑铃侧平举—P073<br>（4）仰卧哑铃臂屈伸—P056<br>（5）反手杠铃弯举—P053<br>（6）前臂哑铃反手弯举—P057<br>（7）前臂哑铃正手弯举—P058 |
| 第 2 天 | 休息与恢复 |
| | 臀部与腿部 |
| 第 3 天 | （1）杠铃侧步蹲—P123<br>（2）体后硬拉—P131<br>（3）脚踝负重俯卧腿弯举—P135<br>（4）脚踝负重坐姿腿屈伸—P134<br>（5）哑铃提踵—P145<br>（6）杠铃片负重踝关节屈伸—P145<br>（7）哑铃弹跳箭步蹲—P133 |
| 第 4 天 | 休息与恢复 |
| | 胸部、腹部与背部 |
| 第 5 天 | （1）史密斯架平板卧推—P089<br>（2）仰卧哑铃飞鸟—P085<br>（3）俯立划船—P109<br>（4）站姿哑铃上摆—P111<br>（5）坐姿哑铃转体—P099<br>（6）杠铃片负重上斜转体—P097 |
| 第 6 天 | 休息与恢复 |
| 第 7 天 | 休息与恢复 |

训练安排二

| 第1天 | **手臂与肩部** |
|---|---|
| | （1）坐姿哑铃颈前推举—P075 |
| | （2）哑铃上提—P076 |
| | （3）哑铃直臂前平举—P073 |
| | （4）仰卧哑铃跨肩臂屈伸—P056 |
| | （5）正手杠铃弯举—P054 |
| | （6）滚轴卷腕—P058 |
| 第2天 | **休息与恢复** |
| 第3天 | **臀部与腿部** |
| | （1）体后硬拉—P131 |
| | （2）脚踝负重坐姿腿屈伸—P134 |
| | （3）杠铃前蹲举—P133 |
| | （4）坐姿杠铃提踵—P145 |
| | （5）杠铃片负重踝关节屈伸—P145 |
| | （6）哑铃侧蹬踏—P132 |
| 第4天 | **休息与恢复** |
| 第5天 | **胸部、腹部与背部** |
| | （1）史密斯架上斜卧推—P089 |
| | （2）仰卧哑铃飞鸟—P085 |
| | （3）单臂哑铃划船—P111 |
| | （4）拉力绳T杠俯身划船—P116 |
| | （5）哑铃体侧屈—P099 |
| | （6）杠铃片负重卷腹—P098 |
| 第6天 | **休息与恢复** |
| 第7天 | **休息与恢复** |

训练安排三

| 第 1 天 | **手臂与肩部** |
|---|---|
| | （1）杠铃颈后推举—P074 |
| | （2）哑铃耸肩—P075 |
| | （3）哑铃侧平举—P073 |
| | （4）仰卧杠铃臂屈伸—P056 |
| | （5）斜托杠铃弯举—P055 |
| | （6）前臂哑铃反手弯举—P057 |
| | （7）前臂哑铃正手弯举—P058 |
| 第 2 天 | **休息与恢复** |
| 第 3 天 | **臀部与腿部** |
| | （1）体后硬拉—P131 |
| | （2）脚踝负重俯卧腿弯举—P135 |
| | （3）脚踝负重坐姿腿屈伸—P134 |
| | （4）坐姿杠铃提踵—P145 |
| | （5）杠铃片负重踝关节屈伸—P145 |
| | （6）哑铃弹跳箭步蹲—P133 |
| | （7）脚踝负重站姿后踢—P121 |
| 第 4 天 | **休息与恢复** |
| 第 5 天 | **胸部、腹部与背部** |
| | （1）史密斯架下斜卧推—P090 |
| | （2）仰卧哑铃飞鸟—P085 |
| | （3）早安式体前屈—P110 |
| | （4）单臂哑铃划船—P111 |
| | （5）坐姿哑铃转体—P099 |
| | （6）杠铃片负重上斜转体—P097 |
| | （7）哑铃体侧屈—P099 |
| 第 6 天 | **休息与恢复** |
| 第 7 天 | **休息与恢复** |

# 全身增肌计划：中级训练安排

在本阶段，你应该采用多组训练来刺激肌肉迅速增长，而且一周必须训练 3 天。中级训练安排依然包含了 3 套不同的每周轮换的单周全身训练安排，因此大部分的训练仍是每 3 周才会重复 1 次。

## 训练指南

1. 每周训练 3 天。同一肌群的两次训练至少间隔 48 小时，以便肌肉能够充分修复。

2. 训练前先进行一定的有氧运动和拉伸，然后用较轻至中等的重量做当天训练安排中的训练项目作为热身组（6~10 次动作），这样可以降低在接下来的正式训练中拉伤肌肉的风险。

3. 包括热身组，标准的中级训练安排要求每项训练进行 3 组，每组 6~10 次。热身组过后的起始重量应为自身一组仅能做 6 次的重量。随着力量的增长，在保证轨迹和姿势正确的前提下逐渐增加每组次数至 10 次。达到每组 10 次以后，在下次训练中，增加重量到自身一组仅能做 6 次的重量。

在保证轨迹和姿势正确的前提下，每项训练的正向阶段（也称向心阶段或提升阶段）应尽可能快地完成，但负向阶段（也称离心阶段或下降阶段）则需放缓（大约 4 秒钟）。

4. 在训练安排中加入变化。如果你愿意，你也可以训练得更频繁些，例如一周 4~5 天，但你必须按照不同的锻炼部位进行轮换，这样每个部位在两次训练间才能得到至少 48 小时的充分修复时间。这种类型的轮换被称为分块训练。另一种加入变化的方式是做组合训练，也称超级组，即连续进行两项训练且期间不歇息，你可以将几乎任意两项训练以这种方式组合起来。组合训练不仅提高了训练强度，为训练安排增加了变化，同时还能节省锻炼时间。

此外，金字塔序列也能丰富训练安排的变化。金字塔序列是指第一组采用比通常训练重量轻一些的重量做多次，之后每组不断增加重量和减少次数的锻炼方式。例如，第一组用 200 磅做 10 次，第二组用 250 磅做 7 次，第三组用 300 磅做 4 次。

5. 当你有了一定的训练经验后，你可以尝试在每组的末尾、当你已经无法再多做哪怕一个全程的动作时，增加 1~2 个半程的动作。这种训练到力竭的方式能够有效地刺激肌肉增长。但是切记，安全起见，在做力竭训练时你必须有一位健身搭档在一旁辅助。请不要冒无谓的险。

## 训练安排一

| | 手臂与肩部 |
|---|---|
| 第 1 天 | （1）杠铃颈前推举—P074<br>（2）杠铃上提—P075<br>（3）哑铃侧平举—P073<br>（4）哑铃俯身臂屈伸—P055<br>（5）斜托杠铃弯举—P055<br>（6）前臂哑铃反手弯举—P057<br>（7）前臂哑铃正手弯举—P058 |
| 第 2 天 | 休息与恢复 |
| | 臀部与腿部 |
| 第 3 天 | （1）体后硬拉—P131<br>（2）脚踝负重俯卧腿弯举—P135<br>（3）脚踝负重坐姿腿屈伸—P134<br>（4）哑铃提踵—P145<br>（5）杠铃片负重踝关节屈伸—P145<br>（6）哑铃弹跳箭步蹲—P133<br>（7）杠铃侧步蹲—P123 |
| 第 4 天 | 休息与恢复 |
| | 胸部、腹部与背部 |
| 第 5 天 | （1）史密斯架上斜卧推—P089<br>（2）仰卧哑铃飞鸟—P085<br>（3）单臂哑铃划船—P111<br>（4）拉力绳 T 杠俯身划船—P116<br>（5）坐姿哑铃转体—P099<br>（6）杠铃片负重上斜转体—P097<br>（7）哑铃体侧屈—P099 |
| 第 6 天 | 休息与恢复 |
| 第 7 天 | 休息与恢复 |

训练安排二

| | |
|---|---|
| | **手臂与肩部** |
| 第 1 天 | （1）坐姿哑铃颈前推举—P075<br>（2）哑铃上提—P076<br>（3）哑铃直臂前平举—P073<br>（4）仰卧哑铃跨肩臂屈伸—P056<br>（5）正手杠铃弯举—P054<br>（6）滚轴卷腕—P058 |
| 第 2 天 | **休息与恢复** |
| | **臀部与腿部** |
| 第 3 天 | （1）哑铃侧蹬踏—P132<br>（2）体后硬拉—P131<br>（3）脚踝负重坐姿腿屈伸—P134<br>（4）杠铃前蹲举—P133<br>（5）坐姿杠铃提踵—P145<br>（6）杠铃片负重踝关节屈伸—P145<br>（7）杠铃深蹲—P131 |
| 第 4 天 | **休息与恢复** |
| | **胸部、腹部与背部** |
| 第 5 天 | （1）史密斯架上斜卧推—P089<br>（2）仰卧哑铃飞鸟—P085<br>（3）单臂哑铃划船—P111<br>（4）拉力绳 T 杠俯身划船—P116<br>（5）哑铃体侧屈—P099<br>（6）杠铃片负重卷腹—P098 |
| 第 6 天 | **休息与恢复** |
| 第 7 天 | **休息与恢复** |

训练安排二

| | 手臂与肩部 |
|---|---|
| 第 1 天 | （1）杠铃颈后推举—P074<br>（2）哑铃耸肩—P075<br>（3）哑铃侧平举—P073<br>（4）仰卧杠铃臂屈伸—P056<br>（5）斜托杠铃弯举—P055<br>（6）前臂哑铃反手弯举—P057<br>（7）前臂哑铃正手弯举—P058 |
| 第 2 天 | 休息与恢复 |
| | 臀部与腿部 |
| 第 3 天 | （1）体后硬拉—P131<br>（2）脚踝负重俯卧腿弯举—P135<br>（3）脚踝负重坐姿腿屈伸—P134<br>（4）坐姿杠铃提踵—P145<br>（5）杠铃片负重踝关节屈伸—P145<br>（6）哑铃弹跳箭步蹲—P133<br>（7）脚踝负重站姿后踢—P121 |
| 第 4 天 | 休息与恢复 |
| | 胸部、腹部与背部 |
| 第 5 天 | （1）史密斯架下斜卧推—P090<br>（2）仰卧哑铃飞鸟—P085<br>（3）早安式体前屈—P110<br>（4）单臂哑铃划船—P111<br>（5）坐姿哑铃转体—P099<br>（6）杠铃片负重上斜转体—P097<br>（7）哑铃体侧屈—P099 |
| 第 6 天 | 休息与恢复 |
| 第 7 天 | 休息与恢复 |

# 全身增肌计划：高级训练安排

高级训练安排是为真正狂热的健身迷设计的，囊括了许多新兴高难度训练项目以及高难度训练方式，如三组式组合训练、四组式组合训练等。你准备好面对这项挑战了吗？

在本阶段，你应该采用两天式分块训练，即每个训练周的第一天锻炼臀部、腿部、胸部、肱三头肌与腹部，第二天锻炼背部、肩部、肱二头肌与前臂，接着休息两天，再进行两天上述的分块训练，最后休息一天。

类似初、中级训练安排，高级训练安排也要轮换具体的每周训练安排，但是高级的仅有两套单周训练安排可供轮换，因此两套交替使用即可。哪怕你的目标是常人所难以企及的肌肉量，坚持交替使用这两套高级单周训练安排也能助你达成梦想。

## 训练指南

1. 每周训练 4 天。同一肌群的两次训练至少间隔 48 小时，以便肌肉能够充分修复。

2. 标准的高级训练安排要求每项训练进行 3 组，每组 6~10 次。正式训练前先进行一定的有氧运动和拉伸，然后以轻于通常训练重量的重量做第一组训练作为热身组，第二、三组的起始重量应为自身一组仅能做 6 次的重量。随着力量的增长，逐渐增加每组次数至 10 次，然后在下次训练中重新增加到自身一组仅能做 6 次的重量。

在保证轨迹和姿势正确的前提下，每项训练的正向阶段应尽可能快地完成，但负向阶段则需放缓（大约 4 秒钟）。

3. 在每组的末尾，当你已经无法再多做哪怕一个全程的动作时，增加 1~2 个半程的动作。这种训练到力竭的方式能够有效地刺激肌肉增长。但是切记，安全起见，在做力竭训练时你必须有一位健身搭档在一旁辅助。

4. 同中级训练计划一样，在训练安排中加入变化，并且增加三组式组合训练和四组式组合训练等新的训练方式。三组式组合训练是在组合训练的基础上再加一项训练、连续进行三项训练且期间不歇息。四组式组合训练则是连续进行四项训练且期间不歇息。

训练安排一

| | 臀部、腿部、胸部、肱三头肌与腹部 |
|---|---|
| 第 1 天 | （1）杠铃深蹲—P131<br>（2）体后硬拉—P131<br>（3）脚踝负重俯卧腿弯举—P135<br>（4）脚踝负重坐姿腿屈伸—P134<br>（5）坐姿杠铃提踵—P145<br>（6）杠铃片负重踝关节屈伸—P145<br>（7）哑铃弹跳箭步蹲—P133<br>（8）史密斯架上斜卧推—P089<br>（9）仰卧哑铃飞鸟—P085<br>（10）仰卧杠铃臂屈伸—P056<br>（11）脚踝负重坐姿腹收缩—P098<br>（12）杠铃片负重上斜转体—P097 |
| | **背部、肩部、肱二头肌与前臂** |
| 第 2 天 | （1）杠铃上提—P075<br>（2）哑铃侧平举—P073<br>（3）哑铃耸肩—P075<br>（4）哑铃直臂前平举—P073<br>（5）杠铃颈后推举—P074<br>（6）拉力绳 T 杠俯身划船—P116<br>（7）站姿哑铃上摆—P111<br>（8）俯立划船—P109<br>（9）单臂哑铃划船—P111<br>（10）斜托杠铃弯举—P055<br>（11）正手杠铃弯举—P054<br>（12）前臂哑铃反手弯举—P057<br>（13）前臂哑铃正手弯举—P058 |
| 第 3 天 | **休息与恢复** |
| 第 4 天 | **休息与恢复** |

（续）

| | |
|---|---|
| | **臀部、腿部、胸部、肱三头肌与腹部** |
| 第5天 | （1）杠铃前蹲举—P133<br>（2）早安式体前屈—P110<br>（3）哑铃深蹲—P122<br>（4）脚踝负重俯卧腿弯举—P135<br>（5）哑铃弹跳箭步蹲—P133<br>（6）坐姿杠铃提踵—P145<br>（7）杠铃片负重踝关节屈伸—P145<br>（8）杠铃侧步蹲—P123<br>（9）史密斯架下斜卧推—P090<br>（10）仰卧哑铃飞鸟—P085<br>（11）哑铃俯身臂屈伸—P055<br>（12）脚踝负重举腿—P098<br>（13）杠铃片负重上斜转体—P097 |
| | **背部、肩部、肱二头肌与前臂** |
| 第6天 | （1）哑铃上提—P076<br>（2）上斜俯卧侧平举—P074<br>（3）哑铃耸肩—P075<br>（4）哑铃直臂前平举—P073<br>（5）杠铃颈前推举—P074<br>（6）俯立划船—P109<br>（7）早安式体前屈—P110<br>（8）站姿哑铃触趾—P111<br>（9）单臂哑铃划船—P111<br>（10）哑铃交替弯举—P054<br>（11）哑铃桡侧屈—P059<br>（12）哑铃尺侧屈—P059 |
| 第7天 | **休息与恢复** |

## 训练安排二

| | 臀部、腿部、胸部、肱三头肌与腹部 |
|---|---|
| 第 1 天 | （1）杠铃深蹲—P131<br>（2）体后硬拉—P131<br>（3）脚踝负重俯卧腿弯举—P135<br>（4）脚踝负重坐姿腿屈伸—P134<br>（5）哑铃提踵—P145<br>（6）杠铃片负重踝关节屈伸—P145<br>（7）哑铃弹跳箭步蹲—P133<br>（8）史密斯架上斜卧推—P089<br>（9）仰卧哑铃飞鸟—P085<br>（10）仰卧哑铃跨肩臂屈伸—P056<br>（11）长凳间臂屈伸—P057<br>（12）坐姿哑铃转体—P099<br>（13）哑铃体侧屈—P099 |
| | **背部、肩部、肱二头肌与前臂** |
| 第 2 天 | （1）杠铃上提—P075<br>（2）哑铃侧平举—P073<br>（3）哑铃耸肩—P075<br>（4）哑铃直臂前平举—P073<br>（5）杠铃颈后推举—P074<br>（6）拉力绳 T 杠俯身划船—P116<br>（7）站姿哑铃上摆—P111<br>（8）俯立划船—P109<br>（9）单臂哑铃划船—P111<br>（10）斜托杠铃弯举—P055<br>（11）正手杠铃弯举—P054<br>（12）前臂哑铃反手弯举—P057<br>（13）前臂哑铃正手弯举—P058 |
| 第 3 天 | **休息与恢复** |
| 第 4 天 | **休息与恢复** |

（续）

| | |
|---|---|
| 第 5 天 | **臀部、腿部、胸部、肱三头肌与腹部**<br><br>（1）杠铃前蹲举—P133<br>（2）早安式体前屈—P110<br>（3）哑铃深蹲—P122<br>（4）脚踝负重俯卧腿弯举—P135<br>（5）哑铃弹跳箭步蹲—P133<br>（6）坐姿杠铃提踵—P145<br>（7）杠铃片负重踝关节屈伸—P145<br>（8）杠铃侧步蹲—P123<br>（9）史密斯架下斜卧推—P090<br>（10）仰卧哑铃飞鸟—P085<br>（11）哑铃俯身臂屈伸—P055<br>（12）坐姿哑铃转体—P099 |
| 第 6 天 | **背部、肩部、肱二头肌与前臂**<br><br>（1）哑铃上提—P076<br>（2）上斜俯卧侧平举—P074<br>（3）哑铃耸肩—P075<br>（4）哑铃直臂前平举—P073<br>（5）杠铃颈前推举—P074<br>（6）俯立划船—P109<br>（7）早安式体前屈—P110<br>（8）站姿哑铃触趾—P111<br>（9）单臂哑铃划船—P111<br>（10）哑铃交替弯举—P054<br>（11）哑铃桡侧屈—P059<br>（12）哑铃尺侧屈—P059 |
| 第 7 天 | **休息与恢复** |

# 计划与个人生活、目标及需求的结合：私人定制计划

> 你可以根据自身的特殊需求对硬汉计划作出相应的微调，如增加新的训练项目、延长训练时长或是增减训练重量，但是不能超出计划的整体框架。总的来说，硬汉计划为你提供了均衡的全身性训练安排。

如果你是那种特立独行的人，你很可能会在某个阶段产生修改和调整训练安排的想法。对此，我们的态度很明确：没问题，按照你不断演变的个人需求微调训练安排是完全可取的。

本节将会分析私人定制式训练安排需求存在的原因及部分实现的方式。

## 变化

初、中、高级训练安排中都囊括了远多于你一周内能做完一轮的大量训练项目，但如果你还想要更多的变化，你还可以将三个阶段训练安排中的不同项目混合搭配起来。此外，如果你不喜欢器械训练，你也可以做与之对等的无重量或是自由重量训练。

彼得·列蒙博士称："部分高级的训练项目对于新手而言可能难度太大了，但健身狂人们应该已经熟练掌握了各种初级项目，因而混合三个阶段的不同训练项目应该不成问题。"

训练安排的变化不仅是肌肉持续增长的催化剂，而且是其必要前提。缺乏变化很可能导致你遭遇瓶颈、无法突破现状，甚至由于感到单调无趣而放弃了健身，结果一路胖回到了当初的圆润身材。因此本书才会反复强调要在训练安排中加入变化。

## 体育运动

如果你平时上班坐着的时间比长途卡车司机的还长，周末参与一些体育运动便是

个不错的主意。如果你想提高自己在赛场上的运动表现，就应该根据自己参与的运动及该项运动运用最多的肌群有针对性地微调自身的训练安排。

本书后面的功能性训练章节中将会列出各项运动中运用最多的肌群和这些肌群对应的锻炼项目，以便你根据自身需要调整训练安排。

假设你每周会打一场快节奏、全场型的篮球赛，那你应该多做深蹲以提升臀和腿部的力量、多做腿弯举以保护及增强自己的肌腱力量，多做有氧训练以增强耐力。如果你更偏好保龄球，那你应该着重增强手臂和肩部力量的训练，例如哑铃交替弯举和坐姿哑铃颈前推举。如果你玩触身式橄榄球时总是被安排跑前锋，那你应该多做大重量的深蹲，这样一来，你就更容易在比赛中把你的对手击败。

如果你参与的运动需要更多的耐力而非蛮劲的话，你就应该降低训练重量、增加训练组数，比如每组做 20~25 次。

但是，假若耐力是你所参与的运动最看重的因素，那你就不该做太多大重量的力量训练。列蒙博士表示，做太多大重量的力量训练会让你增加太多对增加耐力而言适得其反的肌肉。

你可以选择将周末的运动纳入到平时的训练安排中，以作为力量训练的补充。如果你喜欢骑行，你平时就可以增加一些额外的骑行训练，像是骑车上山或是在健身房骑卧式自行车等。此外，以耐力为重的你应该比其他人花更多的时间进行有氧训练，诸如在健身房使用跑步机、椭圆仪，或是在公园跑步等这些令人心跳加速的有氧运动都有助于提升你的耐力。

假设你的职业或参与的运动需要较强的上肢力量，而对下肢力量要求不高，那么你是否就可以只锻炼上身了呢？答案是否定的。列蒙博士说道："你得保持一种相对的均衡。"

在定制个人训练安排时，你可能会想省略计划设计的腿部训练，尤其是在该训练没能带来快速且显著效果的情况下。列蒙博士也承认道："大多数人腿部对训练刺激的增长反应确实不如胸部和手臂明显。"

也许你会认为，只要自己保持着上身对应肌肉的平衡，也就是胸部和背部的平衡、肱二头肌和肱三头肌的平衡，上下身之间的不平衡不会有什么太大的影响。

但列蒙博士解释道："从整体健康的角度来看，下身的肌肉占比较大。无论你要做什么，你都需要依靠下身来支撑全身的重量。"

随着年龄的增长，整体平衡对人体健康的意义会越发显著。年纪大了，人体肌肉会发生萎缩，代谢速率随之降低，因此即使饮食摄入基本与年轻时一致，人体也会开始发福，但是只要坚持均衡地锻炼各个肌群，就能更高效地燃脂。

此外，锻炼下身还能增强个人的平衡感。随着年龄的增长，平衡感也会愈发重要，不经意撞伤脚趾时，平衡感好的人可能也就踉跄了两步，平衡感差的人则可能直接跌坐在地甚至遭遇骨折。而且随着年龄的增长，人体容易骨质疏松，而力量训练能够增强骨密度、降低骨裂或骨折的风险。

列蒙博士说道："25 岁时也许很难意识到平衡感和骨质情况的重要性，但人终归都有老去的一天，如果你在年轻时就养成了良好的习惯并且一直坚持着，等到年长时你就能清楚地看出同龄人与自身身体素质的差距。"

因此，根据自身的情况去微调你的训练安排吧，但是切记掌握好调整的度，既不能大改到连原本硬汉计划的框架都不复存在，也不能忽略掉任何一个肌群的锻炼。

---

### 健身房——细菌的温床

在健身房好好锻炼的同时可不要忘记防备细菌的侵袭。佐治亚理工学院的《体育医药及运动表现时事通讯》上介绍过最容易导致在健身房感染疾病的 10 个坏习惯，包括：

- 在健身房最拥挤的时候去锻炼
- 穿未干透的鞋袜
- 用手揉眼睛
- 没有在身体和锻炼器械之间放置一条毛巾
- 每天穿着同一双运动鞋锻炼
- 与他人共用毛巾和水壶
- 在公共浴室淋浴时不穿拖鞋
- 在健身房从不洗手
- 锻炼后未完全擦干身上的汗水
- 用毛巾擦干身体时，自下往上擦

# 强健手臂速成指南

虽说肱二头肌是手臂肌肉中的焦点,但切忌因此忽略了其他手臂肌肉的锻炼。锻炼其他辅助性的手臂小肌群可以使你的肌肉看起来更均衡、更匀称,而且能够降低由于肌肉发展失衡而导致的拉伤风险。

如果你在健身房仔细观察大家的训练,就会发现手臂是大部分人锻炼的重点,热衷健身的人往往都想要像码头装卸工那样健硕的肱二头肌和铁匠般强健的前臂。

加利福尼亚州的一位私人教练培训师约翰·阿卜杜说道: "出于想要别人能一眼看出自身锻炼成果的虚荣心,大部分人都会投入大量精力锻炼手臂。"

肌肉结实的手臂不仅赏心悦目,还十分实用,像是搬家具和替女朋友开果酱罐这些事情都不在话下,而且小流氓想跟你挑事儿之前也得三思。

当你在锻炼其他身体部位时,有力的手臂能辅佐你更好地进行某些训练项目。举例来说,当你在做坐姿划船训练来锻炼背阔肌和上背时,你需要有力的手臂来将接在滑轮上的把手拉到身前。

在进行上身训练时,应该最后再进行手臂肌肉训练。否则,在你练完手臂以后再想进行大重量的胸肌和背肌训练时,手臂肌肉可能已经力竭了。

下面我们将为你介绍一些手臂肌肉群的基本知识,以便你对自己锻炼的身体部位有所了解。

## 上臂

手臂肌肉中最显眼的非肱二头肌莫属。如果有人让你展示一下你的肌肉,毫无疑问你会立马屈臂发力,让人见识一下你的肱二头肌。肱二头肌和手臂其他肌肉的关系就如 NBA 的 "黑白双煞" 卡尔·马龙和约翰·斯托克顿的关系一般,马龙更耀眼,而斯托克顿则相对低调,两人虽然迥异,但却同样重要,且密不可分。

肱二头肌事实上是由两块肌肉组成的，是名副其实的"二头"。其中，肱二头肌在表层，而更大的肱肌则在其下方为之提供支撑，二者同属肘屈肌肌群（肘屈肌肌群帮助你完成屈臂和以指尖触同侧肩的动作）。

如果你刚开始接触力量训练，采用过轻的重量训练仍胜于采用过重的重量训练。训练重量过重会导致动作轨迹和要领出现偏差，而且还会增加拉伤肌肉的风险。

力量训练初学者有时会将过多的时间精力投入到锻炼肱二头肌上，而且太过急于求成。从较轻的重量开始、根据自身的进步情况逐步提升重量才是最好的做法，这样既相对容易，又更加安全。

拥有令人印象深刻的肱二头肌自然是不错的，但切忌只练肱二头肌而忽略了肱三头肌。在两侧上臂上，肱三头肌都是与肱二头肌对应的，它属于肘伸肌肌群（肘伸肌肌群帮助你完成伸展手臂使之远离身体的动作）。当肱二头肌收缩时，肱三头肌就会放松；而肱三头肌收缩时，肱二头肌就会放松。

只注重锻炼肱二头肌而忽视肱三头肌会增加受伤的风险，参与运动的人尤其如此，这是大家常常犯的一个错误。

只有均衡地锻炼肱二头肌和肱三头肌，才能练出健康的臂膀和肘关节。

阿卜杜说道："肱三头肌是一块很容易让人印象深刻的肌肉。它使得上臂与肩部的连接看起来更加均衡匀称。"与肱二头肌不同，一块健美的肱三头肌并不需要收缩才能凸显。阿卜杜补充道："很多时候，你只需要保持直立的站姿就能很好地展示你的肱三头肌，根本无需伸肘。"

## 前臂

前臂可以帮助你完成屈腕、手掌用力挤压和伸展手指的动作。

有力的前臂还能在你锻炼其他部位的时候辅助你。健身师乔·奥格尔维说道："某种程度上说，握力是增加训练重量的基础和前提。如果你的前臂总是过早力竭，那你根本就无法增强肱二头肌。"

有些人的前臂很容易就成形了，这是由于几乎所有的上身训练项目都需要一个握的动作，因此前臂和手腕几乎在任何上身训练中都被顺带地锻炼到了，但是这些都只是等长收缩。阿卜杜说道："最好还是在训练安排中设置一些专门针对前臂和手腕的训练，这样不仅能使你的前臂看起来更匀称，而且还能预防肘部受伤，如网球肘（一种肘部疼痛的疾病，事实上是前臂受伤所致）。"

奥格尔维和阿卜杜建议大家最后进行前臂训练，这样建议的原因是前臂只有小肌群，因此前臂十分容易力竭。当然参与诸如扳手腕、攀岩、高尔夫这些需要强大握力的运动者除外。

## 肱二头肌　自由重量训练

### 锤式弯举

A 双脚与肩同宽站立，膝盖微屈，双手各持一个哑铃，双臂自然垂放在身侧并完全伸展，同时保持掌心朝内。

B 缓慢屈臂至哑铃前端调转至后方并轻触肩部，过程中切忌转动手腕，同时保持上臂和肘部固定，坚持1秒钟，随后缓慢有控制地将哑铃降回到初始位置。

### 坐姿单臂哑铃弯举

A 以左臂为例，坐在椅子或是长凳的一端上，双脚略比肩宽开立，左手持一个哑铃并保持掌心朝上和手臂完全伸展，左肘轻靠在左侧大腿内侧，右臂微屈，右手轻扶右腿，并保持背部挺直。

B 保持上臂与地面垂直，缓慢屈臂将哑铃弯举至肩高并坚持1秒钟，随后缓慢有控制地将哑铃降回到初始位置。

完成一组训练后，换臂重复上述动作。

### 反手杠铃弯举

A 直立，膝盖微屈，反手握住一根杠铃（掌心朝上），双手距离与肩同宽，双臂完全伸展，同时保持杠铃轻靠在大腿上。

B 肘部紧贴身侧，以肱二头肌的力量缓慢将杠铃弯举至下颌前。注意过程中要保持手腕平直，同时避免通过摇摆背部或是摇晃身体来借力。坚持1秒钟，随后缓慢、有控制地将杠铃降回到初始位置。

### 正手杠铃弯举

**A** 双脚与肩同宽站立，膝盖微屈，正手握住一根杠铃（掌心朝下），双手距离与肩同宽，双臂完全伸展，杠铃轻靠在大腿上，同时保持肘部紧贴身侧。

**B** 以肱二头肌的力量缓慢将杠铃弯举至下颌前，并在动作的最高位坚持 1 秒钟，随后缓慢、有控制地将杠铃降回到初始位置。

### 哑铃交替弯举

双脚与肩同宽站立，膝盖微屈，双手各持一个哑铃，双臂自然垂放在身侧，并保持掌心朝内。

**A** 缓慢将右侧哑铃弯举至锁骨前，在这一过程中转动手臂使得哑铃在锁骨前时掌心朝上。在动作的最高位坚持 1 秒钟，随后缓慢、有控制地将哑铃降回到初始位置。

**B** 左右臂交替重复上述动作。

### 上斜仰卧哑铃弯举

**A** 双手各持一个哑铃，坐在一张上斜板上，头部和上身完全贴板，双脚平踏于地面，手臂垂直于地面，垂放于身侧并完全伸展，同时保持掌心朝内。

**B** 保持上臂固定和肘部朝下，缓慢将哑铃弯举至肩高，同时在这过程中转动手臂使得哑铃在肩前时掌心朝肩，坚持 1 秒钟，随后缓慢、有控制地将哑铃降回到初始位置。

### 斜托杠铃弯举

A 坐在斜托垫后方，双臂贴附于斜托垫表面（注意肘部应接近垫下沿，而腋下应几乎触碰到垫上沿）、掌心朝上，并保持双手略比肩窄，握住一根曲柄杠铃。

B 保持上臂贴垫，缓慢将杠铃弯举至下颌前并坚持1秒钟，随后缓慢、有控制地将杠铃降回到初始位置。

## 肱三头肌　自由重量训练

### 坐姿哑铃颈后臂屈伸

如果你使用的是可拆卸式的哑铃，请确保卡簧已经夹紧。

A 坐于长凳之上，双脚稳踏地面、掌心朝上，双手于颈后共同托起一个哑铃，并保持上身朝向正前方且挺直，下背自然地微微前倾。

B 保持上身固定且上臂贴近头部，随后缓慢屈臂让哑铃在颈后以半圆的轨迹下降至自身可承受的最低位。你可以微微前倾以部分抵消哑铃的重量，但切忌摇晃身体或是弓起背部，同时应保持肘部朝前。坚持1秒钟，随后推举哑铃升回到初始位置。

### 哑铃俯身臂屈伸

A 以左臂为例，左手持一个哑铃，右手撑于长凳上作为支撑，出右腿成弓步，左脚立地支撑，同时保持背部挺直并与地面平行，左臂屈臂贴近身体；上、下臂成90°夹角。

B 保持左上臂与地面平行，并缓慢伸直左臂将重量提拉至身后（此时你应该能感受到左臂肱三头肌处于完全绷紧的状态），随后缓慢屈左臂、抗衡着哑铃的重量将其降

回到初始位置。

完成一组训练后，换臂重复上述动作。

### 仰卧哑铃跨肩臂屈伸

 这项训练的动作幅度不宜超过头部，否则容易产生危险。如果你使用的是可拆卸式的哑铃，请确保卡簧已经夹紧。

初学者应该采用较轻的重量并有人在一旁监督保护。如果是较大的重量，无论你的水平如何，都应该有人在一旁监督保护。

A 以右臂为例，头部靠近长凳的一端仰卧在长凳上，双膝弯曲，双脚平踏于地面，右手持一个哑铃，掌心朝向脚尖指向，并保持右臂垂直于地面、完全伸展。

B 保持上臂和肘部固定，缓慢屈右臂使哑铃跨过胸部，一端轻触左肩，随后缓慢伸右臂将哑铃推回到初始位置。

完成一组训练后，换臂重复上述动作。

### 仰卧杠铃臂屈伸

 为防止脸部受伤，初学者应该采用较轻的重量。此外，有人在一旁监督保护则更为理想。

A 仰卧在长凳上，双膝弯曲，双脚轻踏于长凳一端，掌心朝上，双臂完全伸展，双手间隔10~15厘米，握住一根曲柄杠铃高举于胸前。

B 保持上臂固定，缓慢屈肘将杠铃降至额头上方，随后将杠铃推回到初始位置。

### 仰卧哑铃臂屈伸

 请采用比你仰卧杠铃臂屈伸的训练重量轻的重量进行本项训练，并确保卡簧已经夹紧。

A 仰卧在长凳上，头部稍微超出长凳一端，双脚平踏于地面，双手环握哑铃一端并使哑铃的重量压在手掌上，伸展手臂使之与身体约成180°角但并非固定，同时使哑铃垂直于地面悬于头顶后方。

B 保持上臂固定，缓慢屈肘至哑铃降至头部下方，坚持1秒钟，随后缓慢将哑铃推回初始位置。

### 长凳间臂屈伸

 如果你的腕部有伤痛或炎症，请勿进行本项训练。

并排放置两张长凳或稳固的椅子并保留90~120厘米的间隔。

A 坐在其中一张长凳上，面向另一张长凳，并在大腿上放置一块杠铃片，双臂与肩同宽打开，双手扶握长凳边缘作为一端的支撑，双脚脚跟抵在另一张长凳距离凳沿约15厘米处作为另一端的支撑，并保持臀部悬空在靠近手扶凳沿的位置。

B 缓慢屈臂使身体向下，靠近但不触碰地面，随后缓慢伸臂将身体撑起回到初始姿势。

## 前臂 自由重量训练

### 前臂哑铃反手弯举

单手持哑铃也可以改为双手握杠铃。

A 以左前臂为例，坐在长凳的一端，双脚略比臀宽开立，左手掌心朝上持一个哑铃，并将右手撑于右腿。左腕位置应略超出左膝以便手腕能够自如地在其最大活动范围内上下弯曲，同时左前臂外侧贴于左大腿。

注意保持上身挺直，但你可以微微向左腿前倾以保证舒适。

B 缓慢以半圆的轨迹和左腕的力量将哑铃提向身体，但需保持左前臂不离大腿。在弯举的最高位保持1秒钟，随后下降到初始姿势。

完成一组训练后，换手重复上述动作。

### 前臂哑铃正手弯举

请采用比你前臂哑铃反手弯举的训练重量轻的重量进行本项训练。

A 以左前臂为例，坐在长凳的一端，双脚略比臀宽开立，左手掌心朝下持一个哑铃，并将右手撑于右腿。左腕位置应略超出左膝以便手腕能够自如地在其最大活动范围内上下弯曲，同时左前臂内侧应贴于左大腿。注意保持上身挺直，但你可以微微向左腿前倾以保证舒适。

B 缓慢以半圆的轨迹和左腕的力量将哑铃提向身体，但需保持左前臂不离大腿。在弯举的最高位保持1秒钟，随后下降到初始姿势。

完成一组训练后，换手重复上述动作。

### 滚轴卷腕

A 直立，双脚与肩同宽打开，双手掌心朝下地握住滚轴的手柄，同时保持手臂在身前伸直且杠铃片悬吊在身前。

B 缓慢在手腕的最大活动范围内以大幅度的上下拧扭运动将杠铃片通过滚轴向上提起。注意保持全身其他部位固定，请勿摆动身体或是使手臂下垂。当杠铃片到达顶端后，以反向的手腕运动将杠铃片通过滚轴缓慢放下。

### 哑铃桡侧屈

**A** 以左前臂为例，直立，左臂贴于身侧，左手持一个只有单侧重量的哑铃，并保持重量端位于左手前方。

**B** 缓慢在自身可承受范围内反复提举和压放重量端，注意保持肘部和肩部固定，仅以腕部的运动进行本项训练。

完成一组训练后，换臂重复上述动作。

### 哑铃尺侧屈

**A** 以右前臂为例，直立，右臂贴于身侧，右手持一个只有单侧重量的哑铃，并保持重量端位于右手后方。

**B** 缓慢在自身可承受范围内反复提举和压放重量端，注意保持肘部和肩部固定，仅以腕部的运动进行本项训练。

完成一组训练后，换臂重复上述动作。

## 肱二头肌　器械训练

### 反手拉力器弯举

**A** 面向一个低位滑轮站立，双手掌心朝上，与肩同宽地反手握住直杆手柄，双臂完全伸展，双脚与肩同宽开立于距离拉力器约 50 厘米处，双膝微屈，背部挺直，同时保持肩部微微后倾。

**B** 保持上臂紧贴身侧且垂直于地面，缓慢将手柄弯举至胸前并在最高位保持 1 秒钟，随后缓慢地将手柄降回到初始位置。

### 正手拉力器弯举

**A** 面向一个低位滑轮站立，双手掌心朝下，与肩同宽地正手握住直杆手柄，双臂完全伸展，双脚与肩同宽开立于距离拉力器约 50 厘米处，双膝微屈，背部挺直，手柄轻贴于大腿，并保持双肘靠近体侧。

B 缓慢将手柄弯举至锁骨前并在最高位保持 1 秒钟，随后缓慢将手柄降回到初始位置。

### 仰卧反手拉力器弯举

于 D 形手柄连接高位滑轮的器械前放置一张长凳，并使得长凳一端靠近器械。

A 以左臂为例，仰卧位平躺于长凳上，双膝弯曲，双脚踏于凳沿，右手置于腰背下作为支撑，左手掌心朝上握住 D 形手柄，并保持左臂完全伸展，此为初始姿势。

B 缓慢朝肩部弯举手柄，在手柄位于肩部上方时保持 1 秒钟，随后缓慢回到初始姿势。

完成一组训练后，换臂重复上述动作。

### 坐姿单臂拉力器弯举

于 D 形手柄连接低位滑轮的器械前放置一张长凳，并使得长凳一端靠近器械。

A 以左臂为例，坐在长凳的一端上，双脚略比肩宽开立，左手掌心朝上握住手柄，左臂完全伸展，左肘轻靠在左侧大腿内侧，右手轻扶右腿，身体微微前倾，并保持背部挺直。

B 保持上臂与地面垂直、缓慢屈臂将手柄提拉至肩高并坚持 1 秒钟，随后缓慢将手柄降回到初始位置。

完成一组训练后，换臂重复上述动作。

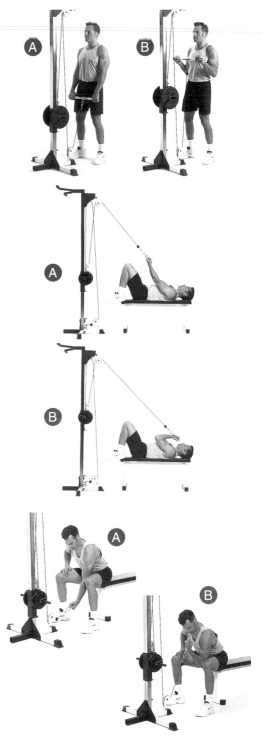

## 肱三头肌　器械训练

### 拉力器直臂下压

A　面朝一个高位滑轮（连接直杆手柄）站立，双脚与肩同宽开立，双膝微屈，双手掌心朝下窄握手柄，并保持上臂与地面垂直以及肘部和上臂靠近身侧。

B　平缓地伸展双臂以下压手柄，但需避免锁死肘部。同时，过程中注意绷直和锁住双腕。在双臂完全伸展处坚持1秒钟，随后缓慢将手柄升回到初始位置。

### 拉力器侧身单臂下拉

A　以左臂为例，立于D形手柄连接的高位滑轮前，侧身使得右肩最靠近器械，双脚与肩同宽开立，双膝微屈，左手掌心朝内握住手柄，并保持左上臂垂直于地面且与左下臂成90°夹角。

后退一步以便绳索能在体前以直线轨迹来回移动，微微俯身屈髋，并保持背部挺直。

B　缓慢下拉手柄至左臂在身体左侧完全伸展并坚持1秒钟，随后缓慢将手柄升回到初始位置。

完成一组训练后，向后转并换臂重复上述动作。

### 跪姿拉力器直臂推拉

于器械前放置一张长凳，并使得长凳一侧长沿靠近器械且垂直于绳索。站立时，双手握住挂在高位滑轮上的套索。

A　握住套索，背对器械跪坐在长凳前，上臂平行于地面置于长凳上，并保持下臂垂直于地面，此为初始姿势。

B　缓慢向下推拉套索至双臂完全伸展并坚持1秒钟，随后缓慢回到初始姿势。

### 仰卧拉力器臂屈伸

于直杆手柄连接低位滑轮的器械前放置一张长凳，并使得长凳一端靠近器械，凳沿距离器械约 30 厘米。站立时，握住手柄。

A 头朝器械仰卧位平躺于长凳上，双膝弯曲，双脚踏于长凳一端，双手间隔 10~15 厘米，掌心朝上，手背靠近脸部握住手柄，并保持上臂垂直于地面，上、下臂成 90° 夹角，并且手柄刚刚超出头部顶端。

B 缓慢伸肘至双臂完全伸展并坚持 1 秒钟，随后缓慢回到初始姿势。

### 仰卧拉力器跨肩臂屈伸

以右臂为例，于 D 形手柄连接的低位滑轮左前方放置一张长凳，并使得长凳一端靠近器械。站立时，右手掌心朝下正手握住手柄。

A 头朝器械仰卧在长凳上，双膝弯曲，双脚平踏于地面，保持右上臂垂直于地面并屈肘至手柄的一端触碰左肩。

B 保持上臂和肘部固定，缓慢伸展右臂至右臂垂直于身体且右掌心朝前，坚持 1 秒钟，随后缓慢屈肘回到初始姿势。

完成一组训练后，换臂重复上述动作。

## 前臂　器械训练

### 前臂拉力器反手弯举

于直杆手柄连接的低位滑轮前放置一张长凳，并使得长凳一端靠近器械，凳沿距离器械约 30 厘米。

A 面朝器械坐在长凳的一端，双脚略比肩宽开立，双手掌心朝上握住手柄，间隔

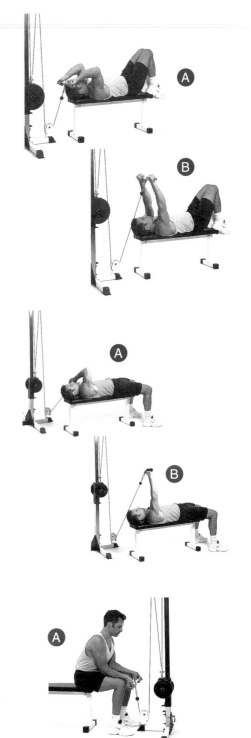

与肩同宽，双腕位置应略超出双膝以便手腕能够自如地在其最大活动范围内上下弯曲，同时下臂外侧应贴于大腿。注意保持上身挺直，但你可以微微向前倾斜以保证舒适。

**B** 缓慢以半圆的轨迹和双腕的力量将手柄提向身体，但需保持前臂不离大腿。在弯举的最高位保持 1 秒钟，随后下降到初始姿势。

### 前臂拉力器正手弯举

请采用比你前臂拉力器反手弯举的训练重量轻的重量进行本项训练。

于直杆手柄连接的低位滑轮前放置一张长凳，并使得长凳一端靠近器械，凳沿距离器械约 30 厘米。

**A** 面朝器械坐在长凳的一端，双脚略比肩宽开立，双手掌心朝下握住手柄，间隔与肩同宽，双腕位置应略超出双膝以便手腕能够自如地在其最大活动范围内上下弯曲，同时前臂的内侧应贴于大腿。注意保持上身挺直，但你可以微微向前倾斜以保证舒适。

**B** 缓慢以半圆的轨迹和双腕的力量将手柄提向身体，但需保持前臂不离大腿。在弯举的最高位保持 1 秒钟，随后下降到初始姿势。

## 肱二头肌　无重量训练

### 肱二头肌拉力绳弯举

**A** 双脚踩压拉力绳与肩同宽开立、双手掌心朝向体侧以握住拉力绳两端的套索，并保持双臂在体侧完全伸展。

B 以右臂为例，保持右肘紧贴体侧，缓慢屈右臂弯举套索至肩高（注意在过程中转动右腕使得右手掌心朝上），随后缓慢回到初始姿势。

完成一组训练后，换臂重复上述动作。

### 上斜仰卧拉力绳弯举

A 双手握拉力绳两端的套索，坐在一张上斜板上，头部和上身完全贴板，双脚平踏于地面，手臂垂直于地面垂放身侧并完全伸展，同时保持掌心朝内（如有必要，可将拉力绳穿过上斜板底部并将富余的绳缠在手上）。

B 保持上臂固定和肘部朝下，缓慢将套索弯举至肩高，同时在这一过程中转动手臂使得套索在肩前时掌心朝肩，坚持 1 秒钟，随后缓慢将手臂降回到初始位置。

## 肱三头肌　无重量训练

### 倚桌臂屈伸

A 背对一张坚固的桌子站立，双手掌心朝下，扶着桌沿作为支撑，双手间隔与胯同宽。保持身体挺直，双脚前移至臀部刚刚离开桌沿，并使得重心落在脚跟，此为初始姿势。

B 缓慢屈臂使身体向下靠近地面至肘部成 90° 夹角，随后缓慢伸臂将身体撑起回到初始姿势。

此项训练请务必确保人身安全。

### 肱三头肌拉力绳推拉

以右臂为例，右手握住拉力绳一端的套索后反手到颈后，并使拉力绳沿着脊柱垂于身后。

A 左手在腰部附近反手到身后在舒适位置紧握住拉力绳作为固定，防止其滑脱。

B 保持肘部靠近头侧，缓慢伸右臂将右手举过头顶，但注意伸臂不要完全伸展到锁死肘部的程度，而应停在将近完全伸展处，随后缓慢回到初始姿势。

完成一组训练后，换臂重复上述动作。

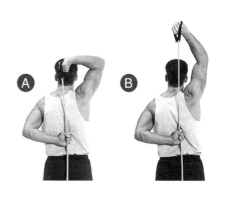

### 仰卧拉力绳弯举

将拉力绳中间的一段压在长凳一端的凳脚下。

A 头朝拉力绳所在端仰卧位平躺于长凳上，双脚平踏于地面，双手间隔10~15厘米，掌心朝上握住套索，手背靠近脸部，并保持肘部弯屈且套索刚刚超出头部顶端（如有必要，可将拉力绳穿过长凳底部并将富余的绳缠在手上）。

B 保持上臂固定，缓慢在胸前完全伸展双臂并坚持1秒钟，随后缓慢回到初始姿势。

## 前臂　无重量训练

### 前臂拉力绳反手弯举

坐在长凳的一端，双脚略比臀宽开立，并将一段拉力绳牢牢踩压在双脚底下。

A 双手掌心朝上握住拉力绳两端的套索，前臂外侧贴于大腿，并保持双腕位置略超出双膝以便手腕能够自如地在其最大活动范围内上下弯曲。注意保持上身挺直，但你可以微微向腿前倾斜以保证舒适。

B 缓慢以半圆的轨迹和双腕的力量将套索提向身体，但需保持前臂不离大腿。在弯举的最高位保持 1 秒钟，随后下降到初始位置。

### 前臂拉力绳正手弯举

坐在长凳的一端，双脚略比臀宽开立，并将一段拉力绳牢牢踩压在双脚底下。

A 双手掌心朝下地握住拉力绳两端的套索，前臂内侧贴于大腿，并保持双腕位置略超出双膝以便手腕能够自如地在其最大活动范围内上下弯曲。注意保持上身挺直，但你可以微微向腿前倾斜以保证舒适。

B 缓慢以半圆的轨迹和双腕的力量将套索提向身体，但需保持前臂不离大腿。在弯举的最高位保持 1 秒钟，随后下降到初始位置。

### 拉力绳滚轴卷腕

将拉力绳的一端系紧在直杆手柄正中，并将另一端的手柄套在一只脚上牢牢踩住。身体直立，双脚与肩同宽开立（未踩手柄的脚略微靠后）。双手掌心朝下握住直杆手柄，并保持双臂在身体前垂直于身体伸直。

缓慢在手腕的最大活动范围内以单方向、大幅度的上下拧扭运动转动直杆手柄。注意保持全身其他部位固定，请勿摆动身体或是使手臂下垂。当拉力绳已经紧绷到你无法再转动手柄时，反向进行同样的手腕运动。

## 强健手臂——初级训练安排

我们建议你根据全身增肌计划的初级训练安排进行训练，但若你需要集中锻炼手臂，本训练安排能在短时间内带来显著的训练效果。你可以从下文提供的自由重量训练、器械训练和无重量训练3套训练安排中选择1套进行锻炼。

## 训练指南

1. 每周根据本训练安排锻炼 2~3 次、每次训练之间至少休息 48 小时。给予肌肉充分的时间休息和恢复，肌肉才能达到最佳生长状态。

2. 正式训练前先做一定的有氧运动和拉伸，然后用较轻的重量做一组本训练安排中的训练项目，作为热身组（6~10 次动作）。进行热身运动能够最小化在接下来的正式训练中拉伤肌肉的风险。

3. 热身后，以自身一组仅能做 6 次的重量作为起始重量开始训练。新手在第一天可能需要花点时间来测试和确定合适的起始重量。确定后，在该重量变得太过轻松以前，它就是你的训练重量了。

根据你选择的那套训练安排训练，每个训练项目做 1 组，每组 6 次即可。在保证轨迹和姿势正确的前提下，每项训练的正向阶段（也称向心阶段或提升阶段）可以尽可能快地完成，但负向阶段（也称离心阶段或下降阶段）则要慢下来，大约用 4 秒钟的时间完成。

4. 进行数次训练后，每组 6 次就会变得容易许多，你可以在保证轨迹和姿势正确的前提下逐渐增加每组次数至 10 次。

5. 当你在特定重量下可以完成每组 10 次动作后，注意提醒自己在下一次进行该训练项目时提升训练重量。

6. 增加重量后，将每组次数降回到 6 次，接着重复上述步骤 3 至步骤 5，直到完成 12 周的初级训练。在那以后，如果你仍想集中锻炼手臂，你就可以将难度提升至中级。但是别忘了，比起单一肌群的锻炼，我们更推荐你进行均衡的全身性训练。（由于每个部位的初级训练安排要点基本一致，因此在后面介绍其他肌群训练安排的章节中，将不再对这部分内容继续陈述。）

| 自由重量训练 | 器械训练 | 无重量训练 |
| --- | --- | --- |
| • 锤式弯举<br>• 仰卧哑铃跨肩臂屈伸<br>• 前臂哑铃反手弯举<br>• 前臂哑铃正手弯举 | • 反手拉力器弯举<br>• 拉力器直臂下压<br>• 前臂拉力器反手弯举<br>• 前臂拉力器正手弯举 | • 肱二头肌拉力绳弯举<br>• 倚桌臂屈伸<br>• 前臂拉力绳反手弯举<br>• 前臂拉力绳正手弯举 |

## 强健手臂——中级训练安排

我们建议你根据全身增肌计划的中级训练安排进行训练，但若你需要集中锻炼手臂，本训练安排能在短时间内带来显著的训练效果。你可以从下文提供的自由重量训练、器械训练和无重量训练 3 套训练安排中选择 1 套进行锻炼。

### 训练指南

1. 每周训练 3 天。两次训练之间至少间隔 48 小时，以便肌肉能够充分修复。

2. 每次训练前先进行一定的有氧运动和拉伸，然后用较轻至中等的重量做当天训练安排中的训练项目，作为热身组（6~10 次动作）。这样可以最小化在接下来的正式训练中拉伤肌肉的风险。

3. 包括首先进行的热身组，标准的中级训练安排要求每项训练进行 3 组，每组 6~10 次。热身组过后的起始重量应为自身一组仅能做 6 次的重量。随着力量的增长，在保证轨迹和姿势正确的前提下逐渐增加每组次数至 10 次。达到每组 10 次以后，在下次训练中，重新增加到自身一组仅能做 6 次的重量。

在保证轨迹和姿势正确的前提下，每项训练的正向阶段（也称向心阶段或提升阶段）应尽可能快地完成，但负向阶段（也称离心阶段或下降阶段）则需放缓（大约 4 秒钟）。

4. 在训练安排中加入变化。有时你可以以组合训练（也称超级组）取代一些单项训练，即连续进行两项训练且期间不歇息（两项训练各一组作为组合训练的一组）。你可以将几乎任意两项训练以这种方式组合起来。组合训练不仅提高了训练强度，为训练安排增加了变化，同时还能节省锻炼时间。

另一种加入变化的方式是相较平时减轻训练重量并增加每组次数至 15~20 次。此外，每组不断增加重量和减少次数的锻炼方式（金字塔序列）也能带来变化，例如，第一组用 200 磅做 10 次，第二组用 250 磅做 7 次，第三组用 300 磅做 4 次。

5. 当你有了一定的训练经验后，你可以尝试在每组的末尾，当你已经无法再多做哪怕一个全程的动作时，增加 1~2 个半程的动作。这种训练到力竭的方式能够有效地刺激肌肉增长。但是切记，在做力竭训练时你必须有一位健身搭档在一旁辅助和保护，而在做自由重量训练时尤为如此。（由于每个部位的中级训练安排要点基本一致，因此在后面介绍其他肌群训练安排的章节中，将不再对这部分内容继续陈述。）

| 自由重量训练 | 器械训练 | 无重量训练 |
| --- | --- | --- |
| • 坐姿单臂哑铃弯举 | • 反手拉力器弯举 | • 肱二头肌拉力绳弯举 |
| • 正手杠铃弯举 | • 正手拉力器弯举 | • 上斜仰卧拉力绳弯举 |
| • 斜托杠铃弯举 | • 坐姿单臂拉力器弯举 | • 倚桌臂屈伸 |
| • 坐姿哑铃颈后臂屈伸 | • 拉力器直臂下压 | • 仰卧拉力绳弯举 |
| • 仰卧哑铃跨肩臂屈伸 | • 拉力器侧身单臂下拉 | • 肱三头肌拉力绳推拉 |
| • 前臂哑铃反手弯举 | • 前臂拉力器反手弯举 | • 前臂拉力绳反手弯举 |
| • 前臂哑铃正手弯举 | • 前臂拉力器正手弯举 | • 前臂拉力绳正手弯举 |

## 强健手臂——高级训练安排

我们建议你根据全身增肌计划的高级训练安排进行训练，但若你需要集中锻炼手臂，本训练安排能在短时间内带来显著的训练效果。你可以从下文提供的自由重量训练、器械训练和无重量训练 3 套训练安排中选择 1 套进行锻炼。

### 训练指南

1. 每周训练 3 天。两次训练之间至少间隔 48 小时，以便肌肉能够充分修复。

2. 标准的高级训练安排要求每项训练进行 3 组，每组 6~10 次。正式训练前先进行一定的有氧运动和拉伸，然后以轻于通常训练重量的重量做第一组训练作为热身组，第二组和三组的起始重量应为自身一组仅能做 6 次的重量。随着力量的增长，逐渐增加每组次数至 10 次，然后在下次训练中重新增加到自身一组仅能做 6 次的重量。

在保证轨迹和姿势正确的前提下，每项训练的正向阶段（也称向心阶段或提升阶段）应尽可能快地完成，但负向阶段（也称离心阶段或下降阶段）则需放缓（大约 4 秒钟）。

3. 同中级训练一样，在训练安排中也可以加入变化，并且以三组式组合训练或四组式组合训练取代一些单项训练。三组式组合训练是在组合训练的基础上再加一项训练，连续进行三项训练且期间不歇息。四组式组合训练则是连续进行四项训练且期间不歇息。

4. 在每组的末尾，当你已经无法再多做哪怕一个全程的动作时，增加 1~2 个半程的动作，这种训练到力竭的方式能够有效地刺激肌肉增长。但是切记，在高级训练中，为了安全起见，在做自由重量力竭训练时你必须有一位健身搭档在一旁辅助和保护。（由于每个部位的高级训练安排要点基本一致，因此在后面介绍其他肌群训练安排的章节中，将不再对这部分内容继续陈述。）

| 自由重量训练 | 器械训练 | 无重量训练 |
| --- | --- | --- |
| • 正手杠铃弯举 | • 反手拉力器弯举 | • 肱二头肌拉力绳弯举 |
| • 上斜仰卧哑铃弯举 | • 仰卧反手拉力器弯举 | • 上斜仰卧拉力绳弯举 |
| • 斜托杠铃弯举 | • 坐姿单臂拉力器弯举 | • 倚桌臂屈伸 |
| • 坐姿哑铃颈后臂屈伸 | • 拉力器直臂下压 | • 肱三头肌拉力绳推拉 |
| • 仰卧哑铃跨肩臂屈伸 | • 拉力器侧身单臂下拉 | • 仰卧拉力绳弯举 |
| • 仰卧杠铃臂屈伸 | • 跪姿拉力器直臂推拉 | • 前臂拉力绳反手弯举 |
| • 仰卧哑铃臂屈伸 | • 仰卧拉力器臂屈伸 | • 前臂拉力绳正手弯举 |
| • 前臂哑铃反手弯举 | • 仰卧拉力器跨肩臂屈伸 | • 拉力绳滚轴卷腕 |
| • 前臂哑铃正手弯举 | • 前臂拉力器反手弯举 | |
| • 哑铃桡侧屈 | • 前臂拉力器正手弯举 | |
| • 哑铃尺侧屈 | | |

# 强健肩部速成指南

---

强健的肩部可以辅助你更好地完成几乎一切用到手臂的活动，但许多热衷于锻炼肩部的人却常常过度拉伸肩部以至于受伤。

---

看一个男人的身材，先看他的肩部。没有什么比宽厚的肩部更能显示一个人身体的强健和心灵的强大了。

不仅如此，强健的肩部还十分实用，你需要它来帮你把儿子举过头（尤其是他现在已经18岁了）、在车陷在雪里时推车，以及在公司野餐会上击败你拔河比赛的对手。此外，几乎所有上身训练都会运用到肩部肌肉，因此强化肩部能助你在锻炼胸部和背部时推起或拉起更大的重量。

五届国际健美冠军、波士顿的私人教练乔·森姆唯尔说道："几乎所有用到手臂的活动都会用到肩部。"

宽厚的肩部透露出一股浓浓的男人味，即便是路人也会忍不住多看你两眼。加利福尼亚州圣巴巴拉市的一位私人教练培训师约翰·阿卜杜说道："如果你有着 V 形的后背和宽厚的肩部，你的腰围会显得更小。"

## 耀眼夺目的三角肌

肩部的肌肉被称为三角肌。事实上三角肌由两大块组合轮廓像三角形的肌肉组成，左右肩各一块，从锁骨和肩胛骨的位置一直延伸到上臂的主骨肱骨处。

每块三角肌由前束、中束和后束组成，它能辅助你举起、转动和伸展双臂。

三角肌的前、中、后束能且需要被单独训练，这样能够使得肌肉更加均衡，而且还能降低受伤风险。

阿卜杜解释道："只做卧推的人主要锻炼的是三角肌的前束，顺带锻炼了中束，但肯定没能锻炼到后束。"

## 训练斜方肌

斜方肌辅助你耸肩、转动肩胛骨和转动头部。斜方肌从颈部向两侧和下方延伸，一直延伸到两块肩胛骨之间的下方。观察专业健美选手的后颈，你就能看到斜方肌像是被藏在那里的某种外星生物一般，从皮下凸出，仿佛随时会破皮而出。

有些锻炼的人看起来仿佛总是耸着肩，就是因为他们没有好好锻炼斜方肌。如果你想要肩部看起来更开阔宽厚，同时降低肩部受伤风险，森姆唯尔建议你单独锻炼斜方肌。

这并不困难。森姆唯尔解释道："你锻炼背部的时候就能锻炼到斜方肌。"

## 运动伤害

肩部尤其容易遭受运动伤害，下文列举了几个原因。

**过度训练**。即太过频繁地进行一项训练（如卧推），或采用了过大的重量训练。

**不均衡的锻炼**。肩部是一个活动范围较大的关节，因此有时也更容易受伤。健身师乔·奥格尔维说道："大部分人的肩部锻炼都没能让肩部在其最大活动范围内充分运动。"因此，硬汉计划提供了许多在最大活动范围内充分活动肩部的训练项目供你选择。

**错误的轨迹和诀窍**。森姆唯尔表示，许多人在做卧推和肩部推举训练时采用的都是错误的轨迹和诀窍，导致在训练过程中过度拉伸肌肉组织。当你坐在上斜板上做肩部训练时，切忌弓起背部。弓起背部虽然能辅助你推举起更大的重量，但是也更可能造成下背受伤。

在锻炼肩部时，我们应当交替使用大重量少次数和小重量多次数的训练方式，这样能锻炼到更多的肌纤维。他解释道："如果你总是以同样的方式进行训练，你就只能增强爆发力或耐力中的一种。"

## 三角肌　自由重量训练

### 哑铃直臂前平举

A 直立，双脚与肩同宽开立，双膝微屈，双手掌心朝向大腿各持一个哑铃，双臂垂放在体侧，双肘微屈，保持双肘靠后，胸部挺起，下背挺直，同时躬身微微前倾。

B 以左肩为例，缓慢在身前平举左臂至与肩同高，平举过程中掌心朝下。切忌摇晃臀部或是摆动手臂以获得势能。在肩高位置坚持1秒钟，随后缓慢回到初始姿势。

完成一组训练后，换臂重复上述动作。

### 哑铃侧平举

A 直立，手臂垂放在体侧，双手掌心朝向身体，各持一个哑铃，双肘微屈，肩部打开，胸部挺起，下背挺直并微微前倾，同时保持双脚与肩同宽开立。

B 同时于两侧缓慢平举起两个哑铃至肩高，注意保持双肘微屈和手臂与身体处于同一平面。在肩高位置坚持1秒钟，随后缓慢将哑铃降回到初始位置。

### 俯身侧平举

A 俯身弯腰，双手掌心朝向彼此，各持一个哑铃，双臂垂放在腿前，双肘微屈，双脚略比肩宽开立，同时保持背部挺直且几乎平行于地面。

B 保持背部挺直，同时于两侧缓慢平举起两个哑铃至双臂平行于地面，坚持1秒钟，随后缓慢回到初始姿势。此动作中，双臂的摆动就像是鸟儿拍打双翅一般。

### 杠铃颈后推举

这项训练改为颈前推举同样有效，且部分专家认为颈前推举更为安全。

 请采用比训练重量轻的重量做本项训练的第一组。

**A** 直立，背部挺直，双脚与肩同宽开立，双膝微屈，双手掌心朝前握住杠铃并架在颈后肩上，间隔略比肩宽，同时保持双肘朝下且胸部挺起。

**B** 缓慢地笔直向上推举起杠铃，这过程中保持双肘朝外。头部微微向前以便杠铃有足够的空间灵活起落。在推举的最高位坚持1秒钟，随后缓慢回到初始姿势。

### 杠铃颈前推举

**A** 直立，背部挺直，双脚与肩同宽开立，双膝微屈，双手掌心朝后，正手握住杠铃，间隔与肩同宽或略比肩宽。屈肘，将杠铃翻举至肩高，保持双肘朝下且胸部挺起。

**B** 缓慢地笔直向上推举起杠铃，坚持1秒钟，随后缓慢回到肩高位置。重复本步骤。

### 上斜俯卧侧平举

**A** 面对一张上斜板站立，胸部倚靠住上斜板，双脚与肩同宽开立并踏地作为支撑，下颌勾在上斜板上沿，双手掌心朝向彼此，各持一个哑铃，双臂悬垂在板侧，同时保持双肘微屈。

**B** 保持肘部放松，缓慢向两侧举起双臂至肩高，坚持1秒钟，随后缓慢将哑铃降回到初始位置。

### 坐姿哑铃颈前推举

**温馨提示** 由于坐姿使得你无法借力、只能靠手臂力量推举，请采用比杠铃颈前推举训练重量轻的重量进行本项训练。

A 坐在长凳的一端，背部挺直，同时双手掌心朝向身体各持一个哑铃并举在肩高。

B 缓慢同时将两个哑铃推举过头顶至二者几乎接触，双臂完全伸展但切忌锁死双肘，坚持1秒钟，随后缓慢将哑铃降到初始位置。

## 斜方肌　自由重量训练

### 哑铃耸肩

A 直立，双脚与肩同宽开立，双膝微屈，双手掌心朝向身体，各持一个哑铃，同时双臂垂放于体侧。注意确保肩部打开且处于放松状态。

B 保持头部固定且下颌微微收拢，缓慢地在可承受范围内向耳垂方向竖直向上提肩至最高位，坚持1秒钟，随后缓慢降肩至初始姿势。

## 三角肌与斜方肌　自由重量训练

### 杠铃上提

A 直立，双手掌心朝内窄握一根杠铃，双臂在体前完全伸展，并使杠铃轻靠在大腿上。肩部可以稍微放松，但一定要保持背部挺直。

B 缓慢地将杠铃笔直上提到下颌下方至双肘朝上且朝外，坚持一小会儿，随后缓慢将杠铃降到初始位置。

### 哑铃上提

A 直立，背部挺直，双脚与肩同宽开立，双膝微屈，双手掌心朝向身体，各持一个哑铃，并将双臂垂放在体侧。

B 缓慢同时将两个哑铃上提至腋下，但需避免过度上提以致在最高位时发生肌肉抽搐。上提过程中注意保持双肘朝外且哑铃靠近体侧，在最高位坚持1秒钟，随后缓慢伸臂回到初始姿势。

## 三角肌　器械训练

### 坐姿颈前推举

坐在卧推器械的长凳上，双脚略比臀宽开立并平踏于地面，同时双手掌心朝下、正手握住杠铃杆，间隔与肩同宽或略比肩宽。

A 屈肘将杠铃翻举至肩高，同时保持双肘朝下且胸部挺起。

B 缓慢将杠铃笔直推举过头顶，坚持1秒钟，随后缓慢将杠铃降回到肩高。

### 拉力器单臂上提

以右肩为例，立于 D 形手柄连接的低位滑轮前，侧身使得右肩最靠近器械（越近抗力越大）、双脚与肩同宽开立，双膝微屈，背部挺直。

A 右手掌心朝向身体握住手柄，并使右臂垂放在体侧。

B 缓慢将手柄上提至腋下，但需避免过度上提以致在最高位时发生肌肉抽搐。上提过程中注意保持右肘朝外且手柄靠近体侧，在最高位置坚持1秒钟，随后缓慢伸臂回到初始姿势。

完成一组训练后，向后转并换臂重复上述动作。

### 拉力器直臂上提

立于 T 形手柄连接的低位滑轮前，背部挺直，双脚与肩同宽开立，并保持双膝微屈。

A 双手掌心朝向大腿、正手握住手柄，间隔与肩同宽，双臂垂放在体侧，双肘微屈，躬身微微前倾，同时保持双肘靠后，胸部挺起且下背挺直。

B 伸直手臂，缓慢在体前上提手柄至肩高。上提过程中保持掌心朝下，切忌摇晃臀部或是摆动手臂以获得势能。在肩高位置坚持 1 秒钟，随后缓慢回到初始姿势。

### 坐姿颈后推举

坐在卧推器械的长凳上，双脚与肩同宽或略比肩宽开立并平踏于地面。

A 双手掌心朝上，正手握住颈后的杠铃杆，同时保持双肘朝下且胸部挺起。

B 缓慢将杠铃笔直向上推举至双臂完全伸展但切忌锁死，推举过程中保持双肘朝外。在最高位置坚持 1 秒钟，随后缓慢将杠铃降回到初始位置。

### 俯身拉力器侧平举

立于两个 D 形手柄连接的低位滑轮之间，双脚与肩同宽开立，双膝微屈，双手在体前交叉并握住对面的手柄，同时保持双臂低垂且双肘微屈。

A 躬身微微前倾，微屈背部至上身与地面平行，但切忌弓起背部。

B 缓慢朝上且朝外提拉两个手柄，在最高位坚持 1 秒钟，随后缓慢将手柄降回到初始位置。

## 斜方肌　器械训练

### 拉力器耸肩

以右肩为例，立于 D 形手柄连接的低位滑轮前，侧身使得右肩最靠近器械（越近抗力越大），双脚与肩同宽开立，并保持双膝微屈。

**A** 右手握住手柄，双手掌心朝向身体，双臂垂放在体侧，并保持肩部打开且处于放松状态。

**B** 保持头部固定且下颌微微收拢，缓慢在可承受范围内向耳垂方向竖直向上提肩至最高位，坚持 1 秒钟，随后缓慢降肩至初始姿势。

完成一组训练后，向后转并换臂重复上述动作。

## 三角肌与斜方肌　器械训练

### 拉力器上提

立于 T 形手柄连接的低位滑轮前，背部挺直，双膝微屈，并保持双脚与肩同宽开立。

**A** 双手掌心朝内，正手握住一根杠铃，间隔 10~15 厘米，同时双臂完全伸展以便杠铃轻靠在大腿上。肩部可以稍微放松，但切忌下垂。

**B** 缓慢将手柄笔直上提到下颌下方至双肘朝上且朝外，坚持一小会儿，随后缓慢将手柄降到初始姿势。

## 三角肌　无重量训练

### 书籍直臂上提

**A** 双脚与肩同宽开立，双膝微屈，双手掌心朝向大腿，各持一本书，双臂垂放在体侧，双肘微屈，躬身微微前倾，同时保持双肘靠后，胸部挺起且下背挺直。

B 缓慢在体前上提右臂至肩高，上提过程中保持掌心朝下，切忌摇晃臀部或是摆动手臂以获得势能。在肩高位置坚持1秒钟，随后缓慢回到初始姿势，接着换左臂重复上述动作。左右臂各完成一次上述动作为一组动作。

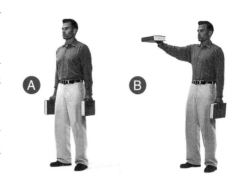

### 书籍侧平举

A 直立，双脚稍微开立，双膝微屈，双手掌心朝向身体，各持一本书，双臂垂放在体侧。

B 保持双肘微屈，同时缓慢向外平举双臂至肩高，就像鸟儿拍打翅膀一般。注意确保平举时双手大拇指的位置高于小指。在肩高位置坚持1秒钟，随后缓慢地将双臂降回到体侧。如果平举时由于重量过大腕部无法挺直，请改用较轻的书籍并确保平举过程中腕部挺直。

### 拉力绳耸肩

A 直立，双脚牢牢踩压一段拉力绳开立，双手掌心朝向身体，握住拉力绳两端的手柄，并保持双臂垂放在体前一点。

B 保持头部固定且下颌微微收拢，缓慢地在可承受范围内向耳垂方向竖直向上提肩至最高位，坚持1秒钟，随后缓慢降肩至初始姿势。

### 公文包肩部推举

A 坐于椅子上，背部挺直，紧贴椅背，双膝弯曲，双脚平踏于地面，双手掌心朝向彼此并于脸部正前方托举住公文包的底部两端，保持双肘弯曲、朝内且位于体侧。

B 缓慢笔直地朝天花板推举公文包至双臂在头顶完全伸展，随后缓慢将公文包降回到脸部正前方。

### 拉力绳体侧上提

A 直立，双脚牢牢踩压一段拉力绳，与肩同宽开立，双手掌心朝向腿侧并握住拉力绳两端的手柄，使手臂完全伸展于体侧。肩部稍微放松，但一定要保持背部挺直。

B 缓慢地同时将两侧手柄上提至腋下，但需避免过度上提以致在最高位时发生肌肉抽搐。上提过程中注意保持背部挺直、双肘朝外且手柄靠近体侧，在最高位坚持1秒钟，随后缓慢伸臂回到初始姿势。

## 斜方肌　无重量训练

### 引体向上

A 在引体向上杆前站立，双手掌心朝前，正手紧握杆体，间隔45~50厘米，同时双脚离地。

B 平缓地屈臂做引体向上至下颌高出杆体，坚持1秒钟，随后缓慢伸臂降回到初始姿势。身体向上时呼气、下降时吸气，同时注意避免摇摆身体。

### 拉力绳垂直上提

A 直立，双脚牢牢踩压一段拉力绳开立，双手掌心朝向腿面握住拉力绳两端的手柄，并使手臂完全伸展于体前侧。肩部稍微放松，但一定要保持背部挺直。

B 缓慢地将手柄笔直上提到下颌下方，在最高位时双肘应朝上且朝外坚持一小会儿，随后缓慢将手柄降到初始姿势。

## 强健肩部——初级训练安排

我们建议你根据全身增肌计划的初级训练安排进行训练，但若你需要集中锻炼肩部，本训练安排能在短时间内带来显著的训练效果。你可以从下文提供的自由重量训练、器械训练和无重量训练3套训练安排中选择1套进行锻炼。

| 自由重量训练 | 器械训练 | 无重量训练 |
|---|---|---|
| • 杠铃上提 | • 拉力器上提 | • 拉力绳体侧上提 |
| • 哑铃侧平举 | • 俯身拉力器侧平举 | • 书籍侧平举 |
| • 哑铃直臂前平举 | • 拉力器直臂上提 | • 书籍直臂上提 |
| • 杠铃颈前推举 | • 坐姿颈前推举 | • 公文包肩部推举 |

## 强健肩部——中级训练安排

我们建议你根据全身增肌计划的中级训练安排进行训练，但若你需要集中锻炼肩部，本训练安排能在短时间内带来显著的训练效果。你可以从下文提供的自由重量训练、器械训练和无重量训练3套训练安排中选择1套进行锻炼。

| 自由重量训练 | 器械训练 | 无重量训练 |
|---|---|---|
| • 杠铃上提 | • 拉力器上提 | • 拉力绳体侧上提 |
| • 哑铃侧平举 | • 俯身拉力器侧平举 | • 书籍侧平举 |
| • 杠铃颈后推举 | • 拉力器直臂上提 | • 书籍直臂上提 |
| • 杠铃颈前推举 | • 坐姿颈后推举 | • 公文包肩部推举 |
| • 哑铃直臂前平举 | • 坐姿颈前推举 | • 拉力绳耸肩 |
| • 哑铃耸肩 | • 拉力器耸肩 | • 引体向上 |

## 强健肩部——高级训练安排

我们建议你根据全身增肌计划的高级训练安排进行训练，但若你需要集中锻炼肩部，本训练安排能在短时间内带来显著的训练效果。你可以从下文提供的自由重量训练、器械训练和无重量训练 3 套训练安排中选择 1 套进行锻炼。

| 自由重量训练 | 器械训练 | 无重量训练 |
|---|---|---|
| <ul><li>杠铃上提</li><li>哑铃上提</li><li>杠铃颈后推举</li><li>杠铃颈前推举</li><li>哑铃侧平举</li><li>哑铃直臂前平举</li><li>俯身侧平举</li><li>坐姿哑铃颈前推举</li><li>哑铃耸肩</li></ul> | <ul><li>拉力器上提</li><li>坐姿颈后推举</li><li>坐姿颈前推举</li><li>俯身拉力器侧平举</li><li>拉力器单臂上提</li><li>拉力器直臂上提</li><li>拉力器耸肩</li></ul> | <ul><li>拉力绳体侧上提</li><li>书籍侧平举</li><li>公文包肩部推举</li><li>书籍直臂上提</li><li>拉力绳耸肩</li><li>拉力绳垂直上提</li><li>引体向上</li></ul> |

# 强健胸部速成指南

---

强健的胸部能给人一种充满力量的印象。为了实现这一目标，你可以在训练安排中增加一些胸部训练并以不同的角度做卧推训练，以锻炼到尽可能多的胸肌纤维。此外，锻炼肱三头肌和三角肌也能辅助你更好地进行胸部训练。

---

## 胸肌的魅力

男人们非常热衷于锻炼胸肌，在一项实验中，30名英国纽卡斯尔大学的女性本科生被要求根据彩色照片（遮挡了脸部）对50名男子的魅力进行排序，实验结果表明被票选为更具魅力的男子大多为胸、腰的围度比例更接近黄金比例的男子。

研究者因而得出了倒三角形身材（宽厚肩部和发达胸肌搭配较小腰围）的男人更容易受女性青睐的结论。

此外，如同强健的肩部一般，壮实的胸部能增强你的推力。

下文将为大家介绍如何通过最直接、最经典的方式，即力量训练，来锻炼出强健的胸部。

## 无瑕的胸肌

胸大肌是一块厚实的近似于三角形的肌肉，跨越锁骨、胸骨并连接到上臂。

位于胸大肌深层的是胸小肌。此外，你可能也听说过一些关于上胸肌和下胸肌的概念。

加利福尼亚州一位私人教练培训师约翰·阿卜杜表示，大部分人练胸的原因与他们练臂或是练肩的原因毫无二致。他说道："我常说越靠近头部的肌肉越容易成型，你会更多地去关注和锻炼它们，因为它们是在镜中最凸显的部位，同时也是别人观察你时最先注意的部位。"

荣获 5 项国家级健美头衔的，来自波士顿的私人教练乔·森姆唯尔表示，要想锻炼出发达的胸肌，有力的肱二头肌和三角肌前束是必要的前提。这 3 个部位就像是一个不可分割的小团队。森姆唯尔有时就会遇到由于肱三头肌或三角肌前束力量不足而遭遇胸部锻炼瓶颈的客人。

他说道："这种情况下，我就会强化训练其肱三头肌和三角肌前束，这时往往其胸肌也会突破瓶颈继续增长。"

卧推训练分为 3 种：上斜、平板和下斜。这 3 种不同的训练方式分别强化锻炼上胸肌、胸肌中缝和下胸肌。

你并不需要在一次胸部训练中不停地变化角度来锻炼，但我们建议你在一周或是一个月的胸部训练中适时轮换锻炼角度，要想获得最佳的锻炼效果，你需要众多的器械来辅助。

## 胸肌训练的误区

现在，让我们先花两分钟的时间来解答一下某些人的担忧。有些人担心在练出胸肌以后停止胸部训练的话，胸肌会失去坚挺、脂肪也会增加。森姆唯尔笑着表态道："这根本就是胡说八道，"他表示："如果你停止力量训练以后脂肪增加了，你浑身都会均匀地发福，而不可能仅仅是胸部。"

## 胸肌整体　自由重量训练

### 仰卧杠铃直臂上拉

**A** 仰卧位平躺于长凳上，双脚开立平踏于地面，双手掌心朝向脚尖指向，握住杠铃，在胸前完全伸展双臂使之垂直于地面，并保持双肘微屈且未锁死。

**B** 缓慢以半圆的轨迹将杠铃降到头部后方至上臂与长凳平行或更低，切忌上臂与下臂的夹角小于90°。在最低位坚持1秒钟，随后缓慢上拉杠铃至头部正上方，恢复初始姿势。

### 仰卧哑铃飞鸟

A 仰卧位平躺于长凳上，双脚开立稳稳地平踏于地面，双手掌心朝向彼此，各持一个哑铃高举在胸前且两个哑铃几乎相互触碰，背部挺直且紧贴长凳，同时注意避免锁死双肘。

B 保持腕部挺直，肘关节约为90°夹角且背部挺直，缓慢地将哑铃向两侧以半圆的轨迹降至胸高，坚持1秒钟，随后缓慢地将哑铃举回到初始位置。

### 平板杠铃卧推

A 仰卧位平躺于卧推长凳上，双脚轻踏于地面，双手掌心朝向脚尖指向并握住杠铃，间隔与肩同宽或略比肩宽，同时保持背部挺直且贴紧长凳。

B 保持身体固定且双肘朝下，缓慢地将杠铃降至胸前两乳头所在直线上，切忌弓起背部或是在胸前反弹杠铃的重量以获取势能。在最低位上坚持1秒钟，随后缓慢地将杠铃推举回到初始位置。

### 平板哑铃卧推

A 仰卧位平躺于长凳上，双手掌心朝向脚尖指向，各持一个哑铃，并使两个哑铃的一端几乎相互触碰，双臂完全伸展并垂直于地面，双脚平踏于地面，同时保持头部与身体紧贴长凳。

B 缓慢屈肘，笔直地将哑铃降至略高于胸的位置，注意肘关节不得低于耳高。在最低位坚持1秒钟，随后缓慢伸臂回到初始姿势。注意稳住哑铃的重量，同时切忌弓起背部或是在胸前反弹哑铃的重量以获取势能。

## 胸肌上部　自由重量训练

### 上斜杠铃卧推

A　仰卧位躺于一张与地面成 45° 夹角的上斜板上，双手掌心朝向脚尖指向并握住杠铃、间隔与肩同宽，保持背部平贴板面且双脚平踏于地面。出杠并完全伸展双臂至双臂垂直于地面。

B　屈肘并缓慢地将杠铃降至胸前（肩部和两个乳头所在直线之间），坚持 1 秒钟，随后缓慢有控制地笔直推举起杠铃回到初始姿势，这一过程中切忌弓起背部或是在胸前反弹杠铃的重量以获取势能。

### 上斜哑铃卧推

A　仰卧位躺于一张与地面成 45° 夹角的上斜板上，双臂与肩同宽、完全伸展并垂直于地面，双手掌心朝向脚尖指向，并正手各持一个哑铃，保持背部轻贴板面且双脚平踏于地面。

B　缓慢地将哑铃降至肩高，过程中注意保持双肘朝外。在最低位坚持 1 秒钟，随后缓慢有控制地伸臂回到初始姿势，这一过程中切忌弓起背部或是在胸前反弹哑铃的重量以获取势能。

## 胸肌下部　自由重量训练

### 下斜杠铃卧推

这项训练与平板杠铃卧推十分类似，只是更侧重胸肌下部。

温馨提示 这项训练有一定的难度和危险性，请采用较轻的重量锻炼并确保有人在一旁看护。为避免受伤，请使用特别轻的重量学习其正确的轨迹和要领，并在熟练掌握后再开始正式训练。

仰卧位躺于一张下斜板上（头部在杠铃架下、双膝挂在更高的另一端）、双脚勾在支撑垫下，同时双手掌心朝向脚尖指向并正手握住杠铃，间隔与肩同宽。

A 出杠并将杠铃高举于胸前正上方。

B 缓慢屈肘将杠铃降至乳头上方，过程中保持双肘朝外。在最低位坚持1秒钟，随后缓慢有控制地再次推举起杠铃至双臂完全伸展。

### 仰卧哑铃屈臂上拉

在你熟练掌握本训练的正确轨迹和要领前请使用较轻的重量训练。如果你使用的是可拆卸式的重量，请确保卡簧已经夹紧。

A 垂直于长凳仰卧其上，头部稍微超出凳沿，身体挺直，双脚平踏于地面，双手环握哑铃一端并使哑铃的重量压在手掌上，双臂在胸前完全伸展，同时保持双肘微屈。

B 缓慢地将哑铃降到头部后方至上臂与地面平行，这一过程中切忌弓起背部。在最低位坚持1秒钟，随后缓慢地将哑铃上拉至初始位置。

### 下斜哑铃卧推

做本训练时必须有人在一旁看护。为避免受伤，刚开始进行本训练请先采用特别轻的重量。

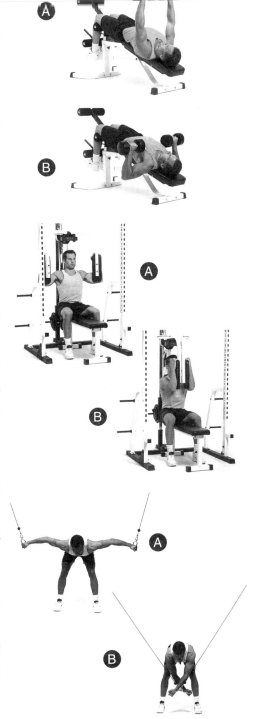

A 仰卧位躺于一张下斜板上，双膝挂在更高的一端上，双脚勾在支撑垫卜，同时双手掌心朝向脚尖指向并正手各持一个哑铃，间隔与肩同宽，将杠铃高举于胸前正上方且保持双臂完全伸展。

B 缓慢屈肘将哑铃降至乳头上方，这一过程中保持双肘朝外。在最低位坚持 1 秒钟，随后缓慢有控制地再次推举起哑铃至双臂完全伸展。

## 胸肌整体　器械训练

### 蝴蝶器夹胸

A 坐于蝴蝶器上，双脚平踏于地面，背部轻贴椅背，并保持前臂紧贴夹板且前臂与肩部处于一条直线上，而非被扳到肩部后方。

B 肘部发力，两侧前臂同时向身体中线缓慢推压夹板，这一过程中保持头部抬起且胸部挺起。在两块夹板相碰的位置坚持 1 秒钟，随后缓慢回到初始姿势。

### 拉力器飞鸟

为了避免受伤，请在熟练掌握其正确的轨迹和要领前保守地使用较轻的重量。

立于两个 D 形手柄连接的高位滑轮之间，双脚与肩同宽开立，双手正手握住手柄，并弯腰至上身与地面平行。

A 保持双肘微屈且双腕挺直，将两侧手柄拉低至与肩平齐，此为初始姿势。

B 缓慢地将两侧手柄拉低至两者在胸前交错，坚持 1 秒钟，随后缓慢地回到初始姿势。

### 仰卧拉力器直臂上拉

在直杆手柄连接的低位滑轮前放置一张长凳，并使得长凳一端靠近器械，凳沿距离器械约 60 厘米。头部朝向滑轮仰卧位平躺于长凳上，并保持双脚平踏于地面。

A 双手正手握住手柄，缓慢以半圆的轨迹将手柄降到头部后方至上臂几乎与长凳平行，切忌上臂与下臂的夹角小于 90°，此为初始姿势。

B 缓慢地上拉手柄到胸前正上方至双臂与地面垂直且双手掌心朝向脚尖指向，注意保持双肘微屈且未锁死。在最高位坚持 1 秒钟，随后缓慢地将手柄降回到初始姿势。

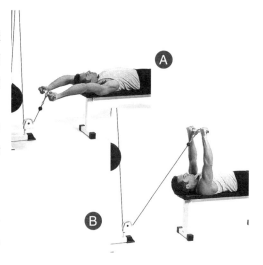

### 史密斯架平板卧推

仰卧位平躺于史密斯架的平板上，并使得杠铃位于胸部的正上方。

A 双手掌心朝向脚尖指向并握住杠铃，间隔与肩同宽或略比肩宽，双脚踏于地面，并保持背部挺直且轻贴板面。

B 缓慢地将杠铃降至胸前两乳头所在直线上方，这一过程中注意保持双肘朝外且身体其他部位固定不动，切忌弓起背部或是在胸前反弹杠铃的重量以获取势能。在最低位坚持 1 秒钟，随后再次将杠铃推举起来。

## 胸肌上部　器械训练

### 史密斯架上斜卧推

这项训练与史密斯架平板卧推十分类似，只是更侧重于锻炼胸肌上部。

仰卧位躺于一张置于史密斯架下且与地面成 45° 夹角的上斜板上，双手正手握住杠

铃，并保持双臂与肩同宽。

八 将杠铃推举至双臂垂直于地面，注意保持双肘微屈。

B 缓慢屈肘将杠铃降至胸肌上部，这一过程中保持双肘朝外且头部和臀部不离板面。在最低位坚持 1 秒钟，随后缓慢有控制地再次推举起杠铃，切忌弓起背部或是在胸前反弹杠铃的重量以获取势能。

## 胸肌下部　器械训练

### 史密斯架下斜卧推

仰卧位躺于史密斯架下的下斜板上（头部在杠铃架下、双膝挂在更高的另一端），并将双脚勾在支撑垫下。双臂与肩同宽打开，同时双手掌心朝向脚尖指向并正手握住杠铃。

A 将杠铃推举到胸前正上方至双臂完全伸展，注意保持背部、头部和肩部紧贴板面。

B 缓慢屈肘将杠铃降至乳头下方，这一过程中保持双肘朝外。在最低位坚持 1 秒钟，随后缓慢有控制地再次推举起杠铃至双臂完全伸展。

### 仰卧拉力器屈臂上拉

于 D 形手柄连接低位滑轮的器械前 80 厘米处放置一张长凳，并使得长凳一侧长沿靠近器械且垂直于绳索。垂直于长凳仰卧其上，头部稍微超出凳沿，双手正手握住手柄，并保持身体挺直且双脚平踏于地面。

A 缓慢地将手柄降到头部后方至上臂与地面平行，此为初始姿势。

B 保持双肘微屈、缓慢朝前方上拉手柄至双臂在胸前正上方完全伸展，这一过程中切忌弓起背部。在最高位坚持1秒钟，随后缓慢地将手柄降低，回到初始姿势。

## 胸肌整体　无重量训练

### 平板俯卧撑

俯卧于地面，并以双脚脚尖踮地和双手掌心贴地作为支撑，平稳地撑起身体。

A 双手指尖朝前，与肩同宽地打开，双臂完全伸展但要避免锁死双肘，双腿并拢且完全伸展，视线落于地面，同时确保腿部、背部及颈部成一条直线。

B 保持身体挺直，缓慢屈臂至胸部几乎触地，坚持1秒钟，随后缓慢回到初始姿势。

### 下斜俯卧撑

这项训练在平板俯卧撑的基础上增加了难度。

A 与平板俯卧撑的初始姿势一样，双手指尖朝前打开，双臂完全伸展且双肘微屈，双腿并拢且完全伸展，视线落于地面，同时确保腿部、背部及颈部成一条直线。与平板俯卧撑唯一的不同在于做下斜俯卧撑时，双脚并非踮地，而是倒勾在长凳之上。

B 保持身体挺直，缓慢屈臂至胸部几乎触地，坚持1秒钟，随后缓慢地回到初始姿势。

### 上斜俯卧撑

这项训练的重点在于速度（或爆发力）而非力量。

面向楼梯台阶而立。

**A** 身体前倾并用双手撑在合适的台阶上，以上斜的角度摆出平板俯卧撑的初始姿势。身体的重量应该落于双手掌心和双脚踮地的脚趾上，同时注意保持腿部及背部挺直。

**B** 迅速地屈臂至身体几乎触及台阶，随后短促有力地伸臂回到初始姿势。

### 单臂俯卧撑

这项俯卧撑训练将身体分为左右两侧分别锻炼。单臂俯卧撑并不适合初学者，你需要非常强壮的臂膀和出色的平衡感才能完成这项训练且不至于在尝试时受重伤。

以右胸为例，右手撑地，身体微微向右侧倾斜，左手背于身后，如有必要还可以将左脚斜放于地面以保持平衡，同时右脚保持踮地。

**A** 伸直右臂支撑起身体重量，此为初始姿势。

**B** 缓慢屈臂将身体降至离地面约 10~12 厘米处，这一过程中可以将自由活动的左手置于背后以更好地保持平衡。在最低位坚持 1 秒钟，随后缓慢地伸臂将自身推回到初始姿势。

做 3~5 次，随后换臂重复上述动作。注意循序渐进地增加每组次数。

## 胸肌下部　无重量训练

### 双杠臂屈伸

**A** 双手手指位于身体两侧握住双杠，伸臂将身体撑起离地，保持双肘靠近身侧，同时如果双脚拖地则微屈双腿使之离地。

**B** 缓慢屈臂至上臂与地面平行，这一过程中注意保持双肘靠近体侧，同时若双脚触地则微屈双腿使之离地，随后缓慢地伸臂将自身推回到初始姿势。

## 强健胸部——初级训练安排

我们建议你根据全身增肌计划的初级训练安排进行训练，但若你需要集中锻炼胸部，本训练安排能在短时间内带来显著的训练效果。你可以从下文提供的自由重量训练、器械训练和无重量训练 3 套训练安排中选择 1 套进行锻炼。

| 自由重量训练 | 器械训练 | 无重量训练 |
| --- | --- | --- |
| ● 平板哑铃卧推 | ● 史密斯架平板卧推 | ● 平板俯卧撑 |
| ● 仰卧杠铃直臂上拉 | ● 仰卧拉力器直臂上拉 | ● 下斜俯卧撑 |
| ● 仰卧哑铃飞鸟 | ● 蝴蝶器夹胸 | ● 上斜俯卧撑 |
| ● 仰卧哑铃屈臂上拉 | ● 仰卧拉力器屈臂上拉 | |

## 强健胸部——中级训练安排

我们建议你根据全身增肌计划的中级训练安排进行训练，但若你需要集中锻炼胸部，本训练安排能在短时间内带来显著的训练效果。你可以从下文提供的自由重量训练、器械训练和无重量训练 3 套训练安排中选择 1 套进行锻炼。

| 自由重量训练 | 器械训练 | 无重量训练 |
| --- | --- | --- |
| ● 平板哑铃卧推 | ● 史密斯架平板卧推 | ● 平板俯卧撑 |
| ● 仰卧哑铃飞鸟 | ● 拉力器飞鸟 | ● 上斜俯卧撑 |
| ● 上斜哑铃卧推 | ● 史密斯架上斜卧推 | ● 下斜俯卧撑 |
| ● 仰卧哑铃屈臂上拉 | ● 仰卧拉力器屈臂上拉 | ● 双杠臂屈伸 |
| ● 下斜哑铃卧推 | ● 史密斯架下斜卧推 | |

## 强健胸部——高级训练安排

我们建议你根据全身增肌计划的高级训练安排进行训练，但若你需要集中锻炼胸部，本训练安排能在短时间内带来显著的训练效果。你可以从下文提供的自由重量训练、器械训练和无重量训练3套训练安排中选择1套进行锻炼。

| 自由重量训练 | 器械训练 | 无重量训练 |
| --- | --- | --- |
| <ul><li>平板哑铃卧推</li><li>仰卧哑铃飞鸟</li><li>仰卧杠铃直臂上拉</li><li>上斜哑铃卧推</li><li>下斜哑铃卧推</li></ul> | <ul><li>史密斯架平板卧推</li><li>蝴蝶器夹胸</li><li>拉力器飞鸟</li><li>仰卧拉力器直臂上拉</li><li>史密斯架上斜卧推</li><li>史密斯架下斜卧推</li></ul> | <ul><li>平板俯卧撑</li><li>上斜俯卧撑</li><li>双杠臂屈伸</li><li>下斜俯卧撑</li><li>单臂俯卧撑</li></ul> |

**健美小知识**

如果你在度假或是差旅途中，不便到健身房锻炼，俯卧撑是一项经实践证明能够很好地替代健身房训练的胸部训练项目。为了达到最佳效果，我们建议大家以一张小凳子或是矮桌辅助这项训练。做下斜俯卧撑，你需要先跪在小凳子或矮桌前，双手与肩同宽打开撑在地面，接着将双脚抬到身后的小凳子或矮桌上作为支撑，保持背部挺直且头部与脊柱位于一条直线之上，接下来屈臂将身体降至胸部几乎触到地面，并在最低位保持一小会儿，随后伸臂回到初始姿势。"如果你能做一组25次或是两组12次标准的下斜俯卧撑或平板俯卧撑，那么你的胸肌就是具备一定力量的。"

卧推是一项由来已久的男人们最热衷的胸肌训练项目。由于这项训练通常需要推举起相当大的重量，你需要有一位健身搭档或是一位关键时刻能搭把手的人在身边，这样一来，当你将要力竭、无法完成该组次数，或是已经力竭、直接被压制在杠铃之下时，就不至于孤立无援了。

# 强健腹肌速成指南

单单进行腹部训练无法减小你的腰围，但腹部训练对于体态健美十分关键。而且，完全不进行腹部训练的人自然也不可能练就线条分明的平坦小腹。

从米开朗基罗的雕像《大卫》和 CK（Calvin Klein）的短裤广告就能看出，这个世界是崇尚像搓衣板那般线条分明的腹肌的。然而，要想练就这样的腹肌，就像想把一个相扑手塞进一辆马自达的两座敞篷小跑车一样，虽然十分困难，但也并非不可能。

## 肚腩克星

上天保佑你能够承受得住这样一个坏消息：单单进行腹部训练是无法让你练成《男士健康》封面模特那种身材的。更有甚者，你的肚子还可能变得更大。

这是因为男性的腹部通常有一定的脂肪储备。拉斯维加斯一位有资质的运动员教练和体能训练专家哈维·沃尔曼解释道："你可能有着强健的腹肌，但若腹肌表面覆盖着厚厚的脂肪层，那腹肌的存在只会把脂肪层向外推而不可能让它凭空消失。"

想通过针对身体某一特定部位的训练来专门降低该部位的脂肪含量是不可能实现的白日梦。要想腹肌像盔甲上的铁片一般线条分明，就必须将有氧运动与腹肌训练和硬汉计划的膳食搭配结合起来。

沃尔曼说道："练就那般的腹肌需要你全身心的投入并以适宜的比例进行腹部训练和有氧运动。"你就负责全身心地投入训练，计算最适宜的运动比例这事儿硬汉计划训练安排会为你打点好的。

腹肌其实是由几个肌群组成的。其中，最显眼的当属从胸骨中部附近直落至肚脐下方的腹直肌了。腹直肌练得紧致结实就能获得令人艳羡的搓衣板一般线条分明的 8 块腹肌的效果。

位于腹直肌深层的是不可见的腹横肌，它是维持脊柱稳定的重要深层肌肉之一。

此外，在侧腰上还有腹斜肌，对于腰间有赘肉的人而言也就是人们所戏称的"爱的把手"。腹斜肌还分为腹内斜肌和腹外斜肌，它们均从侧腰向上下延伸。

沃尔曼补充道，腹肌在体育运动中也大有作为。例如，当你在踢足球时，腹肌能帮助你爆发出更大的力量。此外，腹肌还能在力量训练中辅助你训练其他肌群。可以说，腹部相当于是人体的核心。如果腹部弱的话，四肢自然也会弱。强健身体应该是一个由内而外的过程。

## 仰卧卷腹

你可以在腹部训练中加入各种各样的训练项目，但其实仰卧卷腹已经足以实现腹部训练的目标。沃尔曼说道："仰卧卷腹虽然简单，但只要用标准的姿势认真去做，就能获益匪浅。"问题是许多人并没有掌握仰卧卷腹的要领。

准备动作保持双膝弯曲，同时双脚与臀同宽打开并平踏于地面。沃尔曼建议大家在做仰卧卷腹时缓慢平稳地移动，切忌上下猛晃身体。

当上身离地时，应起身至与地面成30°~45°夹角为宜。如果你一路起身至双膝前，上身与地面夹角超过45°，此时受力点就已经从腹肌转移到臀屈肌了。

以前的体育老师教大家双手抱头做仰卧起坐，但许多人双手抱头时倾向于在起身时用力猛扳头部以获得起身的势能，而这样做很容易导致颈部受伤。

如果你想着重刺激腹斜肌，你还可以尝试转体卷腹：起身的同时以左肩朝向右膝转体，随后躺平至初始姿势，再换方向转体卷腹。

你还可以学习顶胯训练。

顶胯训练的准备动作类似于仰卧卷腹，仰卧位平躺于地面，双膝弯曲，同时双脚与臀同宽打开并平踏于地面。双臂可以自如置于任意舒适位置，接着背部下沉，腹部与臀部收紧，并将胯部顶起至臀部离地一定距离，坚持一会儿，随后缓慢地将臀部落回至地面。

普福伊费尔表示，顶胯是一项效果良好的腹部训练，而且常做顶胯能帮助你养成做仰卧卷腹、卧推和其他训练时不弓起背部的好习惯，这样也可以避免背部受伤。此外，顶胯训练还能锻炼和强化下背。

最后一点是不要过度进行卷腹训练。纽约的私人教练培训师迈克尔·尤瑟夫表示，"大多数人不会每天做好几十次肱二头肌或是胸部相关训练动作，但却就是这般锻炼腹肌。"但他建议大家就像锻炼其他肌群一样去锻炼腹肌，切忌过度。

## 腹肌　自由重量训练

### 脚踝负重臀部上举

将两个负重沙袋分别牢牢绑在两侧脚踝。

**A** 仰卧位平躺于地面，双手掌心朝下贴于身侧地面，双腿合并上抬至约与上身成90°夹角，注意保持双膝微屈且脚面绷直。

**B** 下腹收缩发力，将重心向肩部倾移，臀部缓慢上举离地，这一过程中注意保持双腿垂直于地面。在最高位坚持1秒钟，随后缓慢地回到初始姿势。

### 杠铃片负重负向仰卧起坐

这项训练可以同时锻炼到上腹和下腹肌群。

**A** 坐于地面，双膝弯曲，同时双脚与肩同宽打开并平踏于地面。双脚勾于器械的底座等任一支撑物下以固定下身，或者你也可以让你的教练按压住你的双脚。双臂于胸前环抱一块杠铃片，保持上身与地面所成夹角略小于90°，此为初始姿势。

**B** 保持上身向前弯曲且下背拱起，腹肌收缩发力缓慢后仰至上身与地面成45°夹角，随后缓慢地回到初始姿势。

## 腹肌与腹斜肌　自由重量训练

### 杠铃片负重上斜转体

以缓慢连续的动作进行本项训练。

**A** 坐于地面，双膝弯曲，双手在胸前交叉，环握一块杠铃片，双脚勾于器械的底座等任一支撑物下以固定下身，并保持上身与地面成45°夹角。

**B** 首先缓慢向左侧转体。

C 保持上身朝向左侧的同时缓慢后仰。

D 顺时针转体至右侧，随后仰卧上身朝向右侧缓慢起身。

换方向重复上述动作，先向右侧转体，后仰，逆时针转体至左侧，再起身。

### 杠铃片负重卷腹

A 仰卧平躺于地面，双手背于头部后方握住一块杠铃片，双肘朝外，双膝弯成45°角，同时双脚与肩同宽开立于距离臀部约15厘米处。为保持固定，你可以将双脚压于重物之下。

B 在两秒钟内朝双膝弯曲上身至肩胛骨尽可能离地且下背紧贴地面，注意保持双膝与双脚对齐，切忌用手部力量向前拉扯头部，随后在两秒钟内缓慢地回到初始姿势。

### 脚踝负重举腿

将两个负重沙袋分别牢牢绑在两侧脚踝。

A 仰卧位平躺于长凳之上，髋部靠近长凳一端，双手于髋侧扶住两侧凳沿，保持双腿完全伸直并将脚面绷直。

B 保持双腿并拢，双膝微屈，缓慢举腿至双腿垂直于地面且下背紧贴长凳，随后缓慢有控制地将双腿降至身体完全平直。

连续完成一组动作，组内每次动作间不歇息。

### 脚踝负重坐姿腹收缩

将两个负重沙袋分别牢牢绑在两侧脚踝，坐于长凳之上，双膝弯曲，双脚平踏于地面，接着双手扶住两侧凳沿作为支撑并后仰至上身与长凳约成45°夹角。

**A** 完全伸展双腿并同时将之抬起离地。

**B** 保持身体的平衡，在起身坐直的同时缓慢地屈膝将双膝收至胸前，坚持1秒钟，随后保持背部挺直，并在后仰的同时伸膝回到初始姿势。

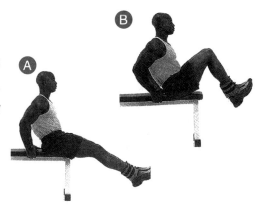

## 腹斜肌　自由重量训练

### 哑铃体侧屈

**A** 直立，双手掌心朝向身体，各持一个哑铃，双脚与肩同宽开立，并使双臂垂放在体侧。

**B** 缓慢向身体一侧倾身并使同侧哑铃沿着腿侧向下至感觉到腹斜肌紧绷，注意保持全身处于同一平面且朝前，切忌转体。抵达最低位后，保持腹肌和腹斜肌收缩发力，缓慢地回到初始笔直站姿。

连续完成一组，组内每次动作间不歇息，随后换方向锻炼另一侧。

### 坐姿哑铃转体

**A** 坐于长凳的一端，双脚平踏于地面，保持胸部挺起且头部与躯干呈一条直线，双手掌心朝向身体，各持一个哑铃，并屈臂将两个哑铃举至腹前。

**B** 缓慢平稳地在可承受范围内尽可能地向右转体，在最大活动范围的边缘坚持1秒钟，随后缓慢地回到初始姿势。换左向重复上述动作。反复交替方向进行上述动作至力竭。

## 腹肌与腹斜肌　器械训练

### 跪姿拉力器卷腹

A 背对套索连接的高位滑轮跪于地面，双腿与地面成45°夹角，同时双手于额头顶部紧握套索。

B 腹肌收缩发力，缓慢向前弯曲上身并将套索向前拉（用腹肌而非上身的力）至可承受的最远位置，这一过程中注意套索不离额头。在最远位坚持1秒钟，随后缓慢回到初始姿势。

### 仰卧拉力器转体卷腹

A 以卷腹的准备动作头朝器械仰卧位平躺于Y形绳索连接的低位滑轮前，双脚与臀同宽地平踏于地面，双膝弯曲，双手略比肩宽地各持Y形绳索的两头，同时保持绳索分叉处位于头部正后方。

B 缓慢起身使得肩部和肩胛骨部离地面至可承受的最高位并立即朝向右膝转体，坚持半秒钟，随后后仰回到初始姿势。

C 立即缓慢起身并朝左膝转体。

一组内每次动作之间不歇息。

### 仰卧拉力器卷腹

A 以卷腹的准备动作头朝器械仰卧位平躺于Y形绳索连接的低位滑轮前，双脚与肩同宽地平踏于地面，双膝弯曲至约成45°夹角，双手各持Y形绳索的两头，同时保持双手位于双耳后方。

B 在两秒钟内朝双膝弯曲上身至肩胛骨尽可能离地且下背紧贴地面，注意保持双膝与双脚对齐以及用腹肌收缩发力，切忌用手部力量向前拉扯头部，随后在两秒钟内缓慢地回到初始姿势。

连续完成一组动作，组内每次动作间不歇息。

## 腹斜肌　器械训练

### 拉力器侧向卷腹

以右腹为例，立于 D 形手柄连接的高位滑轮前，侧身使得右肩最靠近器械，右手反手握住手柄，同时保持左手轻靠在髋部。

**A** 将手柄下拉至右拳大约位于肩高与鼻高之间。

**B** 保持右臂固定，同时缓慢地朝配重板侧向卷腹，这一过程中你应该能够感受到腹斜肌在有力地收缩。在最低位坚持两秒钟，随后缓慢地回到初始姿势。

完成一组训练后，向后转并重复上述动作以锻炼左侧腹部。

### 拉力器体侧屈

**A** 以右腹为例。立于 D 形手柄连接的低位滑轮前，侧身使得右肩最靠近器械，右手于体侧掌心朝内并正手握住手柄，左手叉腰，同时保持双脚与肩同宽开立。

**B** 缓慢地向身体右侧弯曲并使手柄沿着腿侧向下移动，注意保持全身朝前，切忌转体。抵达可承受的最低位后，旋即缓慢地回到初始直立姿势。一组内每次动作间不歇息，同时全程保持腹肌和腹斜肌收缩发力。

完成一组训练后，向后转并重复上述动作以锻炼左腹。

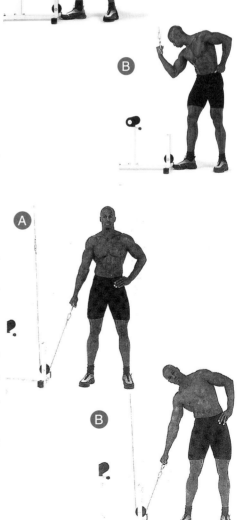

## 腹肌　无重量训练

### 臀部上举

**A** 仰卧位平躺于地面，双腿并拢高举在空中，双膝微屈，脚面绷直，同时双手掌心朝下贴于身侧地面。

**B** 下腹收缩发力，将重心向肩部倾移，臀部缓慢地上举离地，这一过程中注意保持双腿垂直于地面。在最高位坚持1秒钟，随后缓慢地回到初始姿势。

### 悬垂举膝转体

**A** 双手掌心朝外、略比肩宽地握住引体向上杆，双臂完全伸展以使身体悬垂于杆下，同时双脚稍微踮地。

**B** 双腿并拢，缓慢地朝左肩举起双膝至可承受的最高位置，这一过程中骨盆发力微微前冲，但切忌摇晃或摆动以获得势能。在最高位坚持1秒钟，随后缓慢地降膝并旋即朝右肩重复上述动作。一组内每次动作间不歇息，同时全程保持腹肌收缩发力。

如需增加难度，你可以将举膝替换成举腿。保持双腿伸直且双脚并拢，朝肩膀任一方向举起双腿至可承受的最高位置，这一过程中需要骨盆稍微前移。

### 仰卧卷腹

**A** 仰卧平躺于地面，双手轻轻环住双耳，双肘朝外，双膝弯曲45°角，同时双脚与肩同宽开立于距离臀部约15厘米处。

**B** 在两秒钟内朝双膝弯曲上身至肩胛骨尽可能离地面且下背紧贴地面，注意保持双膝与双脚对齐以及用腹肌收缩发力，切忌

用手部力量向前拉扯头部。在最高位坚持 1
秒钟，随后在 2 秒钟内缓慢地回到初始姿势。

　　连续完成一组动作，组内每次动作间不
歇息。

### 坐姿腹收缩

　　坐于长凳之上，双膝弯曲，双脚平踏于
地面，接着双手扶住两侧凳沿作为支撑并后
仰至上身与长凳约成 45° 夹角。

　　**A** 保持双膝微屈，同时完全伸展双腿
并将之抬起离地面 15 厘米。

　　**B** 在起身坐直的同时缓慢地屈膝将双
膝收至胸前，坚持 1 秒钟，随后保持背部挺
直，并在后仰的同时伸膝回到初始姿势。

### 举腿

　　**A** 仰卧位平躺于长凳之上，髋部靠近
长凳一端，双手于髋侧扶住两侧凳沿，并保
持双腿完全伸直和脚面绷直。

　　**B** 保持双腿并拢，双膝微屈，缓慢地
举腿至双腿垂直于地面，坚持 1 秒钟，随后
缓慢、有控制地将双腿降至身体完全平直。

　　单组内每次动作间不歇息。

## 腹肌与腹斜肌　无重量训练

### 悬垂举膝

　　**A** 悬垂于引体向上杆下，并使双腿完
全伸展。

　　**B** 下腹肌群发力，缓慢平稳且有控制
地朝前上方举起双膝至可承受的最高位置，
这一过程中骨盆自然地稍微前移，但需避免
摇摆身体。在最高位坚持 1 秒钟，随后缓慢
地回到初始姿势。

## 腹斜肌　无重量训练

### 坐姿杠铃转体

找一根与扫帚差不多长的长棍或是轻巧的杠铃杆。

A 坐直，将长棍或杠铃杆横跨肩部轻压于颈后，双手在可承受范围内尽可能地扶在长棍或杠铃杆的两端，同时保持双肘微屈。

B 保持髋部固定，腹斜肌发力，缓慢平稳地在可承受范围内尽可能地向右转体，注意头部应与上身同步转动。

换左向重复上述动作。反复交替方向无间歇地进行上述动作至完成一组。

### 公文包体侧屈

这项训练能让你在锻炼腹斜肌的同时保持住你完美的出勤记录。

A 以右侧腹斜肌为例。直立，右手掌心朝向身体拎住公文包，并保持双脚与肩同宽开立。

B 缓慢地向身体右侧弯曲并使公文包沿着右腿侧向下直至感觉到腹斜肌紧绷，注意保持全身处于同一平面且朝前，切忌转体。抵达最低位后，旋即缓慢地回到初始姿势。

完成一组训练后，重复上述动作锻炼左侧腹斜肌。

### 上斜转体

注意以缓慢连续的动作进行本项训练。

A 坐于地面，双膝弯曲，双手交叉置于胸前，双脚勾于器械的底座或较重的家具等任一支撑物下以固定下身，并保持上身与地面成45°夹角。

B 首先缓慢向左侧转体。

C 保持上身朝向左侧的同时缓慢后仰。

D 顺时针转体至右侧，随后保持上身朝向右侧缓慢起身。

换方向重复上述动作，先向右侧转体，后仰，逆时针转体至左侧，再起身。

## 强健腹部——初级训练安排

我们建议你根据全身增肌计划的初级训练安排进行训练，但若你需要集中锻炼腹部，本训练安排能在短时间内带来显著的训练效果。你可以从下文提供的自由重量训练、器械训练和无重量训练3套训练安排中选择1套进行锻炼。

| 自由重量训练 | 器械训练 | 无重量训练 |
| --- | --- | --- |
| • 脚踝负重臀部上举<br>• 杠铃片负重上斜转体<br>• 杠铃片负重卷腹<br>• 哑铃体侧屈<br>• 坐姿哑铃转体 | • 跪姿拉力器卷腹<br>• 仰卧拉力器转体卷腹<br>• 仰卧拉力器卷腹<br>• 拉力器侧向卷腹<br>• 拉力器体侧屈 | • 臀部上举<br>• 仰卧卷腹<br>• 举腿<br>• 公文包体侧屈<br>• 上斜转体 |

## 强健腹部——中级训练安排

我们建议你根据全身增肌计划的中级训练安排进行训练，但若你需要集中锻炼腹部，本训练安排能在短时间内带来显著的训练效果。你可以从下文提供的自由重量训练、器械训练和无重量训练3套训练安排中选择1套进行锻炼。

| 自由重量训练 | 器械训练 | 无重量训练 |
| --- | --- | --- |
| • 脚踝负重臀部上举<br>• 杠铃片负重负向仰卧起坐<br>• 杠铃片负重上斜转体<br>• 杠铃片负重卷腹<br>• 哑铃体侧屈<br>• 坐姿哑铃转体 | • 跪姿拉力器卷腹<br>• 仰卧拉力器转体卷腹<br>• 仰卧拉力器卷腹<br>• 拉力器侧向卷腹<br>• 拉力器体侧屈 | • 臀部上举<br>• 悬垂举膝转体<br>• 仰卧卷腹<br>• 坐姿腹收缩<br>• 悬垂举膝<br>• 公文包体侧屈<br>• 上斜转体 |

## 强健腹部——高级训练安排

我们建议你根据均衡的全身增肌计划的高级训练安排进行训练，但若你需要集中锻炼腹部，本训练安排能在短时间内带来显著的训练效果。你可以从下文提供的自由重量训练、器械训练和无重量训练 3 套训练安排中选择 1 套进行锻炼。

| 自由重量训练 | 器械训练 | 无重量训练 |
| --- | --- | --- |
| • 脚踝负重臀部上举 | • 跪姿拉力器卷腹 | • 臀部上举 |
| • 杠铃片负重负向仰卧起坐 | • 仰卧拉力器转体卷腹 | • 悬垂举膝转体 |
| • 杠铃片负重上斜转体 | • 仰卧拉力器卷腹 | • 仰卧卷腹 |
| • 杠铃片负重卷腹 | • 拉力器侧向卷腹 | • 坐姿腹收缩 |
| • 脚踝负重坐姿腹收缩 | • 拉力器体侧屈 | • 举腿 |
| • 哑铃体侧屈 | | • 悬垂举膝 |
| • 坐姿哑铃转体 | | • 公文包体侧屈 |
| | | • 上斜转体 |

# 强健背部速成指南

---

　　背部不像胸部那般令人心驰神往，但锻炼背部的重要性绝不亚于胸部。重视锻炼背部有助于减轻长期的下背疼痛，降低锻炼时其他肌群受伤的风险，以及使人的整体外形更加均衡匀称，体态更加健美。进行力量训练时背部极易受伤，但这也正是我们需要强化背部肌肉的原因。

---

背部就像单恋着你的人一样，总是默默地在你身后支持着你，而你如果只是芸芸众生中的一员，则很可能会将其的存在视作理所当然，不予重视。

当你对镜自赏时，更显眼、更容易观察的胸部难免获得比背部更多的关注，但认真地说，背部的锻炼实在是非常关键。

纽约体育训练协会的团体项目主管布莱恩·普福伊费尔表示，如果你只锻炼胸部却不锻炼背部，就会导致肌肉发展失衡，进而陷入更易受伤和体态不佳的窘境。就算你有着十分健美的胸部，但缺少相应的强健背部支撑还是只会让你看起来像个可怜的弱者。

再者，锻炼背部可以缓解下背疼痛。这也不失为一个锻炼背部的好理由，要知道，80%~85% 的人都会在人生的某一阶段遭受下背疼痛。

此外，锻炼背部还能塑造你整体的体形。锻炼出强健的上背可以塑造出 V 形的身材，显得你的腰围更小。

本章节会为你介绍许多强化上背和下背的方法，但背部是健身者最常受伤的部位，因此在锻炼时一定要格外小心谨慎。

## 背部上侧

背部肌肉辅助你有力地进行拉扯这一动作，锻炼好上背使你可以更轻而易举地从行李传送带上拽起一个沉重的行李箱。随着年龄的增长，锻炼背部的好处也会逐渐显现。

当与你同龄的老头们都患上了骨质疏松，虚弱得连小孙子都抱不起来的时候，你却还是拥有一副健美的体魄。这下你该懂得强健的背部有多重要了吧？

整个上背最大的肌群就要数背阔肌了，它对你而言应该并不陌生，在上文关于胸部训练的章节中它已经多次出现。背阔肌从两侧腋窝的后方一直延伸到下背的中部，如果锻炼得当的话，还能助你塑造出 V 形身材。

高位下拉是一项效果出色的上背训练，但健身专家不建议大家进行颈后高拉，因为它可能导致肩部受伤或加剧肩部伤痛。颈前高拉，也就是将高悬的手柄下拉至脸部正前方与胸部正上方之间，相对而言更为安全。注意过程中身体微微后倾以免手柄撞到头部，但切忌大幅摇摆身体。此外，请勿采用过大的重量进行本项训练。

尽管很多人非常喜欢锻炼胸部，但背部作为一个更大的肌群，理应投入更多的时间锻炼。这是来自马萨诸塞州的一位竞赛级健美运动者、健身教练托德·马特拉给出的建议。马特拉表示："你在锻炼背部时应该比锻炼胸部时多做几组训练，因为你的背部应该比胸部更加强健。"

## 背部下侧

下背最主要的肌肉是竖脊肌。竖脊肌沿着脊椎分叉，辅助背部的伸展和收缩。

下背肌群和腹部肌群是共生的，它们之间的关系就犹如花生酱与面包一般不可分离。下背肌群和腹部肌群共同支撑稳固下背，使得我们不容易遭受背部疼痛的困扰并且能够做到更为标准的日常生活姿势。

但要注意的是，千万不要在健身房用超出自身水平的重量逞强锻炼，这很可能会伤到下背。马特拉说："大家总是在健身房和周围的人攀比能够拉起的重量，总是想再增加一点重量来给他人留下深刻的印象，但我们该做的是掂量一下自身承受负荷的能力，然后选用我们背部能够承受的重量来进行锻炼。"

例如在做罗马尼亚式硬拉时，就应该采用较轻的重量。因为该动作的起始姿势仅仅是握住杠铃而没有把杠铃拉起。

你也可以选择更为安全的无重量训练，像是用弹力带来做坐姿划船训练。和罗马尼亚式硬拉一样，这种训练也可以同时锻炼到上背肌肉和下背肌肉，但对于下背而言负担更小。

另一个无重量训练的选项是采用瑜伽球辅助。趴在球上，髋部和腹部贴在瑜伽球的表面，以手掌撑地、脚尖踮地作为支撑。将身体的重量前移、身体覆在球上直至下背完全不受力。这项训练既可以作为背部拉伸训练，也可以作为背部强化训练。

即便在工作的间隙，你也可以伸展一下下背肌肉。保持坐姿，俯身使得胸部靠近膝盖，双手伸向地面，保持手掌摊平伸展至自身可承受的最低位。短暂保持这个动作后缓慢地回到坐直的姿势，重复这套动作 5 次。

当你在做高拉训练或者划船训练来增强上背力量时，如果你需要通过前后摇晃或者过度后仰才能抬起更多的重量，这就是你应该停止的信号了。这样做虽然能够起到较好的杠杆作用，但是却使得背部卸力，从而无法从这些动作中获得最大程度的锻炼效果。这个问题的解决方案就是：选择更轻的重量，用标准姿势进行训练。

## 背部整体　自由重量训练

### 罗马尼亚式硬拉

进行本训练时请选用比常规硬拉训练重量轻的重量。

A 双手掌心朝向身体握住一根轻量杠铃，间隔略宽于肩，拉起杠铃至大腿中部，并保持双臂完全伸展，背部挺直，肩部打开以及胸部挺起，坚持 1 秒钟。

B 缓慢俯身屈髋，同时保持杠铃位置接近大腿。保持背部挺直，双膝微屈，缓慢朝地面下杠至个人可承受的最低位，随后缓慢有控制地拉起杠铃回到初始姿势。

### 俯立划船

双脚与肩同宽开立，双膝微屈，躬身至上半身与地面平行，同时保持背部挺直。

A 双手掌心朝向身体握住一根杠铃，间隔略比肩宽。

B 两秒钟内拉起杠铃至腹部，注意在最高位时双肘应高于背部。在最高位坚持1秒钟，随后缓慢地下杠至小腿中下部。重复该动作。

## 早安式体前屈

这项训练着重强化下背，但有一定的难度，并不适合初学者尝试。为避免受伤，请先使用空杠学习正确的轨迹和要领，并在熟练掌握后再采用较轻的重量进行训练。

A 直立，双脚与肩同宽开立，双膝微屈，双手掌心朝外握住横跨肩部轻压于颈后的杠铃杆，间隔略比肩宽，躬身微微前倾，同时保持上身挺直，肩部打开且胸部挺起。

B 保持背部挺直，缓慢地躬身至上身与地面平行，注意目视前方而非下方。在最低位坚持1秒钟，随后缓慢地回到初始姿势。

## T杠俯身划船

为避免受伤，请保持下背挺直或微屈，但切忌弓起背部。

将一根奥林匹克标准杠铃杆（45磅）的一端抵在墙角或是紧挨着的两块杠铃片之间，在该杆的另一端挂杠铃片，将一个V形手柄架在杠铃片下方的杆体处，并双手握住手柄以免手柄上下滑动或是左右晃动。

A 跨立于杆体上方，双膝微屈，并保持下颌抬起，胸部挺起，腹部收紧，肩部打开且背部平直。

B 缓慢地将杆体拉至胸前，这一过程中背部最多只能微屈且双肘在最高位时应高于胸高。在最高位坚持1秒钟，随后缓慢地降杆至双臂完全伸展，接着重复上述动作。

## 背部上侧　自由重量训练

### 单臂哑铃划船

**A** 以背部左侧为例，左手朝凳沿持一个哑铃，右手撑于长凳上作为支撑，出右腿成弓步，左脚稳稳地踏于地面，左膝微屈，保持背部挺直且目视下方，左臂完全伸展且悬垂于凳边，同时保持左肘微屈。

**B** 保持上身固定，缓慢屈左臂尽量将哑铃上拉至胸高，注意这一过程中左肘应朝向天花板。在最高位坚持 1 秒钟，随后缓慢地回到初始姿势。

完成一组训练后，重复上述动作以锻炼背部右侧。

## 背部下侧　自由重量训练

### 站姿哑铃触趾

**A** 以背部右侧为例，右手持一个哑铃，双脚与肩同宽开立，同时保持双膝微屈。

**B** 缓慢地向左躬身并以哑铃下端触碰左脚脚趾，坚持 1 秒钟，随后缓慢地回到初始姿势。

完成一组训练后，重复上述动作以锻炼背部左侧。

### 站姿哑铃上摆

与大多数力量训练缓慢平稳的动作要求相反，这项训练要求快速、爆发性的动作。刚开始进行本项训练请采用超轻重量与每组多次数的组合。

双手共持一个哑铃，双脚略比肩宽开立，并保持双膝微屈。

**A** 保持双臂完全伸展且背部挺直，同时躬身坐放于其持的哑铃悬垂于小腿间，注意哑铃不要触地。

**B** 保持背部挺直地起身至直立，同时将哑铃上摆至头顶。在最高位坚持 1 秒钟，随后躬身回到初始姿势。

### 硬拉

笔直地立于一根轻量杠铃前。

**A** 背部挺直，在杠铃前躬身，并双手掌心朝下握住杠铃，间隔与肩同宽，注意保持双腿伸直且紧绷但双膝微屈，同时双臂完全伸展且双肘微屈。

**B** 缓慢地将杠铃拉起至与大腿上部平齐，这一过程中注意保持背部挺直，双臂与双腿伸直，同时双膝微屈。在最高位坚持 1 秒钟，随后缓慢地躬身降低杠铃。

## 背部整体　器械训练

### 拉力器直柄俯立划船

立于直杆手柄连接的低位滑轮前，双脚与肩同宽开立，同时双膝微屈。

**A** 躬身至背部平直且平行于地面，接着双手掌心朝向身体握住手柄，间隔略比肩宽。

**B** 在两秒钟内将手柄上拉至胸前，注意在上拉的最高位时双肘应高于背部。在最高位坚持 1 秒钟，随后缓慢地将手柄降至与小腿中部平齐。

重复上述动作。

### 拉力器 V 柄俯立划船

为避免受伤，请保持下背挺直或微屈，

但切忌弓起背部。

立于 V 形手柄连接的低位滑轮前。

**A** 双脚间隔略比肩宽地于拉力器前跨立，双膝微屈，保持下颌抬起，胸部挺起，腹部收紧，肩部打开且保持背部平直，同时双手于两腿间握住手柄。

**B** 缓慢地将手柄拉至胸前，这一过程中背部最多只能微屈且双肘保持靠近体侧地向上移动。在最高位坚持 1 秒钟，随后缓慢地降低手柄回到初始姿势。

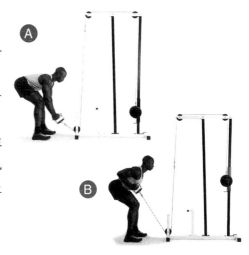

### 坐姿划船

**A** 坐于划船机前，双脚牢牢抵住脚踏板，双膝微屈，微微向前躬身以握住 V 形手柄，注意保持背部挺直，接着将手柄拉至双臂完全伸展且上身微微前倾。

**B** 将手柄拉至胸前，同时身体仰直，注意双肘朝后且双膝微屈。在最远位坚持 1 秒钟，随后回到初始姿势。

# 背部上侧　器械训练

### 单臂拉力器划船

**A** 以背部右侧为例，面对 D 形手柄连接的低位滑轮右脚靠前站立，右手反手握住手柄，右臂完全伸展，双膝稍屈，躬身微微前倾但保持背部挺直，同时将左手撑于左腿上。

**B** 缓慢地将手柄拉向身体右侧，右肘经过体侧时你应该可以感受到背阔肌的收缩，此时微微改变轨迹朝向下背中部继续拉手柄，在最远位坚持 1 秒钟，随后缓慢地将手柄送回到初始位置。

完成一组训练后，重复上述动作锻炼左背。

### 颈前高拉

请勿使用过重的重量，进行这项训练。

**A** 坐于高拉器前，双手掌心朝外握住头部上方长杆两侧的手柄，间隔与肩同宽或略比肩宽，并保持上身挺直且目视前方。

**B** 缓慢地将长杆下拉到头部正前方至与肩顶部平齐，这一过程中注意保持上身笔直。在肩高位坚持1秒钟，随后缓慢地伸臂回到初始姿势。

## 背部下侧　器械训练

### 拉力器硬拉

立于直杆手柄连接的低位滑轮前。

**A** 保持背部挺直，躬身，双手正手握住手柄，间隔与肩同宽，并保持双腿紧绷但双膝稍屈，同时双臂伸直且双肘微屈（若绳索太长，你可能需要站立在一块踏板之上以保持绳索张力）。

**B** 缓慢地起身将手柄拉至与大腿上部平齐（请注意拉力器的设计，若你站在一块踏板之上，请小心不要在起身时撞到头部），注意保持背部挺直、双臂和双腿伸直，同时双膝微屈。在最高位坚持1秒钟，随后缓慢地将手柄降到初始姿势。

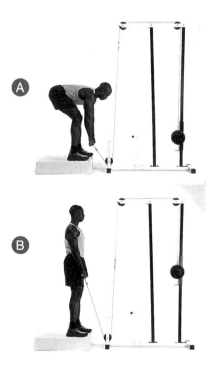

### 拉力器背伸展

将一台背部伸展机置于直杆手柄连接的低位滑轮前，并使勾腿软垫所在的一端靠近器械。

**A** 俯卧于背部伸展机上，双腿小腿位置抵在勾腿软垫之下，并使腹股沟及大腿上部贴于垫板之上。你可以单手握住手柄后卧于背部伸展机再调整姿势，也可以先卧于背部伸展机来调整姿势，再让别人将手柄交到你手中。双臂于胸前交叉地抱住直杆手柄，接着躬身至背部几乎垂直于地面。

B　缓慢地起身至背部与地面平行，注意保持双臂于胸前交叉且身体其他部位固定。在身体完全挺直时坚持 1 秒钟，随后缓慢地将身体降回到初始姿势。

## 背部整体　无重量训练

### 拉力绳坐姿划船

A　坐于地面，双腿于体前伸直，双脚脚尖朝上，双手握住拉力绳两端的手柄并将一段拉力绳牢牢套于双脚脚心处，双臂于体前完全伸展，同时保持背部垂直于地面。

B　缓慢地将手柄拉至胸前，这一过程中注意将背部两侧肩胛骨往中间挤压。在最远位坚持 1 秒钟，随后缓慢地伸臂回到初始姿势。

### 拉力绳俯立划船

双脚与肩同宽开立，同时双膝微屈。

A　躬身至上半身与地面平行，同时保持上背挺直。双手掌心朝内、间隔略比肩宽地握住拉力绳两端的手柄并将一段拉力绳牢牢踩压于双脚底下。

B　于 2 秒钟内同时拉起两侧手柄至双肘高于背部，注意保持前臂垂直于地面。在最高位坚持 1 秒钟，随后缓慢地降低手柄至小腿中部。重复该动作。

### 拉力绳 T 杆俯身划船

为了避免受伤，请保持下背挺直或微屈，但切忌弓起背部。

双脚间隔略比肩宽地开立，同时双膝微屈。

**A** 将一段拉力绳牢牢踩压于双脚底下，双手掌心朝向彼此共同握住拉力绳两端的手柄，同时保持下颌抬起，胸部挺起，腹部收紧，肩部打开且背部平直。

**B** 缓慢地将手柄拉至胸前，这一过程中背部最多只能微屈，上身微微仰直但未垂直于地面，同时双膝固定。在最高位坚持 1 秒钟，随后缓慢地降低手柄至双臂完全伸展，回到初始姿势。

### 单臂拉力绳划船

将一段拉力绳缠在长凳一端底座靠近正中的位置，多缠几圈至轻轻拉起手柄时手柄与长凳同高，以保证没有多余的绳长。

**A** 以背部右侧为例，左手撑于长凳上作为支撑，出左腿成弓步，右脚稳稳地踏于地面，右膝微屈，保持背部挺直且目视下方，右手掌心朝向体侧握住拉力绳的手柄，右臂完全伸展且悬垂于凳边，同时保持右肘微屈。

**B** 保持上身固定，缓慢屈右臂尽量将手柄上拉，注意这一过程中右肘应靠近体侧且朝向天花板。在最高位坚持 1 秒钟，随后缓慢回到初始姿势。

完成一组训练后，重复上述动作以锻炼背部左侧。

### 窄握引体向上

**A** 在引体向上杆上挂一个 V 形手柄，

双手掌心朝向彼此握住手柄并使身体悬垂于杆下，注意保持双膝稍屈、双脚离地约 15 厘米且双臂完全伸展。

B 缓慢地屈臂抬高身体至上身几乎触碰到双手，注意发力点应为背阔肌而非肱二头肌，随后缓慢地伸臂降低身体。

## 背部上侧 无重量训练

### 拉力绳高拉

将一段拉力绳固定于一扇敞开的门的顶部，坐于门前的一张椅子或长凳上，并使得活动的一侧门沿与你的脊柱对齐。

A 双手掌心朝外并正手握住拉力绳两端的手柄，间隔与肩同宽或略比肩宽，同时保持上身挺直且目视前方。

B 保持双手与颈部处于一条直线上，缓慢地下拉手柄至手柄与肩部顶部平齐，这一过程中注意保持上身笔直。在最低位坚持 1 秒钟，随后缓慢地伸臂回到初始姿势。

## 背部下侧 无重量训练

### 拉力绳硬拉

将一段拉力绳牢牢踩压于双脚底下。

A 保持背部挺直，躬身并双手间隔与肩同宽地正手握住手柄，注意保持双腿紧绷但双膝微屈，同时双臂伸直且双肘微屈。

B 起身至直立的同时缓慢地将手柄拉起至与大腿上部平齐，这一过程中注意保持背部挺直，双臂与双腿伸直，同时双膝微屈。在最高位坚持 1 秒钟，随后缓慢地躬身回到初始姿势。

### 拉力绳背伸展

将拉力绳穿过背部伸展机的底座。

A 俯卧于背部伸展机上，双腿小腿位置抵在勾腿软垫之下，并使腹股沟及大腿上部贴于垫板之上，注意臀部应超出垫板边缘。躬身至上身只差些许距离就垂直于地面，同时双手握住拉力绳两端的手柄并于胸前交叉，此为初始姿势。

B 缓慢起身至背部与地面平行，注意保持双臂于胸前交叉且身体其他部位固定。在身体完全挺直时坚持 1 秒钟，随后缓慢地将身体降回到初始姿势。

## 强健背部——初级训练安排

我们建议你根据均衡的全身增肌计划的初级训练安排进行训练，但若你需要集中锻炼背部，本训练安排能在短时间内带来显著的训练效果。你可以从下文提供的自由重量训练、器械训练和无重量训练 3 套训练安排中选择 1 套进行锻炼。

| 自由重量训练 | 器械训练 | 无重量训练 |
| --- | --- | --- |
| <ul><li>俯立划船</li><li>罗马尼亚式硬拉</li><li>单臂哑铃划船</li><li>站姿哑铃上摆</li></ul> | <ul><li>拉力器 V 柄俯立划船</li><li>坐姿划船</li><li>颈前高拉</li><li>拉力器硬拉</li></ul> | <ul><li>拉力绳坐姿划船</li><li>拉力绳 T 杠俯身划船</li><li>拉力绳高拉</li><li>拉力绳硬拉</li></ul> |

## 强健背部——中级训练安排

我们建议你根据均衡的全身增肌计划的中级训练安排进行训练，但若你需要集中锻炼背部，本训练安排能在短时间内带来显著的训练效果。你可以从下文提供的自由重量训练、器械训练和无重量训练 3 套训练安排中选择 1 套进行锻炼。

| 自由重量训练 | 器械训练 | 无重量训练 |
|---|---|---|
| <ul><li>俯立划船</li><li>罗马尼亚式硬拉</li><li>单臂哑铃划船</li><li>站姿哑铃上摆</li><li>站姿哑铃触趾</li></ul> | <ul><li>拉力器 V 柄俯立划船</li><li>坐姿划船</li><li>颈前高拉</li><li>拉力器硬拉</li><li>拉力器背伸展</li></ul> | <ul><li>拉力绳坐姿划船</li><li>拉力绳 T 杠俯身划船</li><li>拉力绳高拉</li><li>拉力绳硬拉</li><li>拉力绳背伸展</li></ul> |

## 强健背部——高级训练安排

我们建议你根据均衡的全身增肌计划的高级训练安排进行训练，但若你需要集中锻炼背部，本训练安排能在短时间内带来显著的训练效果。你可以从下文提供的自由重量训练、器械训练和无重量训练 3 套训练安排中选择 1 套进行锻炼。

| 自由重量训练 | 器械训练 | 无重量训练 |
|---|---|---|
| <ul><li>俯立划船</li><li>罗马尼亚式硬拉</li><li>早安式体前屈</li><li>单臂哑铃划船</li><li>站姿哑铃上摆</li><li>站姿哑铃触趾</li><li>硬拉</li></ul> | <ul><li>拉力器 V 柄俯立划船</li><li>坐姿划船</li><li>单臂拉力器划船</li><li>颈前高拉</li><li>拉力器硬拉</li><li>拉力器背伸展</li></ul> | <ul><li>拉力绳坐姿划船</li><li>拉力绳 T 杠俯身划船</li><li>单臂拉力绳划船</li><li>窄握引体向上</li><li>拉力绳高拉</li><li>拉力绳硬拉</li><li>拉力绳背伸展</li></ul> |

# 强健臀部速成指南

如果你以为臀肌最大的效用无非是一块让人坐得舒服一些的坐垫的话，那你就大错特错了。无论是行走、跑步还是抬举都需要用到臀肌，而且训练和保持得当的话，臀肌还能提升个人整体的外形。

下次再有人调戏你是大屁股的话，你大可一笑置之。至少从科学的角度而言，他们并没有说错。臀大肌，顾名思义，臀部肌肉的特点就一个字——大！事实上，臀大肌就是人体 600 多块肌肉中最大的一块。在最健硕的臀大肌深层的是更小巧精致些的臀中肌和臀小肌。

臀肌不仅能在你溜冰摔倒或是在结冰的人行道上滑倒时替你缓和一下冲击，而且还能辅助你扛起一桶啤酒或是一袋水泥，又或是坚持下来一段艰苦卓绝的徒步旅行。

## 臀部基本训练

忽视臀部训练可不是一个好主意。马萨诸塞州的健身教练、竞赛级健美选手托德·马特拉说："臀部是人体的中心，是保持身体平衡的关键。"

另一个不应忽视臀部训练的重要理由是，女性可是很看重臀部的。《亲密无间》一书中曾做过一项针对女性的民意调查。当受访者被问及她们认为男性最具魅力的特征部位时，臀部的排名比你在健身房会锻炼到的任何其他部位都高。尽管与眼睛（27%）、脸（24%）和微笑（22%）相比，臀部仅获得了 7% 的投票，但臀部的票数份额比胸部、手臂、大腿和腹肌的占比都高。

就马特拉个人而言，他觉得深蹲训练是一项很好的黄金动作，这项训练不仅能够锻炼到股四头肌和腘绳肌，而且还能锻炼到臀肌。

箭步蹲也是一项不错的下身整体训练。箭步蹲有许多花样，但无论是做哪种箭步蹲训练，都应注意最好从小重量或无重量开始尝试。硬汉计划训练安排的设计者列蒙博士表示，你可以采用标准的箭步蹲训练，即一只脚向前迈出一阔步、屈双膝至位于前方的大腿平行于地面，而位于后方固定的大腿垂直于地面，随后再撤回迈出的腿并回到初始姿势。你也可以考虑尝试侧弓箭步蹲，即向侧边迈步而非前方，或是后向箭步蹲，即向后撤腿而非向前迈腿。

## 塑造翘臀

就像锻炼其他部位的肌肉一样，锻炼臀肌也能刺激臀肌增长，但你无需担心这会导致你的臀部过于丰满。然而，如果你的臀部本来就太过丰满，别忘了上文我们已经揭露过这个残酷的现实：想要通过针对身体某一特定部位的训练来专门降低该部位的脂肪含量是不可能实现的白日梦。但如果你的臀围本来就较大的话，切忌采用大重量和少次数的组合做诸如深蹲和箭步蹲这类臀部训练。纽约的一名体能训练专家布莱恩·普福伊费尔表示，大重量和少次数的组合肯定会刺激肌肉增长，进而导致臀围的增长。因此，普福伊费尔建议臀围较大的健身者进行塑形训练而非增肌训练，尽量采用小重量进行训练或是选择无重量训练，例如利用自重或持轻量哑铃做箭步蹲。

另一项可供选择的训练是跪姿后踢，即四肢撑地、重复地单腿朝向天花板向后踢起和落下的动作。你还可以加上脚踝负重进行本项训练，或是让人在你后踢时在后踢的脚跟上施加压力以增加难度。普福伊费尔解释道："这项训练也能十分有效地锻炼到臀部。"

比起臀围过大，更多男性面临的是臀围过小的问题。要想改变这种基因决定的扁平臀部的话，你必须采用大重量进行深蹲和箭步蹲训练。此外，你应该将杠铃压在背部稍低的位置，而非像在做标准深蹲或侧弓箭步训练时一样压在颈后。

普福伊费尔说道："在深蹲起立或是箭步蹲撤腿的阶段，将注意力集中在臀肌的收缩上，这样有助于实现臀肌的增长。"

## 臀肌　自由重量训练

### 脚踝负重站姿后踢

以右臀为例，将一个负重沙袋牢牢绑在右侧脚踝。

A　面对一堵墙壁站立，双手轻扶墙壁以保持平衡，身体微微前倾以使全身处于一条直线之上，并将身体的重心落在左腿上。

B　缓慢地尽量向后蹬起右腿，这一过

程中应该可以感受到臀肌的收缩。注意保

持双膝微屈，切忌弓腰背部或是过度伸展。

在后踢的最高位坚持 1 秒钟，随后缓慢地

降腿。

完成一组训练后，左腿负重并重复上述

动作。

### 哑铃深蹲

**A** 双脚脚尖朝外（外八），间隔大于

肩宽地开立，双膝微屈，双臂完全伸展，双

手共同抬起一个哑铃的一端。保持胸部挺起，

肩部打开，腹部收紧，背部挺直，头部与脊

柱处于同一直线之上，目视正前方，同时上

身自然地微微前倾。

**B** 缓慢地下蹲至两侧大腿均与地面平

行，切忌弹跳和双膝内扣。在最低位坚持 1

秒钟，随后保持双脚平踏于地面并缓慢起

立，这一过程中髋部微微前移，同时腹肌收

缩发力。

## 臀肌与腘绳肌　自由重量训练

### 脚踝负重俯卧腿伸展

**A** 将两个负重沙袋分别牢牢绑在两侧

脚踝，俯卧于长凳（或桌子）上并使得髋部

位于凳沿，双腿并拢，双膝微屈，双脚脚尖

踮地，同时双手抓紧头部前方两侧凳沿以保

持上身固定，避免滑落长凳。

**B** 保持双脚并拢且脚面绷直，缓慢向

上抬举双腿至两侧大腿约与身体平行，在最

高位坚持 1 秒钟，随后缓慢地朝初始姿势降

腿，但注意在完成一组动作以前，脚尖不可

触地。

### 杠铃侧步蹲

为了避免受伤，初学者应在熟练掌握本训练的正确轨迹和要领以前采用较轻的训练重量。

**A** 将一根杠铃轻压于肩部，双手间隔略比肩宽地握住杠铃，双脚间隔略比肩宽地开立，同时保持双膝微屈，双脚脚尖朝外（微微外八），胸部挺起，肩部打开，腹部收紧，背部挺直，头部与脊柱处于同一直线上。

**B** 以右臀为例，右腿向右迈一阔步（脚跟比脚趾先落地），髋部下压至右大腿与地面平行，注意右脚脚尖应朝向右侧，下压过程中右膝不得超出右脚趾，左腿保持完全伸展，左脚脚尖朝前稳稳抵在地面，同时身体朝向正前方。在最低位坚持1秒钟，随后右腿发力回到初始姿势。

一直向右进行侧步蹲至完成一组动作，随后重复上述动作以锻炼左臀。

### 脚踝负重跪姿后踢

这项训练还能提升髋部的柔韧性。

**A** 将两个负重沙袋分别牢牢绑在两侧脚踝，并双手撑地且双膝跪地。

**B** 以右臀为例，保持右膝微屈、缓慢地在身后蹬起右腿至右侧大腿与上身平行，在最高位坚持1秒钟，随后缓慢地朝初始姿势下降，但在右膝几乎触地时立刻再次蹬起右腿。

完成一组训练后，换腿重复上述动作。

### 哑铃箭步蹲

**A** 直立，保持头部与脊柱处于同一直线上，背部挺直，双脚与肩同宽开立，双手掌心朝向体侧，各持一个哑铃，同时双臂垂放在体侧。

**B** 以右臀为例，右腿向正前方迈出一阔步，屈右腿至右侧大腿平行于地面，同时保持左腿伸展，左膝微屈至几乎触地，保持上述姿势坚持1秒钟。

保持右脚固定，缓慢伸直右腿，持续交替屈伸右腿至完成一组动作，随后换腿重复上述动作。

## 臀肌　器械训练

### 拉力器俯卧腿伸展

将一张长凳置于踝扣带连接的低位滑轮前，注意留足空间以便背朝拉力器俯卧于长凳上时双腿伸直也不会踢到拉力器。

**A** 将踝扣带绑在两侧脚踝上，俯卧于长凳上并使得髋部位于凳沿，双腿并拢，双膝微屈，双脚脚尖踮地，同时双手抓紧头部前方两侧凳沿以保持上身固定，避免滑落长凳。

**B** 保持双脚并拢且脚面绷直，缓慢地向上抬举双腿至两侧大腿约与身体平行，在最高位坚持1秒钟，随后缓慢地朝初始姿势降腿，但注意在完成一组动作以前，脚尖不可触地。

## 臀肌及腘绳肌　器械训练

### 拉力器跪姿后踢

立于踝扣带连接的低位滑轮前。

**A** 以右臀为例，将踝扣带绑在右脚踝上，并双手撑地且双膝跪地，注意与拉力器保持一定的距离，以免后踢时踢到拉力器。

**B** 保持右膝微屈，缓慢地在身后蹬起右腿至右侧大腿与上身平行，在最高位坚持1秒钟，随后缓慢地朝初始姿势下降，但在右膝几乎触地时立刻再次蹬起右腿。

完成一组训练后，将踝扣带绑在左脚踝上并重复上述动作。

### 拉力器站姿后踢

**A** 以右臀为例，面对踝扣带连接的低位滑轮站立，将踝扣带绑在右脚踝上，双手于腰高位置轻扶器械以保持平衡，同时保持头部与脊柱处于同一直线上。

**B** 保持双膝微屈，缓慢地向后蹬起右腿至感受到臀肌的收缩，切忌超出自身可承受范围过度伸展腿部，随后缓慢地回到初始姿势。

完成一组训练后，将踝扣带绑在左脚踝上并重复上述动作。

## 臀肌　无重量训练

### 直角屈膝跪姿后踢

这项训练可能看起来有点别扭，但你能从中切切实实地感受到臀肌的紧绷。

**A** 以左臀为例，双手撑地，双膝跪地，并稍稍抬起左膝至离地面15厘米。

**B** 保持左侧大、小腿成90°夹角，缓慢地朝后上方蹬起左腿，将左脚跟推向天花板方向。这一过程中集中注意力去感受臀肌的收缩，但切忌过度后蹬以致左大腿超出了与地面平行的角度。在最高位坚持1秒钟，随后缓慢地降腿回到初始姿势。

完成一组训练后，换腿重复上述动作。

## 臀肌与腘绳肌　无重量训练

### 站姿后摆腿

身体左侧朝向一个固定的物体（如芭蕾舞者拉伸大腿的扶杆或是训练器械）站立，左手扶着该物体以保持身体平衡，将身体重心移至左腿，同时右腿微屈。

A 以右臀为例，在体前尽可能高地抬起右腿，坚持 1 秒钟。

B 右腿下落并在可承受范围内尽可能地向身后摆，坚持 1 秒钟，随后再向前摆回到初始姿势。

完成一组训练后，重复上述动作以锻炼左臀。

### 跪姿后踢

这项训练还能提升髋部的柔韧性和跑步的耐力。

A 双手撑地且双膝跪地。

B 以右臀为例，保持右膝微屈，缓慢地在身后蹬起右腿至右侧大腿与上身平行，在最高位坚持 1 秒钟，随后缓慢地朝初始姿势下降，但在右膝几乎触地时立刻再次蹬起右腿。

完成一组训练后，换腿重复上述动作。

### 俯卧腿伸展

这项训练还有助于在不对下背施压的前提下强化该部位。

A 俯卧于长凳上并使得髋部位于凳沿，双腿并拢，双膝微屈，双脚脚尖踮地，同时双手抓紧头部前方两侧凳沿以保持运动过程中上身固定，避免滑落长凳。

B 保持双脚并拢且脚面绷直，缓慢地向上抬举双腿至两侧大腿约与身体平行，在最高位坚持1秒钟，随后缓慢地降腿至脚尖几乎触地（注意在完成一组动作以前，脚尖不可触地）。

重复上述动作。

### 交替箭步蹲

这项动态的训练能够提升力量与身体协调性。

A 双脚与肩同宽开立，双手轻靠于髋部，同时保持上身挺直且头部与脊柱处于同一直线上。

B 右腿向正前方迈出一阔步稳稳落地。并屈右腿至右侧大腿平行于地面，注意下蹲过程中右膝不得超出右脚脚尖，同时保持左腿于体后伸展，左膝微屈且左脚踮起，脚跟离地。随后右腿立即发力撤回，同时左脚跟落地，注意保持双脚与肩同宽打开。

迈出左腿重复上述动作。左右腿交替迈一次算作本训练的一次动作。

## 强健臀部——初级训练安排

我们建议你根据均衡的全身增肌计划的初级训练安排进行训练，但若你需要集中锻炼臀部，本训练安排能在短时间内带来显著的训练效果。你可以从下文提供的自由重量训练、器械训练和无重量训练3套训练安排中选择1套进行锻炼。

| 自由重量训练 | 器械训练 | 无重量训练 |
| --- | --- | --- |
| • 哑铃深蹲 | • 拉力器俯卧腿伸展 | • 站姿后摆腿 |
| • 脚踝负重俯卧腿伸展 | • 拉力器跪姿后踢 | • 跪姿后踢 |
| • 杠铃侧步蹲 | • 拉力器站姿后踢 | • 俯卧腿伸展 |
| • 哑铃箭步蹲 | | • 交替箭步蹲 |

## 强健臀部——中级训练安排

我们建议你根据均衡的全身增肌训练的中级训练安排进行训练，但若你需要集中锻炼臀部，本训练安排能在短时间内带来显著的训练效果。你可以从下文提供的自由重量训练、器械训练和无重量训练 3 套训练安排中选择 1 套进行锻炼。

| 自由重量训练 | 器械训练 | 无重量训练 |
| --- | --- | --- |
| • 脚踝负重站姿后踢<br>• 哑铃深蹲<br>• 脚踝负重俯卧腿伸展<br>• 杠铃侧步蹲<br>• 哑铃箭步蹲 | • 拉力器俯卧腿伸展<br>• 拉力器跪姿后踢<br>• 拉力器站姿后踢 | • 直角屈膝跪姿后踢<br>• 站姿后摆腿<br>• 跪姿后踢<br>• 俯卧腿伸展<br>• 交替箭步蹲 |

## 强健臀部——高级训练安排

我们建议你根据均衡的全身增肌计划的高级训练安排进行训练，但若你需要集中锻炼臀部，本训练安排能在短时间内带来显著的训练效果。你可以从下文提供的自由重量训练、器械训练和无重量训练 3 套训练安排中选择 1 套进行锻炼。

| 自由重量训练 | 器械训练 | 无重量训练 |
| --- | --- | --- |
| • 脚踝负重站姿后踢<br>• 哑铃深蹲<br>• 脚踝负重俯卧腿伸展<br>• 杠铃侧步蹲<br>• 脚踝负重跪姿后踢<br>• 哑铃箭步蹲 | • 拉力器俯卧腿伸展<br>• 拉力器跪姿后踢<br>• 拉力器站姿后踢 | • 直角屈膝跪姿后踢<br>• 站姿后摆腿<br>• 跪姿后踢<br>• 俯卧腿伸展<br>• 交替箭步蹲 |

# 强健大腿速成指南

---

大腿肌群是人体最大的肌群之一，几乎任何体力活儿都离不开它们。如果你想跑步、参与体育运动，做推、铲、拉等动作，哪怕仅仅是很有男子气概地行走，你都需要好好锻炼大腿。

---

每个赛季都会有大量的职业运动员由于大腿肌群受伤而无法出席比赛。就算不以体育运动为职业，你也需要强健有力的大腿来爬山、爬楼梯、扛起杠铃，或是从让人想慵懒地久坐不动的魔力沙发上站起来。随着年龄的增长，强壮的大腿还能降低你摔倒的风险。要知道到了一定的年纪，随便摔一跤都可能导致骨折。

如果你平常喜欢参与一些体育运动，那就更应该好好锻炼股四头肌和腘绳肌这两块大腿上最大的肌群了。纽约的私人教练培训师迈克尔·尤瑟夫说道："臀肌和股四头肌比较发达的人几乎在任何你能想到的运动中表现都会更加出色。"

然而，大部分人锻炼大腿的频率跟刮腿毛的频率一样低。纽约体育训练协会的布莱恩·普福伊费尔说道："大家去健身房基本上是为了锻炼上身。"他表示你应该至少为上身和下身留出相同的训练时长。

加利福尼亚州的一位运动生理学家托里·奥尔曼说道："许多人不喜欢锻炼下身的原因之一是下身训练非常消耗体力。仅仅是做一组深蹲都能让人体血液的氧含量和血糖水平急速下降。"

## 大块头——股四头肌

股四头肌肌群位于大腿前侧，是人体最大、最有力的肌肉之一，同时它们也是你能够伸膝和在髋部屈腿的关键。

普福伊费尔表示，每个人的股四头肌都应该强于其大腿后侧的腘绳肌，因为股四头肌是相对而言更大的肌群。

假设你用 50 磅的训练重量做腿弯举训练来锻炼腘绳肌，那你就应当先使用相同的训练重量做腿伸训练来锻炼股四头肌。随着力量的增长，你应当逐渐增加后者的训练重量或每组次数，但前者只需保持初始水平即可。

锻炼像股四头肌这样大腿上的大肌群还能降低膝盖受伤的风险。因为膝部有许多结缔组织，而锻炼肌肉还能顺带增强这些起固定关节作用的组织。奥尔曼解释道："腿部大多的结缔组织都与股四头肌和腘绳肌紧密相连。"

## 棘手的腘绳肌

腘绳肌肌群由大腿后侧从膝盖延伸至髋部的 3 块肌肉组成，它们是你能够屈膝的关键。

锻炼大腿肌群事实上还有可能促进你上身肌肉的增长。这是由于锻炼像股四头肌、腘绳肌和臀肌这样的大肌群能够促进蛋白同化作用、氮存留以及人体生长激素的释放，进而使上身也能够受益。相对而言，肱二头肌只是一个较小的肌群，锻炼它对生长激素释放的促进作用十分有限。

虽然你的股四头肌应当被着重训练，但这并不意味着你可以忽略默默在大腿后侧支持你的同样重要的腘绳肌。腘绳肌是最常受伤的大腿肌群，而且一旦受伤，不仅恢复缓慢，还常常复发。腘绳肌较弱或受伤往往会使整个人都虚弱许多，这也是英语中它还有"使……无效或无力"的含义的原因。

健身教练约翰·阿卜杜曾指导过一群股四头肌非常健壮但腘绳肌力量则远远不足的奥林匹克速滑运动员，他们常常由于腘绳肌太弱而导致膝盖受伤。但是阿卜杜表示，他在他们的训练安排中加入了腘绳肌训练项目以后，他们就再也没有因此膝盖受伤了。

相比之下，跑步运动员则常常是腘绳肌强于股四头肌。但就像其他肌群一样，避免大腿肌群受伤甚至是背部疼痛的关键在于达到一种均衡的状态。

深蹲是一项能够有效锻炼到臀肌、股四头肌和腘绳肌的训练，但深蹲时切忌过快下蹲。

普福伊费尔说道："平缓是这项训练的关键，你应该好好控制住肩负的重量。"初次尝试本项训练时，请采用杠铃光杆或是双手在体侧持哑铃以减轻背部的负担。

深蹲过程中切忌弓起背部，并且应当集中注意力目视正前方。普福伊费尔说道："如果你向上看的话，很可能会伤到脊柱。"

## 大腿整体　自由重量训练

### 杠铃深蹲

这是一项效果极佳的多功能训练，不仅能够增强大肌群（具体来说就是大腿肌群和臀肌肌群）的力量，而且其作为一项复合型训练，还能有效地刺激身体其他部位肌肉的增长。初学者在进行本项训练时应当采用杠铃光杆。

于肩高位置在深蹲架上放置一根杠铃，双手掌心朝前握住杠铃，间隔略比肩宽，接着俯身低头迈至杠铃杆下并使之平稳地压在上背和肩部之间。

**A** 肩负杠铃站起，双脚间隔与臀同宽开立，脚尖稍微朝外（微微外八），切忌低头，同时注意保持头部与脊柱处于同一直线上且目视前方。

**B** 保持双脚平直且身体挺直，双膝微屈接着缓慢下蹲至两侧大腿几乎与地面平行，注意过程中切忌弓起背部或是膝盖位置超出脚尖，在最低位坚持1秒钟，随后缓慢地起立回到初始姿势。

### 体后硬拉

相比常规深蹲，体后硬拉给膝盖和下背造成的负担更小，但你需要更强的平衡感才能完成本训练。为了避免受伤，请先从杠铃光杆开始，在熟练掌握了本训练的正确轨迹和要领后再循序渐进地增加训练重量（应总是低于你常规深蹲的训练重量）。

立于一根挂在你双膝后方的杠铃前，双

脚与臀同宽开立，接着下蹲并双手掌心朝后握住杠铃，间隔略比肩宽。

**A** 起立，双臂完全伸展于体后并使得杠铃轻靠大腿后侧，注意保持头部与身体处于一条直线之上。

**B** 缓慢地下蹲至两侧大腿几乎与地面平行，但切忌膝盖位置超出脚尖，在最低位坚持 1 秒钟，随后缓慢起立，全程保持双臂完全伸展。

### 哑铃蹬踏

**A** 立于一块踏板或是一个箱子（高 35 厘米左右）前，双手朝向体侧各持一个哑铃，双臂垂放在体侧，同时站直并挺胸开肩。

**B** 保持哑铃位于体侧且上身挺直，左脚迈上踏板中部。

**C** 右脚跟上左脚并踏于左脚右侧。

**D** 左脚向后迈，撤回到初始位置，接着右脚跟上并回到初始姿势。

随后先迈右脚完成一次蹬踏。左右脚各蹬踏一次算作一次动作。

### 哑铃侧蹬踏

为了避免受伤，初学者应在熟练掌握本训练的正确轨迹和要领前使用特别轻的重量作为训练重量。

平行放置两张长凳（间隔略比肩宽），双手掌心朝向体侧各持一个哑铃立于长凳之间，双臂垂放在体侧，同时双脚与肩同宽开立。

**A** 右脚迈上右侧长凳的右沿（为左脚留出落脚空间）。

**B** 左脚跟上右脚并踏于右脚左侧，这一过程中将身体重心从左腿转移到右腿。

C 缓慢地朝地面伸展左腿迈下长凳，当身体重心转移到左腿后，右脚跟着迈下回到初始姿势。

随后先迈左脚完成一次左侧蹬踏。左右脚各侧向蹬踏一次算作一次动作。

### 杠铃前蹲举

这项训练有助于预防运动伤害，但是具有一定的难度，因此请采用比常规深蹲的训练重量轻的重量进行本训练。

于胸中部高度在深蹲架上放置一根杠铃，微微后仰地走近杠铃至杠铃轻靠在前肩顶部，双臂于胸前交叉，右手于左肩位置正手握住杠铃，同时左手于右肩位置正手握住杠铃。

A 支撑着杠铃起立，稍微调整一下身体的平衡至肩部和双臂平稳地支撑着杠铃的重量，注意保持双肘高抬，接着后退一步出杠，双脚与肩同宽开立并平踏于地面，注意保持上身挺直且头部与身体处于一条直线之上。

B 缓慢下蹲至两侧大腿与地面平行，但切忌膝盖位置超出脚尖，同时注意保持身体挺直且目视前方，在最低位坚持1秒钟，随后缓慢地起立回到初始姿势。

## 股四头肌　自由重量训练

### 哑铃弹跳箭步蹲

A 直立，双手掌心朝向体侧各紧握一个哑铃，双臂于体侧完全伸展，双脚与臀同宽开立，身体挺直，同时下背自然地微屈。

B 左腿向前迈一步（略阔于通常行走的步幅）并屈腿至左侧大、小腿成90°夹角

（低头仍能看见左脚脚趾）。注意保持上身
挺直，双臂位于体侧且哑铃大致悬于身体的
中心线上，同时右腿微微屈膝，右脚跟稍微
抬起离开地面，但保持右脚位置固定不变。

短促有力地跳起并在空中交换双腿的位
置以使得落地时右腿在前而左腿在后。此为
一次动作。落地后立刻再次跳起并在空中交
换双腿位置。

### 脚踝负重坐姿腿屈伸

在这项训练中，改变脚尖指向可以改变
肌肉受力的方式。你可以尝试勾脚使脚尖朝
向自身或是绷脚使脚尖朝向正前方这两种方
式来锻炼股四头肌的不同部位。

将两个负重沙袋分别牢牢绑在两侧脚
踝上。

**A** 坐于长凳的一端，双手于臀部后方
扶住长凳两沿，双膝弯曲至大小腿等于或略
大于 90° 的夹角，并使双脚脚尖朝前。

**B** 双手紧握长凳两沿作为支撑，股四
头肌发力，缓慢地抬起踝部至双腿伸直，但
切忌锁死双膝，同时使脚尖朝向前上方并与
地面约成 45° 夹角。在最高位坚持 1 秒钟，
随后缓慢地降腿回到初始姿势。

### 侧向深蹲

初学者可以用哑铃取代杠铃进行本项
训练。

**A** 直立，将一根杠铃轻压于上背与肩
部之间，双手掌心朝外握住杠铃，间隔略比
肩宽，双脚间隔较远地开立，双脚脚尖朝外
（外八），同时保持头部与身体处于同一直
线上。

**B** 缓慢屈右腿下蹲至右侧大腿与地面平行，切忌右膝内扣或超出右脚脚尖。保持左腿完全伸展，并将身体大部分的重量压在右腿上，保持该姿势1秒钟，随后缓慢地伸直右腿，将身体移回到正中位置，回到初始姿势，随后立即屈左腿重复上述动作。左右腿各屈伸一次算作一次动作。

## 腘绳肌　自由重量训练

### 脚踝负重俯卧腿弯举

**A** 将两个负重沙袋分别牢牢绑在两侧脚踝上，俯卧于长凳之上，双腿伸直，并使双膝刚刚超出长凳边沿以便弯举双腿。如有必要，你可以握住长凳的底座作为支撑。

**B** 双脚并拢，脚尖朝外，缓慢屈膝以半圆的轨迹朝臀部抬起脚踝至大小腿约成90°夹角，至此脚尖应转而朝上，但在这一过程中切忌撅起臀部或弓起背部。身体与长凳保持水平，坚持1秒钟，随后缓慢地降腿回到初始姿势。

## 大腿整体　器械训练

### 史密斯架体后硬拉

为了避免受伤，请先从杠铃光杆开始，在熟练掌握了本训练的正确轨迹和要领后再循序渐进地增加训练重量（应总是低于你常规深蹲的训练重量）。

**A** 将史密斯架上的杠铃调整至臀高，背对器械立于杠铃前，后退至双手能在双臂完全伸展于体侧时够到杠铃，双手掌心朝后握住杠铃，间隔略比肩宽，同时保持头部与

身体处于一条直线之上。

B 缓慢下蹲至两侧大腿几乎与地面平行，但切忌膝盖位置超出脚尖，在最低位坚持 1 秒钟，随后缓慢起立，全程保持双臂完全伸展。

### 倒蹬

这项器械训练能够有效地锻炼腘绳肌和股四头肌。

A 坐于倒蹬机上，双脚间隔与肩同宽地抵住踏板（提前调整座椅以使此时大小腿夹角等于或略小于 90°），双脚脚尖稍微朝外（微微外八），接着按下倒蹬机的固定手把并使下背紧贴靠垫。

B 保持双膝微屈，缓慢蹬起脚踏板以伸直双腿，坚持 1 秒钟，随后缓慢地回到初始姿势。

## 股四头肌　器械训练

### 坐姿腿屈伸

这项训练能够有效地锻炼到股四头肌。在这项训练中，改变脚尖指向可以改变肌肉受力的方式。你可以尝试勾脚使脚尖朝向自身或是绷脚使脚尖朝向正前方这两种方式来锻炼股四头肌的不同部位。

A 坐于腿伸展机上，两侧小腿抵在勾腿软垫下，双手握住扶手或是扶住座椅两侧，双膝弯曲至大小腿等于或略大于 90° 的夹角，并使双脚脚尖朝前。

B 双手握住扶手或是扶住座椅两侧作为支撑，股四头肌发力，缓慢地抬起踝部至双腿伸直，但一定要注意保持双膝微屈，同

时使脚尖朝向前上方并与地面约成45°夹角。在最高位坚持1秒钟，随后缓慢地回到初始姿势。

### 拉力器前踢腿

**A** 以左腿为例，背对踝扣带连接的低位滑轮站立，将踝扣带绑在左侧脚踝上，并于身体右前方放置一件齐腰高的支撑物（如一张椅子）以便你能不必躬身就能扶住。

**B** 缓慢向前踢起左腿至左侧大腿与地面平行，注意保持腿部伸直且背部挺直，切忌向前躬身或是向后仰身。在最高位坚持1秒钟，随后缓慢地降腿回到初始姿势。

完成一组训练后，换腿重复上述动作。

## 腘绳肌　器械训练

### 俯卧腿弯举

请采用比腿屈伸训练重量轻的重量进行本项锻炼腘绳肌的训练。

**A** 俯卧于腿弯举机上，踝部抵在勾腿软垫之下，并使双膝刚刚超出靠板边沿。如器械有扶手，你可以握住其作为支撑。双腿完全伸展，双膝自然微屈，并使双脚脚尖朝下。

**B** 骨盆与靠板保持水平，缓慢地以半圆的轨迹朝臀部抬起脚跟至大小腿约成90°夹角，握住扶手作为支撑，同时保持脚尖朝外，坚持1秒钟，随后缓慢地将双脚降回到初始姿势。

## 大腿整体　无重量训练

### 拉力绳侧向蹬踏

这项滑雪运动员的训练项目不仅能够锻

炼到大腿前侧和后侧，而且还能锻炼到大腿的左右两侧边。为了避免受伤，初学者应在熟练掌握本训练的正确轨迹和要领前采用较小的阻力。

并排放置两张长凳（间隔略比肩宽），并将一条拉力绳分别牢牢缠在两张长凳靠近彼此一端的底座上。

A 双手掌心朝向体侧各持一个手柄立于长凳之间，双臂垂放在体侧，同时双脚与肩同宽开立。

B、C 左脚迈上左侧长凳（为右脚留出落脚空间），右脚跟上左脚，使得自身双脚站立于长凳之上，随后先出右腿并缓慢迈下长凳。

先出右脚迈上位于右侧的长凳并重复上述动作。左右各侧向蹬踏一次算作一次动作。

### 单腿深蹲

A 以右腿为例，直立，双脚与肩同宽开立，双膝微屈，右手轻扶着身体右后方的一张稳固的椅子或器械以保持平衡，保持背部挺直，同时左手轻轻撑在髋部以保持平衡。

B 在右腿缓慢单腿下蹲的同时于体前伸展左腿（左脚离地），这一过程中注意保持背部挺直。一旦下蹲至右侧大腿与地面平行，立刻缓慢单腿起立回到初始姿势。一组内每次动作之间不歇息，你应该像一个活塞一样不停地上下运动。

完成一组训练后，换腿重复上述动作。

### 交替弹跳箭步蹲

A 直立，双脚与肩同宽开立，并保持

背部挺直。

**B** 右脚向前迈一大步，稳稳地落地，屈右膝至右侧大腿与地面平行，切忌右膝位置超出右脚脚尖，同时左腿于体后伸展，左膝微屈，左脚跟抬起离地，注意保持上身挺直以及头部与脊柱处于一条直线之上。

短促有力地蹬起右脚并于体前伸展左腿，落地时你应当与上述箭步蹲的姿势相似，只是左脚在前而右脚在后。立刻再次短促有力地蹬起左脚并于体前伸展右腿。左右各弹跳箭步蹲一次算作一次动作，一组内每次动作之间不歇息。

### 靠墙静蹲

**A** 背靠一堵墙壁站立，保持背部平直，双膝微屈，双脚间隔略比肩宽地开立于距离墙壁约 50 厘米处、双脚脚尖朝外（微微外八），同时保持肩部打开且胸部挺起。

**B** 缓慢地屈膝下蹲至两侧大腿顶部平行于地面，但切忌过度下蹲以至于双膝位置超出双脚脚尖。保持该姿势至肌肉力竭，随后缓慢地伸腿回到初始姿势。

### 双腿弹跳

直立、双脚与肩同宽开立，同时双膝微屈。

**A** 躬身半蹲，双臂于体前平直伸展以保持平衡，同时保持头部与背部处于一条直线之上。

**B** 像立定跳远一样短促有力地双脚蹬地向前跳起并尽量远地落地，跳起时双臂可以向后摆以保持平衡，但注意双脚并拢，落地后立即再次向前弹跳。每组弹跳 6~10 次，每次动作之间不歇息。

## 股四头肌　无重量训练

### 公文包腿伸展

这项训练能够有效地锻炼到股四头肌，而且不出办公室就能进行。

坐于椅子边缘，双膝微屈，同时双腿并拢。

**A** 将你装满物品的公文包或一本厚书置于小腿上方并朝上勾脚以免公文包或书跌落，同时双手握住椅子两侧以保持身体固定。

**B** 缓慢地提起双踝以抬高双腿，但切忌在双腿完全伸展时锁死双膝，而应注意保持双膝微屈。双脚脚尖应当朝向前上方并与地面成 45° 夹角。保持该伸展姿势 2~3 秒，随后缓慢地降腿回到初始姿势。

### 双腿蹲跳

双脚略比肩宽开立，同时双臂于体前与肩同高地交叠。

**A** 保持头部抬起且背部挺直，接着下蹲至两侧大腿几乎与地面平行。

**B** 短促有力地双脚蹬地、原地跳起，但切忌只用小腿发力，而应同时运用臀部、大腿和髋部的力量。落地后立刻再次下蹲和跳起，一组内每次动作间无间歇。

## 腘绳肌　无重量训练

### 拉力绳俯卧腿弯举

这项简单的训练能够有效地锻炼到腘绳肌，但请采用比腿屈伸训练阻力小的阻力进行本项训练。

将一段拉力绳缠在长凳一端的底座上，并将拉力绳两端的手柄套在双脚踝部附近。

A 俯卧于长凳之上并使双膝刚刚超出长凳边沿，双手抓住长凳另一端的底座作为支撑，双腿完全伸展，并保持双膝微屈。

B 保持骨盆紧贴长凳且双脚平直，缓慢屈膝以半圆的轨迹朝臀部抬起脚跟至大小腿约成 90° 夹角，坚持 1 秒钟，随后缓慢地回到初始姿势。本训练的目标是全程保持腘绳肌紧绷。

## 强健大腿——初级训练安排

我们建议你根据全身增肌计划的初级训练安排进行训练，但若你需要集中锻炼大腿，本训练安排能在短时间内带来显著的训练效果。你可以从下文提供的自由重量训练、器械训练和无重量训练 3 套训练安排中选择 1 套进行锻炼。

| 自由重量训练 | 器械训练 | 无重量训练 |
| --- | --- | --- |
| • 体后硬拉<br>• 哑铃弹跳箭步蹲<br>• 脚踝负重坐姿腿屈伸<br>• 脚踝负重俯卧腿弯举 | • 倒蹬<br>• 坐姿腿屈伸<br>• 俯卧腿弯举 | • 单腿深蹲<br>• 靠墙静蹲<br>• 公文包腿伸展<br>• 拉力绳俯卧腿弯举 |

## 强健大腿——中级训练安排

我们建议你根据全身增肌计划的中级训练安排进行训练，但若你需要集中锻炼大腿，本训练安排能在短时间内带来显著的训练效果。你可以从下文提供的自由重量训练、器械训练和无重量训练 3 套训练安排中选择 1 套进行锻炼。

| 自由重量训练 | 器械训练 | 无重量训练 |
| --- | --- | --- |
| • 杠铃深蹲<br>• 哑铃蹬踏<br>• 哑铃侧蹬踏<br>• 哑铃弹跳箭步蹲<br>• 脚踝负重坐姿腿屈伸<br>• 脚踝负重俯卧腿弯举 | • 倒蹬<br>• 坐姿腿屈伸<br>• 拉力器前踢腿<br>• 俯卧腿弯举 | • 拉力绳侧向蹬踏<br>• 单腿深蹲<br>• 靠墙静蹲<br>• 公文包腿伸展<br>• 拉力绳俯卧腿弯举 |

## 强健大腿——高级训练安排

我们建议你根据全身增肌计划的高级训练安排进行训练，但若你需要集中锻炼大腿，本训练安排能在短时间内带来显著的训练效果。你可以从下文提供的自由重量训练、器械训练和无重量训练 3 套训练安排中选择 1 套进行锻炼。

| 自由重量训练 | 器械训练 | 无重量训练 |
| --- | --- | --- |
| • 杠铃深蹲<br>• 体后硬拉<br>• 哑铃蹬踏<br>• 哑铃侧蹬踏<br>• 杠铃前蹲举<br>• 哑铃弹跳箭步蹲<br>• 脚踝负重坐姿腿屈伸<br>• 侧向深蹲<br>• 脚踝负重俯卧腿弯举 | • 史密斯架体后硬拉<br>• 倒蹬<br>• 坐姿腿屈伸<br>• 拉力器前踢腿<br>• 俯卧腿弯举 | • 拉力绳侧向蹬踏<br>• 单腿深蹲<br>• 靠墙静蹲<br>• 交替弹跳箭步蹲<br>• 双腿弹跳<br>• 公文包腿伸展<br>• 双腿蹲跳<br>• 拉力绳俯卧腿弯举 |

# 强健小腿速成指南

小腿肌群在行走、跳跃、踮起脚尖站立等动作中发挥着关键的作用。与大腿肌群相比，小腿肌群要难练得多，但所幸锻炼小腿并不像锻炼大腿那般费时。

你可能见过这样的场景，甚至亲身经历过这样的事情：在一场街头篮球赛中，一名球员突然加速、想要抢断一记传球，或是高高跳起、准备抢一个篮板球，却突然像中枪了一样倒落在地、痛得满地打滚，他的队友只好将他扶起并送去就医。后来，听说他是跟腱撕裂了。假若他平时注意锻炼小腿肌群及其相连的肌腱和韧带的话，他可能就不必遭这份罪了，但显然他并没有，结果这种爆发性的、短促有力的动作就导致其跟腱断裂了。当人步入不惑之年后，结缔组织的弹性就会降低，因此也更容易断裂。

进行能够覆盖锻炼部位整个活动范围的力量训练有助于降低受伤的风险，例如，不仅能够锻炼到小腿肌群，还能增强与之相连的肌腱和韧带力量、耐力的提踵训练。

就算你忙得只有周末才去参与一些体育运动，锻炼小腿肌群对你而言依然非常必要。练完了上身，只有再雨露均沾地锻炼腿部的各个肌群，你的整体外形才能保持匀称。加利福尼亚州的一位运动生理学家托里·奥尔曼说道："以前那种偏好健硕上身搭配纤细双腿的审美观已经一去不复返了。"

纽约体育训练协会的团体项目主管布莱恩·普福伊费尔说道："人们常常会辩解'我总是跑步，所以我不用再特意锻炼腿部了。'"然而，普福伊费尔表示，跑步虽能使你当前的腿部力量维持在一定水平，但单凭跑步是无法增强你的腿部力量的。

## 小腿肌

小腿主要由两块肌肉组成，分别是腓肠肌和比目鱼肌。健美运动员小腿上轮廓像钻石般棱角分明的肌肉就是腓肠肌，它是你能踮起脚尖站立的关键；而比目鱼肌则是位于腓肠肌深层的一块宽扁的肌肉，它也为你能踮起脚尖出了一份力，但你双膝弯曲的时候会更需要它。这两块肌肉合力帮助你进行行走、跳跃和奔跑中的冲刺等动作。

小腿肌群比较奇特，它们很难训练，但却又不需要你在它们身上耗费太多时间。

奥尔曼说："你应做的是争取在它们恢复过来以前就进行下一组训练，这样才能够募集和运用到更多的肌纤维。"他的建议是：以你一组可以坚持做相当多次（例如15~20次）的训练重量做一组提踵或举踵训练，接着休息与一组次数相同的秒数（15~20秒），随后进行下一组训练。

由于休息时间短暂，第一组训练中被运用到的肌纤维必然还未充分恢复，因此在你进行第二组训练时，小腿会募集和运用到额外的肌纤维，往后的其他组也是如此。

奥尔曼解释道："到第三或第四组时，你甚至能募集和运用到一些平时基本没有机会用到的肌纤维。此时，你才真正迈过了刺激肌肉增长的门槛。"

## 两人组合俯身提踵训练

如果你不小心翼翼地尝试俯身提踵训练的话，那你不仅可能会出洋相，而且还可能受伤。

本训练要领如下：立于一张 10 厘米左右厚的踏板（例如一块木材）之上，双脚脚尖朝前，间隔与肩同宽开立，脚掌踏于踏板边缘且脚跟悬空，躬身至上身约与地面平行，双臂向前完全伸展并扶住某样稳固的支撑物，双膝微屈，同时让一位体重不超过你的朋友坐于你的髋部上方，接着缓慢地将重心转移到跖球部上且尽可能高地提起脚跟，坚持 1 秒钟，随后缓慢地落下脚跟。随着你的力量的增长，这项训练也会变得更加容易。你可以选一位更重的搭档来增加本训练中的阻力。

为了避免背部受伤，奥尔曼建议大家确保你的搭档坐于你的髋部的下侧，即应低于你平时束皮带的位置。

如果这种二人组合训练对你而言太过麻烦，别着急放弃，现在也有器械可以为你模拟二人组合中的搭档体重，同时你也可以选择只采用自重进行本项训练。

## 坐姿或站姿

大部分小腿训练都是坐姿或站姿的。奥尔曼称坐姿小腿训练更多地锻炼到比目鱼肌或小腿下部，而小腿伸直的站姿训练则更多地锻炼到钻石形的腓肠肌。

此外，硬汉计划中的倒蹬提踵训练则能同时锻炼到上述组成小腿的两块主要肌肉。

如果你想在锻炼大腿肌群和臀肌肌群的同时锻炼到小腿肌群，你可以在做深蹲训练下蹲阶段的同时踮起脚尖。

以上是普福伊费尔给大家的建议。在做上述训练和其他小腿训练时，请注意保持动作平缓且在你的掌控之中。普福伊费尔说道："除非你想拉伤肌肉或是膝盖韧带，否则在做小腿训练时切忌弹跳。"

## 小腿　自由重量训练

### 哑铃提踵

这项训练专门锻炼小腿的腓肠肌肌群。

**A** 直立，双手于体侧各持一个哑铃，双臂垂放于体侧，双脚与臀同宽开立，双脚脚趾踮于两块杠铃片上并保持脚跟触地，同时身体微微前倾使重心落于跖球部。

**B** 缓慢地踮起脚尖并抬起脚跟，感受小腿肌肉的收缩并在最高位坚持1秒钟，此时注意保持双臂位于体侧，但身体应比初始姿势更为板直，随后缓慢地将身体降回到初始姿势。

### 坐姿杠铃提踵

这项训练专门锻炼小腿的比目鱼肌肌群。

**A** 坐于一张板凳或长凳上，于凳前处放置一块踏板（或一张脚凳），双脚跖球部至脚尖踮于踏板边缘且脚跟悬空，双手握住横跨在两侧大腿上距离双膝10厘米处的杠铃。

**B** 脚尖用力抵住踏板，缓慢地踮起脚尖并尽可能高地抬起脚跟，同时双手固定位于腿上的杠铃但切忌发力提拉，坚持1秒钟，随后放松，并重复上述动作。

### 杠铃片负重踝关节屈伸

这项训练能够锻炼到使你能够抬起脚跟或脚尖的足部背屈肌肌群。强健的足部背屈肌对你进行跑步和其他有氧运动而言十分重要。

**A** 坐于一张长凳的一端，双腿并拢，

双脚平踏于地面，屈膝至两侧大小腿成90°夹角，保持背部挺直，躬身微微向前，同时单手握住一块杠铃片并栖之于双脚脚趾下沿。

B 保持杠铃片平衡且背部挺直，缓慢平稳并尽可能高地抬起脚趾，坚持1秒钟，随后缓慢地将杠铃片降回到初始位置。

## 小腿　器械训练

### 倒蹬提踵

这项训练能够同时锻炼到小腿的腓肠肌肌群和比目鱼肌肌群。

A 坐直于倒蹬机上，确保腰部紧贴靠板，双脚间隔约10~15厘米，此时应提前调整座椅以便双腿伸直时跖球部可以舒适地跷于踏板边缘，同时保持脚尖朝上且双腿微屈。

B 以双脚跖球部抵住踏板，缓慢地在踏板上尽可能地跷起脚尖，坚持1秒钟，随后缓慢放松双脚回到初始姿势。

### 坐姿史密斯架杠铃提踵

这项训练锻炼的是小腿的比目鱼肌肌群。

A 坐于史密斯架长凳的一端，于长凳前放置一块踏板（踏板应足够低，以便坐姿踏于踏板时两侧大腿与地面平行），双脚跖球部跷于踏板边缘且脚跟悬空，同时双手握住横跨在两侧大腿距离双膝10厘米处的杠铃。

B 脚尖用力抵住踏板，缓慢地跷起脚尖并尽可能高地抬起脚跟，同时双手固定位于腿上的杠铃但切忌发力提拉，坚持1秒钟，随后缓慢地回到初始姿势。

### 拉力器踝关节屈伸

这项训练能够锻炼到使你能够抬起脚跟或脚尖的足部背屈肌肌群。

**A** 以右腿为例，于踝扣带连接的低位滑轮前放置一张长凳并使长凳的一端靠近器械。立于长凳左侧，左膝微屈，右脚跟平踏于长凳靠近拉力器一端的边缘，右脚掌保持与长凳水平或略低于凳高，并将踝扣带牢牢套在右脚尖上。

**B** 保持右脚跟牢牢抵于长凳边缘，缓慢且尽可能高地抬起脚趾，如有必要，你可以将右前臂撑在右侧大腿上保持平衡，但一定要保持背部挺直，坚持 1 秒钟，随后缓慢有控制地回到初始姿势。

完成一组训练后，换腿重复上述动作。

## 小腿　无重量训练

### 单腿提踵

这项训练锻炼的是小腿的腓肠肌肌群。

**A** 以左腿为例，双脚与臀同宽开立，左脚脚尖栖于两块杠铃片边缘且脚跟触地，身体微微前倾使重心落于左脚跖球部，右脚勾在左小腿后侧，同时双手于体前伸直以保持平衡。

**B** 缓慢地踮起左脚尖并抬起左脚跟，感受左小腿肌肉的收缩并在最高位坚持一会儿，此时注意保持双臂于体前伸直，但身体应比初始姿势更为板直，随后缓慢地将身体降回到初始姿势。

完成一组训练后，换腿重复上述动作。

### 俯身提踵

这是另一项能够集中锻炼小腿腓肠肌肌群的训练。

**A** 脚跟悬空立于一块 5~10 厘米高的踏板边缘（一块木材亦可）、双脚与臀同宽开立且脚尖朝前，躬身至上身几乎平行于地面，双臂伸直并双手撑在体前某样支撑物上（一张长凳即可），同时保持双膝微屈。

**B** 缓慢且尽可能高地抬起脚跟，坚持 1 秒钟，随后缓慢且尽可能低地落下脚跟。

### 公文包踝关节屈伸

这项训练能够锻炼到使你能够抬起脚跟或脚尖的足部背屈肌肉。强健的背屈肌对你进行跑步和其他有氧运动而言十分重要。

**A** 坐于一张椅子或长凳的一端，双腿并拢，双脚平踏于地面，屈膝至两侧大小腿成 90° 夹角，保持背部挺直，躬身微微向前，同时单手握住有一定重量的公文包并栖之于双脚脚趾下沿。

**B** 保持公文包平衡且背部挺直，缓慢平稳并尽可能高地抬起脚趾，坚持 1 秒钟，随后缓慢地将公文包降回到初始姿势。

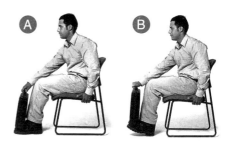

## 强健小腿——初、中、高级训练安排

我们建议你根据全身增肌训练的初级、中级、高级训练安排进行训练，但若你需要集中锻炼小腿，本训练安能在短时间内带来显著的训练效果。你可以从下文提供的自由重量训练、器械训练和无重量训练 3 套训练安排中选择 1 套进行锻炼。

| 自由重量训练 | 器械训练 | 无重量训练 |
| --- | --- | --- |
| • 哑铃提踵 | • 倒蹬提踵 | • 单腿提踵 |
| • 坐姿杠铃提踵 | • 坐姿史密斯架杠铃提踵 | • 俯身提踵 |
| • 杠铃片负重踝关节屈伸 | • 拉力器踝关节屈伸 | • 公文包踝关节屈伸 |

# 同时锻炼多肌群的训练：组合训练

组合训练，也称超级组，是把 2 项训练合为一组，即连续进行 2 项训练且期间不歇息。

组合训练能够达到两个效果：一是提高训练强度；二是节省锻炼时间。

在一次训练安排中加入多少项组合训练完全取决于你自身。随着你力量和经验的增长，你可以更多地选择组合训练。但若你感觉太过乏力或是做了很多组合训练但却没有达到期望的增肌效果，你就应当考虑减少或更换组合训练了。

当你的水准达到一定高度时，你甚至可以尝试三组式组合训练或四组式组合训练，分别为连续进行 3 项或 4 项训练且期间不歇息。我们的训练计划导师彼得·列蒙博士警告道："3 组以上的组合训练是非常困难的，除非你相当有把握，否则不要轻易尝试。"

## 训练指南

1. 组合训练的一种组合方式是将 2 项锻炼同一肌群，但略有不同的训练组合起来，例如水平卧推与上斜卧推或下斜卧推的组合。这些训练项目都是锻炼胸肌的，但针对的是胸肌的不同部位。

2. 你也可以尝试将锻炼相反相抗的两个肌群的训练项目组合起来，例如锻炼肱二头肌的哑铃弯举和锻炼肱三头肌的哑铃俯身臂屈伸的组合，或是锻炼股四头肌的腿屈伸和锻炼腘绳肌的腿弯举的组合。此类的组合训练能够保证你锻炼的均衡性。

3. 此外，你还可以将锻炼完全不同肌群的训练项目组合起来，例如锻炼腘绳肌和股四头肌的深蹲和锻炼肱二头肌的斜托杠铃弯举的组合。但是，请注意，如果你在同一天的训练中锻炼了肩、胸、背、腿四大主要肌群，由于肌肉需要时间恢复，你至少得等 48 小时才能进行下一次训练。因此，如果你倾向于一周锻炼 5~6 天而非 3~4 天，你就不应该进行此类型的组合训练了。

4. 你还可以随心创造新的搭配来进行组合训练，这样可以给你的训练安排带来更多的变化和更高的难度。不过，请确保你的训练项目能够均衡地锻炼到各个部位，没有完全忽略掉任何一个肌群。

## 手臂

组合训练：前臂哑铃正反手交替弯举。

A 以左前臂为例，坐在长凳的一端，双脚略比臀宽开立，左手掌心朝下持一个哑铃，并将右手撑于右腿。左腕位置应略超出左膝以便于手腕能够自如地在其最大活动范围内上下弯曲，左前臂内侧应贴于左大腿，同时左腕放松并顺着哑铃重量自然弯曲。注意保持上身挺直，但你可以微微向左腿前倾以保证舒适。此为初始姿势。

B 左腕发力同时左臂其他部位保持固定，缓慢地将哑铃弯举至尽可能高的位置，保持1秒钟，随后缓慢有控制地将哑铃降到初始姿势。

C 立即将左前臂翻转过来以使左手掌心朝上，左前臂外侧贴于左大腿，同时放松左腕并使之顺着哑铃重量自然向后弯屈。

D 左腕发力同时左臂其他部位保持固定，缓慢地将哑铃向身体弯举，在最靠近身体的位置保持1秒钟，随后缓慢有控制地将哑铃降到初始姿势。接下来，再次翻转左前臂并重复上述动作。

完成一组训练后，换臂重复上述动作。

## 手臂、胸部、背部、肩部

组合训练：哑铃弯举与上提。

A 直立，双脚与肩同宽开立，双膝微屈，双手各持一个哑铃，双臂自然垂放在体侧，同时双手掌心朝内，此为初始姿势。

B 缓慢地将两侧哑铃同时弯举至锁骨前，并在这一过程中转动手臂使得哑铃在锁骨前时掌心朝上。在锁骨前坚持1秒钟。

C 缓慢地将哑铃降回至双臂垂放于体侧的位置。

D 缓慢地将两个哑铃同时上提至腋下，这一过程中注意保持双肘朝外且哑铃靠近体侧，在最高位坚持1秒钟，随后缓慢地伸臂回到初始姿势。

重复上述系列动作。

组合训练：杠铃上提与颈后推举。

A 直立，双脚与肩同宽开立，双膝微屈，双手正手握住一根杠铃，间隔与肩同宽或略窄于肩，双臂完全伸展，并使杠铃轻靠于大腿上部。躬身微微前倾且肩部微微前垂，但切记保持背部挺直。

B 缓慢地将杠铃笔直上提至与肩同高，这一过程中注意保持杠铃靠近身体且双肘朝外。

C 小心地将杠铃横跨过头顶落于颈后（或保持杠铃位于颈前，这样锻炼同样有效而且是被部分专家认定为更加安全的做法），此时应转为双手掌心朝前且双肘朝下，同时保持胸部挺起。

D 缓慢地笔直向上推举起杠铃，注意头部微微向前以便杠铃有足够的空间灵活起落，举起杠铃后双肘应再次转为朝外，在推举的最高位坚持1秒钟。

缓慢地将杠铃降至锁骨前，随后再降至大腿上部回到初始姿势。

重复上述系列动作。

组合训练：平板仰卧哑铃飞鸟与卧推。
做本训练时应有人在一旁看护。

A 仰卧位平躺于长凳上，双脚开立稳稳地平踏于地面，双手掌心朝向彼此，各持一个哑铃高举在胸前且两个哑铃几乎相互触碰，背部挺直且紧贴长凳，同时双肘微屈，此为初始姿势。

B 保持腕部和背部挺直，缓慢地将哑铃向两侧以半圆的轨迹降至与胸同高，此时双臂的上、下臂之间应约成135°夹角，坚持1秒钟。

C 回到初始姿势。

D 缓慢屈肘笔直地将两个哑铃同时降至与胸同高，此时双肘约成90°夹角。在最低位坚持1秒钟，随后缓慢地推举哑铃回到初始姿势。

重复上述系列动作。

## 腹部、背部、大腿、臀部

组合训练：站姿哑铃转体与触趾。

A 直立，背部挺直，胸部挺起，并保持头部与躯干成一条直线。双脚与肩同宽开立并平踏于地面，双膝微屈，双手掌心朝向身体，各持一个哑铃，接着屈臂将两个哑铃举至腹前，此为初始姿势。

B 缓慢平稳地在可承受范围内尽可能地向左转体，在最大活动范围的边缘坚持1秒钟，随后缓慢地回到初始姿势。换成向右转体，重复上述动作。

C 左右转体各一次后，回到全身朝前的初始姿势。

D 缓慢地向右前方躬身并以左侧哑铃下端触碰右脚脚趾，接着回到站姿，随后缓慢地向左前方躬身并以右侧哑铃下端触碰左脚脚趾，最后回到初始姿势。

重复上述系列动作。

## 背部、手臂、肩部

组合训练：站姿哑铃硬拉与上推。

直立并双手掌心朝下于体前各持一个轻量哑铃。

A 保持背部挺直，俯身弯腰，并使两个哑铃的中部间隔与肩同宽，注意保持双腿紧绷但双膝微屈，同时双臂向下垂坠但双肘微屈，此为初始姿势。

B 起身站直带起哑铃，注意保持背部挺直且双臂和双腿伸直，但切忌锁死双膝或双肘。起身后，两个哑铃应约与大腿上部平齐，在该位置坚持 1 秒钟。

C 将两个哑铃举至与肩同高，并使双手掌心朝内。

D 缓慢地将两个哑铃推举过头顶至二者几乎接触，双臂完全伸展但切忌锁死双肘，坚持 1 秒钟，随后缓慢地将哑铃先降到肩高，再降到大腿上部，最后回到初始姿势。

## 大腿、背部、臀部、肩部、手臂

组合训练：站姿哑铃上摆与颈后臂屈伸。

双手共持一个哑铃，双脚与肩同宽开立，并保持双膝微屈且背部挺直。

A 保持双臂完全伸展，同时躬身至双手共持的哑铃悬垂于小腿间，注意哑铃不要触地，此为初始姿势。

B 短促有力地将哑铃上摆至头顶，同

时起身至直立，在直立位坚持 1 秒钟。

C 保持上臂贴近头部，随后缓慢地屈臂让哑铃在颈后下降至自身可承受的最低位。

D 坚持 1 秒钟，随后推举哑铃回到双臂完全伸展的姿势，接着再回到哑铃悬垂于小腿间的初始姿势。

## 大腿、臀部、肩部、背部

组合训练：哑铃体后硬拉与侧平举。

A 双脚与臀同宽开立，双手掌心朝向体侧各持一个哑铃，同时双臂完全伸展，注意保持头部与身体处于一条直线之上，此为初始姿势。

B 下蹲至两侧大腿几乎与地面平行，但切忌膝盖位置超出脚尖，在最低位坚持 1 秒钟。

C 保持双臂完全伸展地起立，站直时注意肩部打开、背部挺直且双膝微屈。

D 双肘微屈，上身微微前倾，接着缓慢地朝上、朝外抬举起双臂至两个哑铃与肩同高，此时双手掌心应朝向地面，在该位置坚持 1 秒钟，随后缓慢地将双臂降回到初始姿势。

## 小腿、肩部、胸部、手臂、背部

组合训练：坐姿哑铃提踵与直臂前平举。

A 坐于一张长凳中部靠近凳沿的位置，双脚跖球部踮于面前一块 15~20 厘米高的踏板边缘并使脚跟悬空且尽可能下垂，双膝并拢并屈至 45° 夹角，同时双手各持一个哑铃并使之垂直于地面且下端轻靠于铺在大腿上

的折好的毛巾上，此为初始姿势。

B 跖球部抵住踏板并尽可能高地抬起脚跟，坚持1秒钟，随后回到初始姿势。

C 紧接着双臂垂放至体侧，双肘微屈，双手掌心朝内，躬身微微前倾，同时保持双肘靠后、胸部挺起、下背挺直。

D 缓慢于体前平举双臂至两个哑铃与肩同高，平举过程中注意掌心朝下，同时切忌摇晃臀部或是摆动手臂以获得势能。在肩高位置坚持1秒钟，随后缓慢地降低哑铃回到初始姿势。

# 硬汉心肺功能训练指南：有氧运动

要想燃烧脂肪和保持心肺强健就必须进行有氧运动。

定期的有氧运动不仅能让你看起来更健美，而且还能强化心肺功能和血管、降低罹患心脏疾病的风险、增强力量和耐力、释放压力以及缓解焦虑和抑郁。

有氧运动能使人更加强壮，不过这种强壮与力量训练增强肌肉力量的那种强壮有所不同。要实现综合体能的提升，总而言之，有氧运动是训练计划中不可或缺的一部分，你应该把它加入到你的训练安排之中。

## 有氧运动概要

有氧运动是指全身主要肌群（如腿部、臀部和背部）共同参与的、持续的、有节奏的运动，它会提高心率，进而使心血管系统在一段较长的时间内高效快速地把氧气输送到身体各个部位。当你在做有氧运动时，呼吸频率会提升且呼吸深度会加深，但并不应达到气喘吁吁的地步。合宜的有氧运动强度并不低，但不应过高以至于达到无法进行正常交谈的状态。

力量训练组间有间歇，不是持续性的运动，因而并不属于有氧运动。

**尽管有氧运动无法促进增肌，但是它能促进减脂以便显现出力量训练带来的肌肉增长。**

硬汉计划的设计者彼得·列蒙博士表示，当你停止有氧运动以后，代谢率会迅速回到运动前的水平。然而，力量训练则能提升你通常不运动时的基础代谢率。因此，列蒙博士建议大家进行有氧运动以达到当即减脂的效果，同时进行力量训练以实现长期减脂效果。

在力量训练的基础上增加有氧运动并没有听起来那么麻烦。有氧运动的种类是如此的丰富，鲜少有人完全不喜欢任何一项。

它既可能是像自由搏击这样威武的运动，也可能是像在跑步机上或小区里快走这样平淡一些的运动，还可能是不同运动的结合。在下文中，我们会为你介绍一系列极佳的有氧运动，你既可以选择其中一项进行训练，也可以结合不同的运动进行训练。这一列表并不能穷尽有氧运动的种类，列表之外还有许多可能性在等待你的发现。

## 适宜的强度与频次

大多数人做有氧运动应保持心率在自身最大心率值的 60%~90%，具体的百分比取决于你的身体状况。如果你的身体状况较差，你甚至可以从自身最大心率值的 50% 开始。

有两种方法可以辅助你确定自身运动时的心率水平是否落在这个适宜的区间：估测和测量。测量当然比估测要好得多，但我们也会教你如何进行估测。估测的关键就在于观察你的身体，你应当呼吸加深但依然能够正常交谈，心跳约为平时的 2 倍速但又不至于心如擂鼓，并且在运动几分钟后微微出汗。如果这些征状都出现了，那么你的心率约莫就在这个适宜的区间里了。而如果你出现了头晕脑胀、气喘吁吁、清楚地感受到激烈的心跳、汗流浃背、无法不喘气地说完一句完整的话等情况中两条或以上的征状，你很可能就是运动强度过大了。同理，停下来以后身体完全没有任何明显的感受、无法清楚地感受到自己的心跳、可以一口气念完整个英文字母表，或是完全没有出汗，这些都是运动强度过小的征状。

要准确地测量心率，你最好佩戴一个绑在胸部的心率监测装置，它可以将你实时的心率读数显示在一个特制的腕表上。[注]

为了准确锁定你的适宜有氧运动心率，你需要了解自己的最大心率值。估算该值可以用 220 减去自身的年龄。举例来说，如果你 40 岁了，你的最大心率值约为 180，即每分钟心跳 180 次。在最大心率值的 60% 水平运动意味着保持运动时心率约为 108，90% 则约为 162。如果你的心率读数落在每分钟 108~162 次这个区间内，那你的运动强度就比较合适了。

一旦确定了自身有氧运动适宜的心率区间后，你就可以周期性地在运动过程中测量自己的心率，看看该读数是否落在该区间了。如果你的心率过慢，你就应该加大运动的强度，过快则降低运动的强度。

就像你在做哑铃弯举训练时可以清楚地看到哑铃的重量标识一样，心率监测装置也能让你在做有氧运动时看看腕表就可以了解到自己胸腔中跳动的心脏的情况。

现在你应该对适宜的有氧运动强度有一定的概念了，那适宜的频次呢？我们建议新手可以从每周 3~5 次、每次 20 分钟的频次开始。随着你的耐力增强，你也可以通过增加每周训练次数或每次训练时长来燃烧更多的热量。

---

[注] 当今有不少科技品牌都推出了不需要绑胸带的腕表，使用更方便。——编者按

有氧运动的益处如此之多，各种新奇的有氧运动方式刮起了一阵阵流行风潮也不足为奇，像是以各种动感音乐作为背景音乐的有氧训练课，或是巴西战舞。你也可以尝试一下消防员的训练安排——进行爬梯和拖拉水管的训练。不幸的是，冲刺到自助餐的取餐处和边吃边摞起高高的一堆盘子并不属于有氧运动。

## 快走

你可能不会把行走看作是一项运动，毕竟你1岁多就迈出了摇摇晃晃的第一步，它对你来说是如此理所当然的一件事。然而，要想毫无负担地实现燃脂和增强腿部肌群力量，沿着一条路漫步或是在跑步机上前行都是非常有效的手段。

《步行完全运动指南》一书的作者凯西·迈耶斯说道："与跑步相比，步行唯一无法带给你的就是运动伤害。"他现已步入古稀之年，而且还换了人工膝关节，但仍在大多数的早晨快走5公里（每公里用时8分钟）。快走训练的注意事项如下，请遵循之。

*注意事项：为了提高心率，你必须得以比你漫步快得多的步速快走。*

保持运动心率位于适宜的区间。调整步速以使运动心率落在适宜的区间内，并每周至少快走3次、每次不少于20分钟。迈耶斯表示，上述要求仅仅是最低要求，如果你有足够的时间每天快走，那就每天快走，因为快走并没有任何造成运动伤害的风险。他建议大家逐步增加到每次快走5公里，并争取在45分钟内完成（平均每公里用时9分钟），这样就达到了能有效燃烧热量的步速了。

尝试在跑步机上快走。当你上坡时，心率会急剧上升；但当你下坡时，心率相应地会急剧下降。在跑步机上快走的一个显著优势在于你可以设定坡度，选择只上坡不下坡，但切忌将坡度设定得过陡，否则，你很可能就会累得顾不上步幅和姿势了。此外，在相同的坡度条件下，在跑步机上的步速还是可以高于在道路上的步速。

屈臂并有力地摆动起来。迈耶斯称，这样有助于你在快走训练中提高步速。保持双肘成固定夹角（角度在90°~145°之间），以肩部为轴摆动双臂，切忌前臂上下摆动。

注意你的姿态。目视正前方，保持抬头且下颌与地面平行，注意头部不要歪向左右两侧，同时两脚笔直地沿着前进方向交替迈步。

穿上合适的鞋履。选择平跟、减震、有足弓垫、前部柔韧且鞋底防滑的运动鞋。应在中午或是步行一段时间以后试穿鞋子（此时脚部会较为肿胀），同时请确保穿着通常快走时会穿着的袜子去试穿鞋子。

热身与冷身。迈耶斯在做通常的5公里快走训练时也并非全程保持一个稳定的高速。在最初的500米中他会保持中等的步速，然后逐渐加速并在1.2公里左右到达最高速；在训练的最后 500 米中，他会逐渐降低步速，并在快走训练结束但肌肉仍在发热的阶段做一些拉伸训练。

部分专家建议在慢走几分钟后到正式快走前的热身阶段进行手臂和腿部的拉伸。运动结束后的冷身运动也非常重要，它有助于降低头晕的风险和防止肌肉僵硬。

## 台阶机 / 椭圆机

当你在健身房踏上一台台阶机或椭圆机时，你正向外界传递着你要独自在健身的道路上迈向强健的信号。此时，世界空无一物，只有你和这台器械。你既不需要一群人互相激励的有氧训练课，也不需要任何让人分心的闲谈，甚至也不再需要电梯了。

宾夕法尼亚州的私人教练塞勒涅·耶格尔表示，许多人都很喜欢台阶机（以及椭圆机），因为他们可以一边以自己的节奏锻炼，一边看着视频或是思索工作上的事情。而且当你不想被打扰时，只需要戴上一副耳机就好了。

台阶机和椭圆机都是极佳的燃烧热量、提升心率、锻炼大腿股四头肌和腘绳肌以及臀肌的锻炼方式。而且就算你脆弱的膝盖承受不住跑步带来的震颤，也不影响你使用这两种器械锻炼。

这两种器械通常带有交互显示屏，可以实时显示你的锻炼时长、已消耗的热量以及你当前的训练强度。台阶机，故名思义，会让你的双脚上下蹬踏，就像在爬楼梯一样；而椭圆机训练的脚部轨迹则更接近于一个椭圆形。

**注意事项：**要想台阶机或椭圆机的训练效果更显著，就要遵循下列注意事项。

**从慢速开始。**最好从每次锻炼 30 分钟开始，并逐渐增加时长。

**找好落脚点。**有时锻炼还没结束，脚趾就先麻木得微微刺痛了。如果你在脚部抵达轨迹的最低点时有不适的感觉，那你很可能是过度施压于双脚跖球部以至于脚趾部的血液循环被阻断了。

在脚踏板上前后移动一下双脚直到找到一个双脚感觉自然舒适的位置。此外，由于比起跑步时，大部分人倾向于在踩踏时保持脚趾相对固定，耶格尔建议大家不时扭动一下脚趾，这样有助于避免由于麻木导致的刺痛感。

**尽量不倚靠扶手。**耶格尔称在保证安全的前提下减少对扶手的依赖可以提升锻炼的效果。首先，不倚靠扶手为你分担自重会带来更多的热量消耗。其次，当你站直时，你还能锻炼到腹肌，因为它们必须为你运动中的身体提供支撑。如若想实现更高效的减脂，你还可以在训练中加入摆臂，以适宜的节奏像在跑步一般摆起双臂。

**热身与冷身。**请注意从慢速开始进行充分的热身，并且在训练的结尾降速冷身。许多台阶机和椭圆机都自带了热身和冷身的自动变速设计。

## 动感单车

动感单车训练课的形式通常是一群人在室内一起骑着特制的固定式单车，但可以调控自己单车的阻力控制杆，这样个人就可以根据自己的需求调整难度。

在全组人都完成了热身以后，教练可能会通过口头描述带领大家想象冲锋上坡、畅骑于平原，或是急速冲下坡的场景，而每位骑行者可以通过调整姿势以及单车的阻力来配合营造相应的场景。

这些固定式单车的轮子都被设计为加重的，能够积聚动能和模拟实际骑行的感觉，此外它们的把手也有多个握位，方便骑行者变换握位和姿势。大多数此类课程一节课都在 45~60 分钟之间。

通过权威机构认证的动感单车教练耶格尔表示，由于每个人都可以通过调节单车阻力变换难度，没有人会像在现实骑行中那样由于跟不上队伍而落单。

耶格尔说道："许多男性尤其喜欢动感单车，喜欢它不像跳舞那般讲究一定的编排，而是有着男人的随性。如果你想挑战自己的极限，你可以疯狂地增加难度；而如果你想进行稍微和缓一些的锻炼，也完全没有问题。"

由于你在动感单车训练中会时而坐着、时而站着，你的整个下身，尤其是臀肌、腘绳肌和股四头肌，都能得到很好的锻炼。一次 40 分钟的动感单车课程约能消耗掉 500~600 大卡热量。

**注意事项：**注意下述几点，你的动感单车之旅就会更舒适。

**增加缓冲以提升舒适度。**买上一条有软垫的骑行短裤能够缓解骑行中你的臀部及其周边部位承受的冲击力。

**多喝水。**骑行动感单车时必须保持水合作用，因为你会大汗淋漓、不断流失水分。骑行时注意在方便自取的位置放一瓶水。

**如有必要，降低难度。**调整自己的步调以免课程还未结束你就已经彻底累趴了。和你一起上课的男男女女才没那个工夫关注你选的阻力档位，因此你不必竭尽全力地去用高难度来震撼别人。

**适时擦汗。**在骑行动感单车的过程中，你难免会大汗淋漓，跟个草坪喷灌器一样源源不断地飙汗。记得随身带一条毛巾并置于方便自取的位置，以便需要时可以擦擦汗。

**货比三家。**一些教练只会给你简单的指令来给课程定调，而其他教练则可能会努力营造一种真的在野外骑行的感觉。如果你不喜欢现在的课程气氛，你可以换一位教练的课试试。

## 跳绳

你是否觉得自己强壮得牛气冲天？在健身的道路上就没遇到过你不敢尝试的高难度项目？

一群在课间跳绳的在校女学生也许能给你一个始料未及的教训：80公斤体重者跳绳的强度可远没有你想象的那么低。

一个80公斤的人高速跳绳15分钟就能消耗掉225大卡，同时心率也会急速上升。此外，在你甩绳和跳绳的过程中，腿部、臀部、前臂、上臂以及肩膀通通都得到了锻炼。

不仅如此，跳绳训练在家就能进行，你就无需与健身房一霸争个高低了。如果学校操场的小孩子们边背诵古诗边跳绳的场景让你觉得跳绳根本算不上一项真汉子的训练项目的话，你就想想那些在上场前疯狂跳绳来热身的拳击手们吧。

**注意事项：** 做好下述的准备工作，这样你就不至于在首跳时就卡绳。

**减缓对脚趾的冲击。** 选择跖球部有厚垫的鞋履，综合训练鞋就是一个不错的选择。

**播放背景音乐。** 选一些快节奏的音乐作为训练的背景音乐来增强自身的兴奋度。

**购买合适的跳绳。** 选择轻量且有着泡沫手柄的绳子，这样一来，即便你的双手汗湿了也还能够牢牢握紧手柄。至于绳长，当你一脚踩在绳子的中间、双手拉起手柄刚好与胸同高时，你就已经选到合适的绳长了。

**注意姿态。** 甩绳时应使用腕部的力量，使绳子呈现为一条平滑的弧线，同时注意放松肩部和挺直背部，切忌弯腰驼背。

**注意观察，在合适的时机起跳。** 跳起只需要离地约3厘米高、能让绳子顺利通过即可，随后双膝微屈，同时双脚跖球部轻轻踮起落地。注意，你的目的可不是要跳起击穿天花板或是遁入地底。

**热身与冷身。** 跳绳前应先热身，结束后以轻量运动作为冷身。

### 普通跳绳

这项普通的跳绳训练并不需要很强的身体协调性。

双手各持一个手柄，将绳子甩到身后垂于地面，并立于绳子中段的前方。

**A** 以双手腕部的力量将绳子从后往前甩过头顶。

**B** 当绳子接近脚趾时，轻轻跳起离地面约3厘米高。

### 体前臂交叉跳绳

这项训练在普通跳绳的基础上增强了对手臂的锻炼。

A 将绳子从后往前地甩至头顶正上方。

B 当绳子从头顶正上方向体前下落时，于体前约髋高处交叉双臂使得两个手柄交换位置但保持水平，随后在绳子触地时跳起跃过绳子。

C 保持双臂交叉，继续将绳子从身后再次向上甩至头顶正上方。

D 当绳子从头顶正上方向体前下落时，解除双臂交叉，并在绳子触地时再次跳起跃过绳子。

### 左右弹跳跳绳

这项训练模拟的是滑雪下坡时双脚左右来回滑动的动作。

本训练初始姿势与普通跳绳一致，但每次跳起跃过绳子以后却不像普通跳绳那样落回原地，而是双脚同时交替落于左右相距约15厘米的两处落地点。

## 有氧自由搏击

几十年来，电视和电影中从不乏功夫英雄用武术来给一些街头混混灌输人生哲理的教训场景。

现如今，人们又开始寻求武术和有氧运动的组合来虐虐自己。有氧自由搏击结合了拳击和空手道的出拳和踢腿，以及一定适宜强度的其他让人心率飙升的有氧运动，像是慢跑和跳绳。

你可能听说过它的一种代表形式——跆搏健身操，即伴随着音乐训练跆拳道动作，网上许多教学视频都有介绍。又或者你听说的是你家当地的健身房或武术馆起的诸如"有氧空手道"等类似的名称。

有着合气道和空手道背景的有氧运动教练梅西·范·阿肯表示，这些不同称号的课程实际教授的内容不尽相同，部分取决于教授课程的老师，部分取决于该课程融合的舞蹈型有氧运动、拳击和武术的比例。

　　总的来说，范·阿肯教授的课程持续时长在 60~90 分钟之间不等。穿着有氧运动鞋或是综合训练鞋的学生们会从几分钟的热身和拉伸开始。接着，学生们要做一系列的快速出拳和踢腿的操练，其后是俯卧撑、仰卧起坐和箭步蹲训练，接着是对着沙袋进行更多的拳击操练，最后进行着重拉伸的冷身运动。

　　刚开始学习自由搏击时，你应好好牢记以下几点。

　　上一节试课。争取一节试课，给自己一个机会提前感受一下，看看这是不是你愿意长期学习和坚持的锻炼。了解教授课程老师的武术和体能训练的相关背景。

　　保持放松。切忌在出拳或踢腿时锁死关节或是超伸四肢。

　　放低瞄准位置。如果你是新手，切勿在熟悉要领和身体足够灵活与平衡以前就尝试高踢。

　　按着自己的步调走。不要冒险超出自己的能力范围或是用力过猛，否则课程结束以前你就会累瘫。别总想着和别人攀比，别人的健身是别人的，你的健身是你的，走自己的路就对了。

　　注意着力点。出拳时，注意用最大的两个指节作为接触面。

## 自由搏击

　　所有出拳技巧的初始姿势都是一致的：双脚间隔约与肩同宽地开立，一脚在前、一脚在后，且趾尖均朝前（为了更好地描述，此处以左脚在前、右脚在后为例），双手于体前握拳，右拳位于上腹部前方，同时左拳则距离身体稍远且与下颌同高。

### 拳击

　　A 刺拳，左拳于体前瞄准对手上腹部或脸部笔直出击。

　　B 后手直拳，右手瞄准对手上腹部或脸部出直拳。

　　C 上勾拳，任一手自体前中腹部高度向上、向外勾起出击至该拳与上胸部同高，注意出拳手的指节和掌根应朝上。

　　D 勾拳，任一手屈臂瞄准目标的头部侧边从出拳手一侧出勾拳。你可以想象一下双臂与肩同高、紧紧环抱练习沙袋的姿势来找出勾拳的轨迹和感觉。

踢腿

E 前踢：于体前抬起右腿至右侧大腿与地面平行，接着短促有力地前踢，并以右脚跖球部作为接触面。

F 侧踢：于体前抬起右腿同时朝左肩屈右膝，随后朝右侧水平地出脚并以脚跟作为接触面侧踢。

G 回旋踢：于体前抬起右腿至右侧大腿与地面平行，同时以左脚为支点将身体微微向左转并踢出右脚，注意右脚趾尖朝外且接触面应在右侧小腿下部。

H 后踢：目光越过左肩，同时于体前稍微抬起左膝，接着反身向后在髋高高度笔直踢出左脚。

## 跑步

### 慢跑

你有机会可以不费毫厘地旅行数千里，无需为坐飞机、高铁、打车破费一分一毫。你只需穿上一双鞋，然后朝前一步一步地迈起来即可，稍快一些你就开始了慢跑，再加点速度就成了跑步，就这么简单。

不管是城市街道还是乡村小道、学校操场还是健身房跑步机上、独自一人还是集体一起，跑步就是这样随时随地都可以轻松进行的锻炼。如果你现在干劲满满，你甚至可以扔下本书就立即开始你的跑步之旅。

一年四季跑步时，你可以感受到不断变换的景色、声响与气息：夏天新割过的草叶香、秋天缤纷斑斓的落叶、冬天平滑美丽的新雪。与其在车里看着这些景色一闪而过，不如在景中奔跑，与之融为一体。

如果你此前鲜少跑步，你最好循序渐进地进行本项训练，以免给自己造成不必要的不适。

**低速开始**。健康管理师、4 届奥运会马拉松预选赛选手巴德·科茨建议刚开始尝试跑步的新手先从每天快走 20 分钟开始，累计进行 4 天后，在接下来的 4 天每天快走 30 分钟。随后，在每天的 30 分钟训练中交替进行 2 分钟慢跑和 4 分钟快走，并每周不断增加一次训练中的慢跑时长且减少快走时长。10 周后，你就可以坚持下来每次的

30 分钟慢跑了。

**若有条件，选择不那么坚硬的地面作为跑道。**一条管理得当的公园小径或小道就很不错，但若你周边没有这种条件，一条铺平的道路边缘带有细碎砂石的地表也比水泥人行道强（对膝盖的冲击更小）。此外，注意选择相对平整的道路，避免中间高两侧低的道路，你的双脚会感激你的这份关照的。注意穿着亮色的衣服并迎着车流跑步。

**穿着合脚的鞋履。**鞋是跑步这项训练最重要的装备，注意确保鞋子合脚而且能够满足你的锻炼需求。你可以到跑鞋专卖店与售货员沟通你的个人运动需求，如你的跑步频率及场地特性，当然还有你的脚型。

此外，注意在下午至傍晚（脚部最为肿胀的时刻）选购鞋履，并穿着跑步时会穿着的袜子进行试穿。

每跑 500~600 公里，你就该奖励自己一双新鞋了，因为这差不多就是一双鞋的使用寿命。

**设计一个每周训练安排。**科茨建议大家一旦养成了跑步的好习惯，就将下述的项目合理地安排成一周的训练计划：长跑 12 公里；循着小道进行 8~10 公里变速跑（快慢交替）；亦可增加一段山地跑（坡度路段）；2 至 3 次 4~6 公里跑；以及 2~3 天休息。

**跑后拉伸。**本书通常建议大家运动前后都进行拉伸，并且每次跑步都循序渐进地加速，避免一开始就狂奔。

## 越野滑雪

首先，这项运动需要一层积雪，但大多数人并非生活在一年到头冰天雪地的地方。但与锻炼更相关的原因在于，这是一项极具挑战性的运动。

事实上，越野滑雪是同样时间内热量消耗量最大的有氧运动之一。一个 80 公斤的人越野滑雪一小时可以消耗掉 820 大卡热量，还均衡地锻炼了全身。这对于普通人而言可能并没有什么特别的吸引力，但对于想获得健美身材的你而言，却是一项值得一试的运动。

如果你愿意冒着严寒去室外进行这项运动，请遵循下列注意事项。

**购买滑雪设备之前先租赁。**在你心血来潮地买下一整套滑雪设备以前，先租几套不同类型的设备去尝试和感受一下。

**货比三家。**当你确定要购买时，找一家越野滑雪设备的专卖店，向相关知识比较专业渊博的售货员询问清楚哪种设备最适合你的滑雪方式及你通常可能遇到的雪地情况。

用前检查。注意确保你的滑雪板与你的滑雪靴是配套且可以牢牢固定在一起的。

运动前热身。切记在开始滑雪以前热个身，你愿意的话也可以做点简单的拉伸。

## 综合训练

如果硬汉计划膳食安排上唯一的健康食品就是圆生菜那该多好呀，你可以一天天、一碗碗地随便吃这种又白又脆的蔬菜，直到你吃不下为止。

但仔细想想，其实这样也没有多享受。就算你喜欢某样事物，每天时时刻刻、分分秒秒对着它也难免感到审美疲劳，训练也是同样的道理。过了一段时间，你一直坚持着的那项有氧训练就会开始让你觉得略感无聊。

这就是综合训练的优势——多样。你可以参与到多项不同的运动中，保持运动的新鲜感，还能让身体更多的部位一起动起来。此外，如果你某个部位受伤了，综合训练可以让平时集中锻炼的部位稍事休息。更棒的是，综合训练从一开始就在辅助预防过劳型的运动伤害。

在选择将哪些运动融入到自己的综合训练时，请注意下列事项：

上下身均衡。如果你平常经常进行跑步或骑行训练，那就在综合训练中融入一些上身训练，例如划船、游泳或网球训练。

交替压力大小。如果你经常慢跑或打壁球，那就在综合训练中融入一项对关节压力较小的训练，如骑行或游泳训练。

综合高低强度。你可以将低强度的运动与高强度的运动相结合，如动感单车和跳绳。

混合各项器械训练。在健身房也可以进行综合训练，你只需要将时间合理分配到不同的有氧运动器械上。举例来说，你可以先在跑步机上慢跑，随后动感单车，再做一会儿椭圆机训练。

天气晴朗的话，你还可以省点儿汽油钱，先慢跑到当地的游泳馆，游一会儿泳，再慢跑回家。

## 越野山地车运动

你最不想在越野山地车运动中经历的大概就是翻车了（或者更糟，扭曲地翻车）。这里所指的翻车是由于前轮受障碍物阻挡而导致后轮腾空把人狼狈地甩过车把手的不幸事故。

尽管翻车的可能让越野山地车运动听起来十分危险，但这项运动还是能带来许多益处。

首先，脚踏能锻炼到你的大腿、髋部和臀部，而握着把手和刹车则能锻炼到你的前臂和上臂。这项运动还能增强你的平衡感与敏捷度。此外，你还能在运动的同时感受到自然之美。

你若想通过这项运动练就健美的身材（而非获得伤痕累累的躯体），就要好好注意下述事项了：

**运动时佩戴头盔。** 越野山地车专业竞赛选手奈德·欧菲安在其著作《像冠军一样玩转越野山地车》中建议大家选择一个能牢牢护住头部后下方的头盔。

注意确保头盔紧贴头部，如果头盔可以来回挪动 3 厘米以上，那就收紧绑带。这样一来，万一你翻车飞了出去，至少头盔不会脱落，还能给你提供点保护。

**不要冒险。** 换句话说，就是掂清楚自己的斤两、把握好分寸。如果你发现前面的路线对你来说难度太高，那就下车推车。同样，对于不熟悉的路线也要谨慎。

**注意他人。** 与你前方的骑手保持安全距离。

**放松地骑。** 保持肘关节和膝关节弯曲，但不要锁死。

### 越野山地车下坡

在下斜坡时，为避免你脸部着地前翻摔下车，注意臀部后移并使上身躬身前倾覆于座位上方。

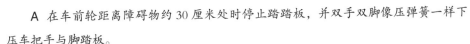

### 越野山地车兔跳

在接近障碍物时先稍微加速并摆出进攻姿势。

**A** 在车前轮距离障碍物约 30 厘米处时停止踏踏板，并双手双脚像压弹簧一样下压车把手与脚踏板。

**B** 双臂发力上提车把手，使前轮像弹簧弹起一般腾空。

**C** 一旦前轮跨过了障碍物，双手前推把手，同时双脚抵住踏板上提以使后轮腾空越过障碍物。

越野山地车跳跃：起跳与落地

A 稍倾旧臂并将重心后移一点。

B 跨越障碍物时，双手向后上方提拉车把手。

C 落地时尽量后轮先着地或保持前、后轮同时着地，注意保持重心靠后、身体放松且双肘、双膝弯曲以便身体吸收落地的冲击。

## 划船

维京时代健壮的人们常常进行划船这项有氧运动，不过他们划桨可不是为了保持身材健美和身体健康，而是要让他们的船尽快抵达下一个村落以便他们下船去将这个村落洗劫一空。

如今，无论是真的在水中划船还是在健身房的划船机上模拟，这项运动都能很好地锻炼到人体的肌肉和心血管系统。

如果你没有一艘精巧的流线形赛艇（大多数人也都没有），没关系，在健身房的划船机上划船比在水里划船更简单，同时训练效果也毫不逊色。

划船机的座椅可以在一条长且低矮的轨道上前后滑动，划船者面对着轨道一端隐藏起来的飞轮，双手握住把手、双脚分别抵住两块踏板，并向后拉动通过绳索连接飞轮的把手。

在健身房划船比在水上划船要稳定得多，你可以专注训练而无需前后摆动以保持船只在水面上的平衡。

你就坐在划船机上，以股四头肌、腘绳肌、背阔肌和下背部为动力源航行于自己想象中的河流之上。不仅如此，你的肩部和前臂也会越发健壮。

根据下述动作指导在健身房使用划船机能使你看起来十分专业：

（1）以终止位为初始姿势。双腿伸直但不锁死、尽量将座椅后推，同时双手将把手拉至上腹。

（2）座椅前移至恢复位。首先伸展双臂，接着屈髋，最后屈膝朝脚跟方向前移。身体前倾时注意保持背部挺直且肩部打开。当你的身体十分靠近飞轮以至于小腿（接近）

与地面垂直时，你就可以开始后移了。

（3）伸展双腿来后移，注意保持背部挺直、上身前倾且双臂伸直。在本阶段中，腿部是推动后移的唯一发力部位。

（4）当你双腿快要伸直时，身体后仰且下背发力。当你双腿已经伸直且身体微微后仰时，双手将把手拉向上腹。双臂是整个划桨链条中最弱的部位，因此你应该最后才开始手臂发力。

（5）从第一步开始重复上述动作。

前移（就像你在水上前推双桨一般）要慢，而且应该耗费后移（就像你在水上把桨插入水中并向后拉把手一般）3倍左右的时间。

# 针对各项运动的强化训练：功能性训练

参考本书认真训练的你会发现本章节可以帮助你在参与的各项运动中表现超群，而且特定的训练对于特定的运动来说效果尤其出众。接下来，本书会为大家介绍与体育运动对应的最有帮助的力量训练项目。如果你没有需要的相关器械，你可以将这些器械训练替换成等量的自由重量或无重量训练。

## 箭术

在进行这项运动时，唯一应该震颤的只有你的箭袋。只有手臂、肩部和上背的力量足够强大，才能避免拉弓时的颤抖。

针对性的硬汉计划训练项目：

- 锻炼上臂力量的哑铃交替弯举（P054）和拉力器侧身单臂下拉（P061）
- 练就强健腕部的滚轴卷腕（P058）
- 锻炼上背和肩部肌群的上斜俯卧侧平举（P074）

## 扳手腕

这项运动最需要的是上身力量，包括肱二头肌、前臂、胸部和肩部，这些是将对手的手背拍在桌上的关键。

针对性的硬汉计划训练项目：

- 增强胸肌力量的平板杠铃卧推（P085）
- 锻炼肱三头肌的仰卧杠铃臂屈伸（P056）
- 锻炼肱二头肌的杠铃弯举（P053）
- 增强腕部和前臂力量的前臂哑铃弯举（P057）

## 羽毛球

就算是这样一项在自家后院都能进行的运动，你也需要强壮的前臂来挥拍以及强健的双腿来在跑动的过程中骤停骤起。

针对性的硬汉计划训练项目：

- 锻炼胸部肌群的仰卧哑铃飞鸟（P085）
- 增强前臂和腕部力量的前臂哑铃弯举（P057）
- 锻炼腘绳肌的腿弯举（P137）
- 锻炼股四头肌的坐姿腿屈伸（P136）
- 强化腹肌的坐姿杠铃转体（P104）

## 篮球

在这项运动中，你需要强健的腿部肌群来跑动和跳跃，还有强壮的手臂来从对手那儿夺下篮板球。

针对性的硬汉计划训练项目：

- 增强腿部和髋部推力的杠铃深蹲（P131）
- 强化腘绳肌并预防其受伤的脚踝负重俯卧腿弯举（P135）
- 锻炼胸部、强化上身推力的平板杠铃卧推（P085）
- 拉伸背部的罗马尼亚式硬拉（P109）
- 强化肱三头肌的仰卧杠铃臂屈伸（P056）

## 骑行

你应当也能料想到骑行需要强健的腿部肌群。此外，你也需要一定的上身力量来稳坐于座椅之上。

针对性的硬汉计划训练项目：

- 强化小腿和腘绳肌以增强踏力的坐姿杠铃提踵（P145）和俯卧腿弯举（P137）
- 防止下背受伤的硬拉（P112）

## 保龄球

整体力量的增长可以让你的保龄球水平更上一层楼。有力的手臂和肩部尤为重要。

针对性的硬汉计划训练项目：

- 增强整体手臂力量的哑铃交替弯举（P054）和滚轴卷腕（P058）
- 强化肩部的坐姿哑铃颈前推举（P075）
- 均衡提升上背力量的颈前高拉（P114）

## 拳击

有力的出拳需要强健的胸肌、三角肌和肱三头肌。其次，你也需要强壮的小腿才能在一轮又一轮的比赛后依然坚持站在擂台上。

针对性的硬汉计划训练项目：

- 锻炼肱二头肌的杠铃弯举（P053）
- 强化肱三头肌的倚桌臂屈伸（P064）
- 增强胸肌力量的平板杠铃卧推（P085）
- 强化肩部的上斜俯卧侧平举（P074）
- 强化小腿的坐姿杠铃提踵（P145）

## 皮划艇

你需要强健的背部、肩部和手臂来划着小艇顺流而下。

针对性的硬汉计划训练项目：

- 锻炼胸部下侧胸肌和中下背部背阔肌的仰卧哑铃屈臂上拉（P087）
- 强化肩部的坐姿哑铃颈前推举（P075）
- 锻炼肱三头肌并配合其他训练共同增强你划桨力量的仰卧杠铃臂屈伸（P056）
- 强化腹肌的（各种类型的）卷腹（P098~P102）

## 攀岩

这项运动需要较强的整体力量。你要能做到拉、推、转、蹬腿、支撑自身和保持平衡样样皆通。

针对性的硬汉计划训练项目：

- 增强肱三头肌力量的仰卧杠铃臂屈伸（P056）
- 促进肱二头肌力量增长的杠铃弯举（P053）
- 强化背部的坐姿划船（P113）
- 锻炼股四头肌的坐姿腿屈伸（P136）
- 强化腘绳肌及提升整体力量的俯卧腿弯举（P137）
- 强化腹斜肌，使得转体更轻易的坐姿哑铃转体（P099）

## 跳水

整体力量超凡可以使你在这项运动中出类拔萃，但同时三角肌、腹肌和小腿的力量尤为关键。

针对性的硬汉计划训练项目：

- 增强小腿力量的**坐姿杠铃提踵**（P145）
- 锻炼腹肌的（各种类型的）**卷腹**（P098~P102）
- 强化两侧的腹斜肌的**坐姿杠铃转体**（P104）
- 增强三角肌的**哑铃侧平举**（P073）

## 击剑

强健的腿部肌群对这项运动尤其重要。你肯定以为最重要的应该是手臂，对吧？手臂当然也很重要，但如果没有稳健的腿部，你很容易就会摔倒。

针对性的硬汉计划训练项目：

- 锻炼肱三头肌的**仰卧杠铃臂屈伸**（P056）
- 增强胸肌和肩部力量的**上斜杠铃卧推**（P086）
- 强化腘绳肌的**俯卧腿弯举**（P137）
- 锻炼股四头肌及腘绳肌的**杠铃深蹲**（P131）

## 足球

你在球场上的位置，决定了你需要着重锻炼的肌群。不过，总的来说，踢足球还是需要较强的整体力量，尤其是腿部和背部肌群。

针对性的硬汉计划训练项目：

- 锻炼股四头肌的**坐姿腿屈伸**（P136）
- 增强腘绳肌力量的**俯卧腿弯举**（P137）
- 强化小腿肌群的**倒蹬提踵**（P146）
- 锻炼胸部肌群的**仰卧哑铃屈臂上拉**（P087）
- 锻炼胸部肌群的**上斜哑铃卧推**（P086）
- 强化肱三头肌的**仰卧杠铃臂屈伸**（P056）
- 强化背部的**硬拉**（P112）

## 高尔夫球

有力的腿部和肩部能提升你挥杆的力度，强健的腹斜肌能帮助你更好地转体和支撑背部，而强壮的前臂和手腕则能让你更好地控制球杆和更精准地击球。

针对性的硬汉计划训练项目：

- 锻炼髋部和腿部推力的哑铃弹跳箭步蹲（P133）
- 强化转体力量和灵活度的上斜转体（P104）
- 助你击球更远的杠铃上提（P075）
- 锻炼腹肌的（各种类型的）腹收缩（P098~P103）
- 增强前臂力量的前臂哑铃弯举（P057）
- 强化腕部的滚轴卷腕（P058）

## 徒步旅行

如果你背着一个背包徒步旅行，腿部和上背是最容易疲劳的。

针对性的硬汉计划训练项目：

- 锻炼背部肌群、肩部三角肌后束、腘旁腱肌和臀肌的俯立划船（P109）
- 锻炼股四头肌的坐姿腿屈伸（P136）
- 增强腘绳肌力量的俯卧腿弯举（P137）

## 曲棍球

强健的腿部肌群、腹肌和肩部是这项运动的制胜法宝。

针对性的硬汉计划训练项目：

- 锻炼髋部和腿部推力的哑铃箭步蹲（P123）
- 强化腹肌和平衡感的（各种类型的）卷腹（P098~P102）
- 增强腹肌力量的上斜转体（P104）
- 锻炼肩部，助你有力地击中冰球的哑铃耸肩（P075）

## 直排轮滑

如果你想降低摔跤的几率，就必须注意强化腹肌和腿部。

针对性的硬汉计划训练项目：

- 强化腹肌的（各种类型的）卷腹（P098~P102）
- 增强腹斜肌力量的坐姿杠铃转体（P104）
- 增强腹斜肌力量的上斜转体（P104）
- 锻炼股四头肌的坐姿腿屈伸（P136）
- 强化臀部，股四头肌和腘绳肌的杠铃深蹲（P131）

## 柔道

这项运动要求你具备强健的腿部和有力的抓和拉的能力。

针对性的硬汉计划训练项目：

- 锻炼胸部下侧胸肌和中下背部背阔肌的仰卧哑铃屈臂上拉（P087）
- 增强肱三头肌力量的仰卧杠铃臂屈伸（P056）
- 强化肱二头肌的杠铃弯举（P053）
- 练就有力股四头肌的坐姿腿屈伸（P136）

## 空手道

这项武术对上身力量与下身力量的要求不相上下，其中上身的推进肌群尤为重要。

针对性的硬汉计划训练项目：

- 强化股四头肌的坐姿腿屈伸（P136）
- 强化腹部肌群的举腿（P103）
- 锻炼肱三头肌的仰卧杠铃臂屈伸（P056）
- 强化肱二头肌的杠铃弯举（P053）

## 壁球

壁球要求强健的腿部来实现运动中的骤停骤起，同时上身力量和手腕力量也非常重要。

针对性的硬汉计划训练项目：

- 强化腘绳肌、股四头肌和臀部的杠铃深蹲（P131）
- 锻炼大腿和臀部的哑铃弹跳箭步蹲（P133）
- 同样是强化腘绳肌、股四头肌和臀部的坐姿腿屈伸（P136）
- 强化小腿的坐姿杠铃提踵（P145）
- 锻炼腕部的滚轴卷腕（P058）
- 增强腹斜肌力量的坐姿杠铃转体（P104）
- 强化肱二头肌的杠铃弯举（P053）

## 英式橄榄球

这项混乱、激烈的运动需要强健的腿部、背部和推进肌群。

针对性的硬汉计划训练项目：

- 强化股四头肌的坐姿腿屈伸（P136）

- 增强腘绳肌力量的俯卧腿弯举（P137）
- 锻炼整体背部但着重强化中上背的坐姿划船（P113）
- 增强肱二头肌力量的哑铃交替弯举（P054）或锤式弯举（P053）
- 强化肱三头肌的坐姿哑铃颈后臂屈伸（P055）

## 跑步

无论你要跑多长的距离，你都需要能在你跑程内坚持反复地收缩腿部肌群。

此外，你还需要强化手臂、肩部和上背，以确保它们不会在你跑完以前就疲劳或发生痉挛。

针对性的硬汉计划训练项目：

- 强化上背的颈前高拉（P114）
- 锻炼下背的硬拉（P112）
- 增强胸部和肱三头肌力量的平板杠铃卧推（P085）
- 锻炼肱二头肌的杠铃弯举（P053）
- 强化腹肌的（各种类型的）卷腹（P098~P102）

长跑选手请注意，做小重量多次数的力量训练可以锻炼到慢肌纤维并提升你在比赛最后冲刺阶段的力量和耐力。不过，力量训练可能在赛季前最为有用，但在任何情况下都不能完全取代你的跑步训练。此外，作为跑步选手，你一定要注意不能通过力量训练锻炼出过多的肌肉，否则，这对于必须带着超重的肌肉奔跑的你而言可能会适得其反。

## 水肺潜水

你需要强健的腿部和划水的力量来在水底游泳。

针对性的硬汉计划训练项目：

- 锻炼胸部下侧胸肌和背部背阔肌的仰卧哑铃屈臂上拉（P087）
- 增强肱三头肌力量的仰卧杠铃臂屈伸（P056）
- 强化股四头肌的坐姿腿屈伸（P136）
- 增强腘绳肌力量的俯卧腿弯举（P137）
- 锻炼小腿的坐姿杠铃提踵（P145）

## 滑雪

如果没有强健的肩部、股四头肌、腘绳肌、腹肌和下背肌群辅助，你仰卧在病床上一动也不能动的休养时间可能会比你在坡上或路上滑雪的时间还长。

针对性的硬汉计划训练项目：

- 锻炼肩部的耸肩（P075）
- 增强肩部力量的杠铃上提（P075）
- 强化股四头肌和腘绳肌的哑铃弹跳箭步蹲（P133）
- 强化股四头肌和腘绳肌的俯卧腿弯举（P137）
- 增强小腿力量的坐姿杠铃提踵（P145），对于越野滑雪而言尤为重要
- 锻炼腹肌的（各种类型的）卷腹（P098~P102）
- 增强下背力量的拉力器 V 柄俯立划船（P112）

## 垒球和棒球

就算是打一场垒球娱乐赛，你也需要强健的腿部肌肉来跑场，同时需要强壮的前臂和肩部来像重击手一样挥棒。

针对性的硬汉计划训练项目：

- 强化肩部的俯身侧平举（P073）
- 增强前臂力量的前臂哑铃弯举（P057）
- 锻炼小腿力量的坐姿杠铃提踵（P145）

## 游泳

要想像鱼儿一样自由自在地游泳就得好好锻炼你的"鳍"。除了正确的要领以外，整体力量也是出色的游泳选手的核心竞争力。

针对性的硬汉计划训练项目：

- 锻炼胸部的上斜杠铃卧推（P086）
- 增强肩部力量的哑铃上提（P076）
- 锻炼整体腹肌的（各种类型的）卷腹（P098~P102）
- 增强小腿力量的坐姿杠铃提踵（P145）

## 网球

能够在转向时骤停骤起的强健腿部肌肉是成为网球种子选手的关键，同时你也需要上身力量，尤其是肩部和前臂的力量。

针对性的硬汉计划训练项目：

- 强化股四头肌、腘绳肌和臀肌的杠铃深蹲（P131）、哑铃弹跳箭步蹲（P133）和俯卧腿弯举（P137）

- 增强肱二头肌力量的杠铃弯举（P053）
- 锻炼手腕和前臂的前臂哑铃弯举（P057）
- 强化三角肌的哑铃侧平举（P073）

## 排球

要想成为称霸排球场的奇才，你需要强健的腿部来跳跃和强大的上身力量来拦截排球。

针对性的硬汉计划训练项目：

- 锻炼股四头肌和腘绳肌的倒蹬（P136）
- 强化小腿的坐姿杠铃提踵（P145）
- 增强肩部力量的哑铃侧平举（P073）
- 锻炼腹斜肌的坐姿杠铃转体（P104）

## 水球

要想水球运动胜人一筹，就要强化游泳和投掷运动中会用到的肌群。

针对性的硬汉计划训练项目：

- 强化胸部的仰卧哑铃屈臂上拉（P087）
- 锻炼肱三头肌的拉力器侧身单臂下拉（P061）
- 锻炼腹肌的（各种类型的）卷腹（P098~P102）
- 强化腘绳肌的俯卧腿弯举（P137）
- 锻炼股四头肌和腘绳肌的倒蹬（P136）
- 强化小腿的坐姿杠铃提踵（P145）

## 摔跤

你需要较强的整体力量才有可能在摔跤运动中胜出，其中助你抓牢和拉扯对手的肌群尤为重要。

针对性的硬汉计划训练项目：

- 增强肱三头肌力量的仰卧杠铃臂屈伸（P056）
- 强化胸部和背部肌群的仰卧哑铃屈臂上拉（P087）
- 锻炼肱二头肌的杠铃弯举（P053）
- 强化股四头肌、腘绳肌和臀肌的杠铃深蹲（P131）
- 锻炼腹肌的（各种类型的）卷腹（P098~P102）
- 增强腹肌力量的坐姿杠铃转体（P104）
- 强化腕部的滚轴卷腕（P058）

硬汉计划

第三部分

关于吃的学问

# 饮食计划：合理进食

---

　　锻炼使得肌肉更有力量且更加健硕，而适宜的食物则可以为这一过程提供能量。想要保持健美的身材，就应该摄入高能低脂类的膳食，同时注意少食多餐，一天下来吃得满足而有规律。

---

　　若想实现减脂增肌的目标，你就得好好吃、明智地吃。尽管你吃进去的食物本身无法增肌，但它们可以为实现增肌的力量训练提供能量并促进训练后肌肉快速恢复。

　　听注册营养学家盖尔·巴特菲尔德博士的建议准没错。他说道："你吃的食物决定了你有没有日复一日地进行增肌所必须的力量训练的能量和体力。"

　　你的饮食选择还会影响到你身材的美感。训练之余也还需要合理饮食的辅助才能实现真正的健美。

　　如果你来之不易的肌肉都被隐藏在一层厚厚的脂肪之下的话，你还是会看起来胖嘟嘟的，而且也没有任何肌肉线条。因此，本书饮食计划的编撰者、来自佛罗里达州普兰塔申的理学硕士、注册营养学家及运动营养专家托马斯·因克尔登解释道，饮食计划的核心之一在于减脂和将体脂率保持在较低的水平。

　　我们并不是要你像一些走极端的健美运动员一样为了展示肌肉线条而把体脂率降到3%或4%的水平，这样并不健康，但饮食计划确实可以助你甩掉腰上的游泳圈并显现出肌肉线条。通过进食低脂的食物和消耗大于摄入量的能量，你就可以实现这一目标。

　　你需要为自己制订一个合理的饮食计划并严格遵循之，但这个计划必须是健康合理且无论身处何地都容易执行的。

　　无论你是像电视上的大厨那般灵巧又沉着地使用蒜末进行搅拌的厨房美食家，还是在家里早餐吃罐装意大利面、正餐吃夹着冷切肉和芝士的白面包的速食者，本书为你提供的饮食计划都会奏效，使你的训练效果增色不少。无论你是计划在24小时营业的便利店里解决一顿饭、在快餐店打包一些食物，还是在餐馆吃饭，我们都能教你如何合理地吃好。

## 硬汉日常的一天

早晨 6:45，硬汉起床上了个厕所后就开始煮咖啡，他喝了一杯水。

7:08，他一边刮胡子，一边享用了一杯咖啡。

7:22，硬汉吃了一根香蕉、一杯低脂酸奶和一个抹了花生酱的面包圈（这份早餐的蛋白质、碳水化合物和脂肪的比例还算合适），然后就出门了。虽然他并不需要天天吃一样的早餐，但他通常是这么做的。不过，昨天他没吃面包圈，而是吃了一碗玉米片。

7:46，他在加油站加油，顺便买了瓶 10 盎司⊖的橙汁路上喝。

9:03，他在公司的休息间给自己倒了今天的第二杯咖啡和一大杯冰水。

10:30，早上的加餐。硬汉中午要进行力量训练，因此他现在吃了 1 个苹果、3 块全麦饼干，还喝了一杯脱脂牛奶（都是高能量和容易消化的食物）作为训练前的加餐。

11:06，他倒了一杯 16 盎司的冰水，并在接下来的一个小时里逐渐喝掉了。

12:07，在健身房，他进行了 45 分钟的力量训练。在组间休息时，他会不时地喝点水，而没有非等到渴了才喝。

13:01，在驱车回办公室的路上，他吃了一根高升糖指数的燕麦棒，还喝了 1 品脱⊜的运动饮料来补充流失的体液和电解质。

13:15，硬汉在公司的咖啡厅点了一小份的生拌沙拉、一盘肉酱意面和一根面包棒。他在办公桌前吃完了这些还喝了又一杯 16 盎司的水。

13:30，他又倒了一杯水准备下午喝。他总在桌边放一杯水，可以随时喝。他更喜欢喝水是因为水不含能量。当然，果汁、柠檬水和其他不含咖啡因的软饮也都可以补充体液。

14:30，感觉有点困倦，健美先生决定出去清醒一下。他下楼并溜到公司外，用别人抽烟的 5 分钟工夫出去快走了一圈。

15:30，他现在十分清醒，但有点饿了。他吃了一个苹果、几块饼干和一点纤丝奶酪。

18:30，回到家的硬汉将两串新鲜蔬菜和一块腌过的鸡胸肉放到了后院的烧烤架上、在上面撒了香草、刷了橄榄油，就开始享用他的佐餐红葡萄酒了。厨房的微波炉里还在热着一个土豆。

18:58，他先吃了一份加了一点佐料的小份沙拉，然后伴着莎莎酱和脱脂酸奶油吃

---

⊖ 盎司，美制液体体积单位。1 盎司 =29.57 毫升。

⊜ 品脱，美制液体体积单位。1 品脱 =16 盎司 ≈ 470 毫升。

掉了刚烤好的食物和热好的土豆，并尽情地享用了一扎柠檬水。今晚他是自己做的饭，而昨晚他点了一份芝士薄饼的外卖，并自己在上面撒了些脱脂的马苏里拉芝士和新鲜蔬菜。他吃了些水果作为甜点。他的晚餐标准很简单，少肉、少调料，多蔬菜、土豆、面包或米饭，佐餐的红酒或啤酒不超过两杯。

20:30，他喝掉了半杯苹果汁，然后一边看杂志一边啜饮冰水。

22:00，硬汉坐下来看他最喜欢的电视剧并吃了一碗撒了些许盐和少量黄油的爆米花。有时晚上他会选择吃低脂薯片或几块无花果曲奇。

23:06，他喝了今天的最后一杯水，然后就睡了。

我们会告诉你如何在现实世界里吃出好身材的。

吃出好身材可不是要你拒绝进食和挨饿，或是像超模辛迪·克劳馥一样吃生菜叶配一丁点儿金枪鱼作为午餐。你会吃到切切实实的美食，而且还不少。科罗拉多州科泉市的运动营养学家杰姬·伯宁博士说道："训练消耗的能量非常大，你必须得通过进食补充体能。"

你需要根据自己的体型、体重和训练目来将我们提供的参考计划定制和改编成适合自己的计划。这并不难，我们也会一步一步地指导你。也许你的目标是减重，也许你的目标是增重，考虑到不同人的训练目标不尽相同，我们在此先以一个体重80公斤、身高178厘米、中等身材且目标是增肌的人作为参照为你介绍一下参考计划。随后，我们会详细解释如何按照你的训练目标和你与参照人的差异来调整参考计划，以适应自身需求。你会对参考计划作出一些调整，但其核心对所有人而言是共通的。

切忌吃撑或挨饿，少食多餐才是正解，这样可以使你的体能保持在比较稳定的水平，一天里摄入的能量也更均衡。你会摄入身体需要的能量，但没有多少富余，这就会促使身体将摄入的能量消耗掉，而非将它们转化为脂肪储存起来。

饮食计划建议大家每天吃6~7顿，但这可不是指6、7顿任吃任喝的自助餐盛宴，你不能顿顿都狼吞虎咽下一整只鸡。其实，你不必把它们都看作是正餐，它们更像是正餐与丰盛的加餐。因克尔登表示，关键点在于，一天6、7顿下来，你会得到身体需要的一切营养。

由于你吃得更为频繁，相应地每顿的摄入都应减少。少食多餐能够让你一整天都不觉得饥饿，但同时又不会让你增胖或感觉太饱。这就是饮食计划虽简单却科学的常识。你得进食，还得经常进食。

巴特菲尔德博士说道："我常常跟运动员们说，如果他们感到饥饿，就应该进食。

有食欲往往是身体在向你传送由于活动量大、身体需要补充能量的信号。"

你得学会听从身体的指示，当然，你要服从的是你的身体，而不是你对奶油派、油炸食品、甜食或垃圾食品的欲望。你会发现，当自身需要能量时，身体会向你发送信号，但这个信号从来都不是"把我吃撑到胃难受且走不动道为止吧"。服从你的身体，人体是一台非常精巧的智能机器。

少食多餐使得能量摄入均匀地分布在你比较活跃、代谢率比较高的时间内，这与你在晚上才吃一顿大餐随后就瘫在沙发上放松地看电视当然会有截然不同的效果。

既锻炼又合理饮食的人基本上会消耗掉所有摄入的能量，这是一种很好的状态，因为这样一来，就不会有多余的能量被转化为让人厌恶的脂肪了。

一日多餐还有另一个效果，那就是保持胰岛素水平相对稳定。胰岛素控制着肌肉对养分和能量的摄取，因此较为稳定的胰岛素水平使得能量更容易被转换为为肌肉活动供能的糖原。

你可以把摄入的能量当成是一种像石油一样的能源，摄入太多会给人体机器造成负担，摄入太少又会导致人体机器无法正常运转、只能像没油了的汽车一样缓缓地停在了路边，最后还得被推到维修厂维修。

所有的食物都能提供能量。一份食物的能量值会在其罐子或外包装上印出的营养成分表中列出。为了更好地遵循饮食计划，你应当养成仔细研读食物营养成分表的好习惯。

**碳水化合物比蛋白质重要得多。**你不需要过多的蛋白质，碳水化合物能迅速地转化为能量来为你的训练供能。

我们为你提供了一个每日摄入蛋白质、碳水化合物和脂肪量的适宜配比参考。一旦你了解了各种食物的营养成分种类以后，每天按照这个参考配比摄入就不是什么难事了。因克尔登称，无论你每天吃什么，一天下来适宜的摄入总配比是 15%~20% 的蛋白质，20%~25% 的脂肪，余下的全部为碳水化合物。这意味着你吃的食物中应该有过半的都属于高碳水化合物食品。

但你可能会问："蛋白质的摄入比例是不是太低了？健身房里那些面相凶恶、前臂上的青筋比我家后院的水管还粗的健身狂魔们总是高喊要补充蛋白质。"

我们的答复是：胡说八道，百分之百的胡说八道，还需要我再强调一遍吗？没错，蛋白质确实是修复肌肉和促进其增长的关键养分，但你很可能已经摄入了足够的甚至是过多的蛋白质了。你不需要更多的蛋白质了，别傻傻地浪费钱买蛋白粉，也别天天就吃什么肝脏、牛排和鸡蛋作为早餐。

伯宁博士解释道，如果你摄入超出身体所需量的蛋白质，它要么直接就被排出体外，要么就被用作能量了。补充过量的蛋白质毫无帮助。事实上，这样还会减损你的能量水平。

没有任何食物或养分能直接为你实现增肌的目标，只有持之以恒地艰苦训练才可以做到这一点。

选择能为你日复一日高强度的力量训练供能的食物。因克尔登表示，碳水化合物是经过时间历练证明了的最佳能量来源，因为比起蛋白质，碳水化合物更容易被人体转化成能量。

此外，当人体消耗更多的碳水化合物来供能时，便会消耗更少的蛋白质来供能。此时，在你坚持锻炼的同时，更多的蛋白质就会被用在修复组织和辅助肌肉增长上。

脂肪（及其液体形态，油脂）看似是能量的完美来源，因为每克脂肪可以生成的能量要远大于碳水化合物或蛋白质。然而，你可千万不要就这么天真地提高脂肪的摄入比例，因为它非常容易被转化为人体脂肪储藏起来，这样做的结果就是，你的肌肉没能鼓起来，肉倒是鼓起来了。

不过，脂肪并非完全无益。你还是需要它来生成刺激肌肉增长的激素的，而且一些重要的代谢过程也需要脂肪。此外，你还需要油脂来让食物更加可口。但别忘了，你不需要过多的脂肪。

因克尔登称，如果你想要减脂，可以考虑将脂肪摄入的比例控制在 20%；如无减脂需要，则 25% 的脂肪摄入比例已经十分符合辅助养成健美身材的饮食习惯的要求。

你每天的 6、7 顿饭中应该有 1 顿被一分为二，分别在训练之前和之后摄入。前者使你的身体为锻炼做好准备，后者则在训练后使你的身体迅速恢复。

训练前 60~90 分钟内，你可以吃一点富含高碳水化合物且含有一定量蛋白质的加餐。这会使你的血糖值升高，为你接下来的训练供能并减少力量训练对肌肉纤维的损伤。

在训练后的 15~60 分钟内，再吃一顿富含碳水化合物的加餐，但这次你要切记选择高升糖指数的碳水化合物，以便其迅速转化为能量以辅助修复肌肉纤维。

---

**外出就餐**

外出就餐是人们最容易前功尽弃的危险时刻。也许你并非有意放纵自己，而是不了解自己点的餐是如何制作的或是不清楚其脂肪含量。

下述方法可以帮助你在外出就餐时选择适宜的食物。

避免点带有"炸""脆""裹面包屑（焦层）""牛／黄／奶油""肉酱／汁"等字眼的餐品，它们的脂肪含量都相当高。

带有"清蒸""焙烤""碳烤""水煮""地中海式""番茄酱""原汁原味"等描述字眼的餐品则更为适宜。

训练之前和之后的加餐的进食时机也是饮食计划的重要一环。训练前后的两顿加餐的能量之和应约等于一顿日常加餐的能量。

**每天你都需要摄入各种蔬菜、水果、肉类及谷物来获取增肌所需的各种维生素、矿物质及纤维。**

伯宁博士建议大家每天都要吃些绿色蔬菜，并尽量摄入各种各样的食物，避免单一。

她指出，超过 40 种对于人体健康和增肌十分关键的养分都可以通过食物获取。因此，均衡地摄入各种各样的食物可以确保你获得足够的维生素、矿物质及纤维。

一天内总摄入的碳水、蛋白质和脂肪配比应落在适宜配比区间，而除了训练之后的加餐（应为高碳水化合物，且升糖指数较高）以外的每顿饭的配比则没有太大的关系。

无论你是靠早餐的火鸡卷配美式炒蛋还是晚餐的烤鸡三明治获取当天所需的大部分蛋白质都没问题，在这一点上可以灵活变通、随你心意。为便于你参考并确保你能轻易地完全按照饮食计划的要求进食，本书中罗列出了各种各样适宜的早餐、午餐、晚餐和加餐的选项。可能的情况下，你最好就参照这些选项进食，但你也不必那么一板一眼。

除了训练前后的加餐外，大部分时间我们都并不是在以刚刚吃下的食物供能，而是在消耗储备的能量。饮食计划的目标就是适时补充能量、保持储备常满。

伯宁博士解释道："人体有着各种养分的储备，可以在需要的时候立即吸收。你进食的目标就是保证这些养分储备充足。"

在接下来的几章内，我们会分别以饮食计划的不同核心点为中心展开详述，你会看到这些不同的方面是如何共同作用于你的健身效果的。

# 进食时机与食品一样重要：完美时机

肌肉增长需要比较平稳持续的养分和能量供应，因此想要实现增肌，就应当坚持少食多餐。一日多餐分别在何时进食取决于你何时锻炼，而每天的食品种类应向最佳的碳水化合物和蛋白质配比靠拢，以促进有利于增肌的生长激素的释放与酶活性提升。

假若你是一个上班族，这样的场景应该就是你的日常生活：早上 7 点你吃了一顿丰盛的早餐，但上午 10 点你就又已经在茶歇间里享用着甜甜圈和咖啡，而到了中午，你已经饿得可以吃下一头牛。

你从街边小贩那儿买了一根维也纳香肠，又走到美食广场去吃了点别的，回来的路上还喝了一罐怪兽牌的苏打饮料。下午 3 点，你往自动售卖机里投币买了罐可乐和一包咸花生。为了去健身房锻炼一下，你推迟了晚餐。因此，当你坐下来吃当晚的海陆大餐时，已经是晚上 7 点半了。在接下来的 1 个小时内，你消灭了两道开胃菜、几杯啤酒和数不清的蟹腿。

但你心想这没什么大不了的，毕竟你需要这些能量，何况你今天还运动了呢。

你错了，兄弟，大错特错。你不仅没吃对，而且进食时机与身体需求也完全不同步。一天三顿大餐并在两餐之间靠垃圾食品抑制饥饿完全不符合人体切实的生理需要，这样做简直是违背自然。

人类其实需要放养式的生活，像牛羊一样在山上走走吃吃。不幸的是，现代社会容不下这种生活方式，因此我们为你设计了饮食计划。为了给大家提供参考，该计划假设你在白天每隔约两个半小时就会吃一顿，而且你会依据自己的锻炼时间和身体需要合理安排每天的这几顿饭。

根据饮食计划进食，你不仅会吃得更好，还能促进辅助增肌和储存糖原（身体需要的能量来源）的生长激素释放和酶活性提升，这样可以使你的身体处于最佳的肌肉生长状态。

进食时机是运动营养学的前沿研究领域。著有《高性能营养》和《食出力量》的华盛顿墨瑟岛的运动营养学研究者和顾问、注册营养学家苏珊·克莱纳表示，许多研究表明训练前和训练刚刚结束后摄入一点碳水化合物和蛋白质对刺激肌肉增长有着惊人的效果。

她说道："我们早就觉得有这种可能，但现在才获得了更多的证据证实这一点。少食多餐并选好进食时机很可能是实现显著肌肉增长的突破点。"

**一日多餐能使你保持元气满满，随时为你补充所需的养分，并使你的身体保持在肌肉生长状态。**

本书饮食计划的编撰者托马斯·因克尔登称，比起像一般人那样一天三顿、每五六个小时吃一顿正餐，每约两个半小时进食一次更有利于人体高效地吸收营养。

一日多餐可以适时为人体提供所需的养分，而且每次的分量也是人体可以高效吸收的，而不像一日三餐那样，每隔几个小时就让消化系统超负荷运作一次。

当你去吃自助餐、把自己的胃像圣诞节的火鸡一样塞满时，你的身体根本无法有效地吸收这些过剩的能量和养分，因此它只好吸收当前需要的养分并把多余的能量转化为脂肪储存起来。此外，由于消化系统一次只能吸收一定量的钙、蛋白质等养分，多余的养分只会在消化道里走一遭、根本没机会派上任何用场就被排出体外了。

饮食计划讲究的是有效吸收。有效吸收就好比是工业中的应时配送，装载着汽车零部件的联结车在工人们正要开工的时候就刚好抵达了装配工厂。

按照饮食计划进食的话，你就能实现有效吸收。正当肌肉需要氨基酸和碳水化合物来修复组织和补充能量来源糖原时，你就通过进食为之提供了原料。

为保证原料源源不断地供应，你就需要一日多餐地进食。克莱纳博士建议大家不要等到饥饿感袭来才进食。

饥饿感是人体已经在寻找能量来源的信号。如果你不及时供应，你的身体就会开始想办法通过分解组织（分解代谢过程）来得到它需要的能量。

克莱纳博士告诫大家，分解代谢是想增肌的人的敌人，你应当努力保持合成代谢，也就是身体在积极增加和维护组织机能而非分解组织的状态。

由于人体要消耗能量来消化食物，一日多餐还能提高代谢率，这是它的另一个益处。盐湖城的一位运动营养学家、注册营养学家克劳迪娅·威尔逊说道："如果你想要减脂，就要尽量保持较高的代谢率。"

一日多餐能辅助你增强减脂的效果，如果你的饮食高糖且低脂则效果更佳。威尔逊解释道，这是由于相比脂肪，处理并储存碳水化合物要消耗更多的能量。

为了实现增肌的目的，大部分人需要增加能量的摄入。一日多餐（约每2.5小时进食一次）就能轻松便利地增加每日的能量的总摄入量。

## 时机决定一切

进食加餐和正餐的时机取决于你习惯在一天中的哪个时段锻炼。硬汉计划分别根据你不同的训练时间设定了相应的进食时间计划，如下：

如果你习惯于清晨 6:00—7:00 进行力量训练，那你就可以在 5:00 起床后进行训练前加餐，7:15 训练后吃训练后加餐或早餐，9:30 加餐，12:00 吃午餐，15:00 吃加餐，18:00 吃晚餐，21:00 吃加餐。

如果你习惯于上午 10:30—11:30 训练，那么你就可以在 7:00 吃早餐，9:30 吃训练前加餐，11:45 吃训练后的加餐或午餐，15:00 加餐，18:00 吃晚餐，21:00 吃加餐。

如果你习惯于正午 12:00—13:00 训练，那么我们推荐你早 7:00 吃早餐，9:30 吃加餐，11:00 训练前加餐，13:15 训练后吃加餐或午餐，15:00 吃加餐，18:00 吃晚餐，21:00 吃加餐。

如果你习惯于下午 15:00—16:00 进行力量训练，那么我们推荐你早上 7:00 吃早餐，9:30 吃加餐，正午 12:00 吃午餐，14:00 吃训练前加餐，16:15 吃训练后加餐，18:00 吃晚餐，21:00 吃加餐。

如果你习惯于傍晚 18:00—19:00 进行力量训练，那么我们推荐你早上 7:00 吃早餐，9:30 吃加餐，正午 12:00 吃午餐，15:00 吃加餐，17:00 吃训练前加餐，19:15 吃训练后加餐，20:00 吃晚餐，21:00 吃少量加餐。

如果你习惯于夜晚 20:30—21:30 进行力量训练，那么我们推荐你早上 7:00 吃早餐，9:30 吃加餐，正午 12:00 吃午餐，15:00 吃加餐，18:00 吃晚餐，19:30 吃训练前加餐，21:45 吃训练后加餐。

卡路里本质上就是能量单位。要想长出额外的肌肉，就必须消耗额外的卡路里。这听起来似乎是个悖论，但把握好进食时机可以助你同时实现增肌和减脂。

如果你刚刚开始锻炼并且希望增肌，那么你很可能需要摄入比目前更多的能量。肌肉增长需要大量的卡路里：一个坚持力量训练的人需要两周左右的时间来增长 1 公斤肌肉，同时他还必须在此期间平稳地摄入和消耗该过程所需的能量。唯一能保证能量摄入平稳的方法就是一日多餐。

如果你现在是一天三餐地进食，要换成一日多餐并不困难。格朗让博士表示，你只需要增加一些符合增肌需求的美味加餐即可。她建议大家以花生酱和杂粮饼干、苹果和混合果仁，或者果脯和芝士切片作为加餐。如果你想同时增加蛋白质摄入，还可以加一些三文鱼、金枪鱼或鸡肉来搭配加餐。

你无需每次进食都把自己吃撑，但你必须坚持每日多餐。就算你的一天总摄入量只比通常的每日摄入量高出 100 大卡，你也终究会渐渐增重的。

增肌的速度大约在每周 0.25~0.5 公斤，注意监测自己的体重变化以确保没有额外的增脂。现在到处都能买到像家用体重秤一样精巧的体脂测量仪，价格也不贵，它们能精准地测出体脂率。

训练前吃一顿容易消化的富含碳水化合物并含有一定蛋白质含量的加餐。这样一来，训练时你的血管中会有足够的葡萄糖可以为你供能，同时还能减轻力量训练带来的肌肉组织损伤。

研究显示，在高强度训练前摄入一定的碳水化合物和蛋白质可以缓解力量训练造成的组织分解。

克莱纳博士表示，研究者还未查明该结果的深层原因，但从表象上看，这两种养分的组合限制了发生在肌肉纤维轻微撕裂后的有害的化学反应。

力量训练给肌肉造成的压力会导致肌肉纤维轻微撕裂，这很正常，但克莱纳博士表示，如果你能通过科学饮食抑制这种有害的化学反应，你就可能减短训练后肌肉组织恢复所需的时长。

归根结底，我们的目标就是争取在较短的时间内实现较大的肌肉增长。

克莱纳博士说道：“我们发现科学饮食能在减轻人体训练后的酸痛感以及促进肌肉快速恢复方面起到相当大的帮助。”

当按照建议配比与碳水化合物一同摄入时，蛋白质还能起到另一项重要作用，那就是减缓消化过程并调节碳水化合物转化为糖原的速率。

如果没有蛋白质，单独摄入的碳水化合物会使血糖含量迅速上升，并导致胰岛素大量分泌，而胰岛素又会加速葡萄糖到糖原的转化过程。这正是你在训练后需要的，因为训练后的目标是补充糖原，但对于训练前和训练中而言，血糖含量较高可以为训练提供充足的能量。

克莱纳博士称：“刚刚摄入的食物没有被立刻转为储备是一件好事，这样一来，人体就可以优先利用血液中的葡萄糖，待血糖不足后再动用糖原储备。”

---

训练误区

《精英运动员营养学》一书的作者、亚特兰大的运动营养学家、研究者和注册营养学家丹·贝纳多博士表示，从体能的角度来看，在早晨空腹进行力量训练有弊无利。

你在睡着的时候自然无法进食，而在 8 小时的睡眠后，人体肝脏内的糖原含量和血管内的葡萄糖水平都已急剧下降，因此刚刚睡醒时，人体根本没有足够的能量为力量训练供能。贝纳多博士称，如果此时你坚持空腹进行力量训练，要不了多久你的身体就会开始分解肌肉来为训练供能了。

他说道："空腹训练是习惯早起训练的人一个常见的误区。你应当至少在训练前摄入足够的训练前加餐。"

最适合训练前加餐的是容易消化的高碳水化合物食物，例如水果、酸奶、一片吐司或是一瓶高碳水化合物的运动饮料。

因克尔登建议训练前后的加餐摄入 2：1 的碳水化合物和蛋白质。许多能量棒或是运动饮料都差不多是这个配比，选择其中任何一样都没问题。不过，因克尔登还指出，随着科学研究的推进，最新发现表明碳水化合物和蛋白质的配比并不需要那么精准。事实上，碳水化合物和蛋白质的配比在 2：1 到 4：1 之间都可以。然而，如果你以能量棒作为训练加餐，还是应当看看营养成分表上的配比。有些品牌的能量棒的碳水化合物和蛋白质的配比就与建议配比相去甚远。

克莱纳博士表示，你应当在训练前的 60~90 分钟内摄入总共 100~200 大卡的能量。

美味的加餐一分为二，分别在训练前 60~90 分钟内和训练后 15~60 分钟内食用完毕，有助于最大化训练的增肌效果。或者你也可以选择在训练前后分别吃一根能量棒，或是一根果酱夹心燕麦棒和半杯脱脂牛奶（补充所需的蛋白质）。

此外，在最初的一个星期左右，你可能要多读读食物的营养成分表来学习如何估算摄入的热量值，不过很快你就会熟悉并不需要刻意地去计算它了。

克莱纳博士还建议大家在训练后的 15~60 分钟加餐随后的 60~90 分钟内吃一顿正餐。注意选择高升糖指数的高碳水化合物食品作为训练后加餐（但不是让你直接吃糖），这能推动肌肉修复过程立即开始。

增加糖原

选择训练后加餐时，应选取高升糖指数的高碳水化合物类小点心。

升糖指数衡量的是某种食物使血糖升高的速率。高升糖指数意味着人体能迅速地将这种食物转化为糖，而血糖含量的上升能使肌肉更迅速地将葡萄糖转化为糖原。

尽管糖果的升糖指数也非常高，但它会导致胰岛素水平先迅速上升随后下落，因此血糖也会先飙升再狂跌。

因此，《精英运动员营养学》一书的作者丹·贝纳多博士建议大家选取诸如全麦面包、香蕉、玉米片、速食米饭、饼干、西瓜、果汁和土豆这类食物作为训练后加餐，它们都能起到升高血糖的效果。

> 本书饮食计划的编撰者因克尔登建议大家在训练后加餐中同时摄入一点蛋白质以促进糖原储备的进一步补充。

高升糖指数的食物能够被人体迅速分解为糖并转化为能量。但不要将之与高糖分的垃圾食品混为一谈，最好的高升糖食物是诸如意大利面、某些水果和果汁、燕麦和面包这类食物。

一根香蕉就能满足你的需要，或者你也可以在便利店买一根低脂低纤维的果酱夹心燕麦棒，并配上半杯脱脂牛奶，又或者你也可以吃个面包圈。由于这些高升糖指数的食物能够被迅速地消化和吸收，它们也会导致胰岛素水平的升高。如果进食时机把握得当，胰岛素的分泌还能加速肌肉对所需养分的摄取。

进食时机对于训练后肌肉的恢复而言非常关键。

像力量训练这种爆发性的无氧运动几乎完全依赖肌糖原供能，而一个小时左右的力量训练几乎能耗尽肌糖原的储备。训练结束后，人体负责将碳水化合物转化为糖原的酶活性极高、已经准备好要开始合成糖原来恢复储备，同时，肌肉也处于充血状态且新陈代谢也正处于过载，都为输送糖原做好准备。

威尔逊说道："此时万事俱备，只欠东风。如果你在训练后及时进食，为酶提供原料，你就能加速糖原的合成。"

通常人体需要 48 小时左右来恢复糖原的储备，但通过吃一顿训练后加餐，你可以将所需时长缩短一半甚至更多，这可是一个难能可贵的机会。此外，在加餐后的 60~90 分钟内吃一顿正餐也非常必要。因克尔登表示这能使糖原合成继续下去。

别忘了训练后加餐中也应含有一定的蛋白质，这也有助于加速糖原补充及提升训练时分泌的生长激素的增肌效果。

此外，威尔逊解释道，训练后要摄入一定蛋白质的另一个原因是，训练后人体需要更多的蛋白质来修复受损的肌纤维。

威尔逊说道："补充一点蛋白质，人体就能获得更多的氨基酸来合成新的肌蛋白。"

# 能量来源：碳水化合物

在三大主要养分（蛋白质、脂肪和碳水化合物）中，碳水化合物是最容易被转化为糖原的，同时也是力量训练中肌肉能量的主要来源。碳水化合物不仅为训练供能，为肌肉增长提供额外的能量，而且还无私地奉献自己，使得你身体内的蛋白质无需参与供能就可以投入到肌纤维修复和增肌上。高碳水化合物的食品是饮食计划的核心。

大多数坚持力量训练的健身者听到"碳水化合物"5 个字时，脑海里浮现的都是骨瘦如柴的长跑运动员坐在一大锅意大利面前大口大口地吃、为周六的马拉松赛事作准备的画面。他们很难把碳水化合物和高强度力量训练、显著肌肉增长以及训练后肌肉快速恢复联系起来。

但事实上，碳水化合物就是实现这三者的关键。亚特兰大的运动营养学家、研究者和注册营养学家丹·贝纳多博士表示，无论你是在 10 公里长跑中艰难地上坡还是在镜前做锤式弯举训练，碳水化合物都是你最佳的能量来源。

换句话说，碳水化合物是健美食品，想要增肌可少不了碳水化合物的摄入。

> **碳水化合物的重要性**
>
> 身材健美的人体是一个高效的系统，它会充分利用摄入的食物，同时也只摄入它需要的食物。进食高碳水化合物的食品是为肌肉提供随需随取、快速作用的能量供应的最佳方式。
>
> 当你辛勤锻炼的"肌肉们"燃烧碳水化合物以获取能量时，这种消耗迅速且彻底，完全不留任何需要运走的废物或是要储存起来的残留物。而且，由于你直接为肌肉提供了它正需要的东西，肌肉就无需浪费时间在人体内萃取养分，而可以专注于它最重要的任务——增长。

贝纳多博士解释道："许多早期的碳水化合物与能量研究都涉及到长跑运动员，因此力量训练界号称碳水化合物只是适合耐力型运动员的想法总是挥之不去。不仅如此，由于肌肉是由蛋白质组成的，健身达人们还常常错误地过于看重蛋白质的摄入。"

然而，他引导道，想想那些浑身肌肉的纯种赛马，马可不吃肉，但一匹赛马就凭着运动和吃燕麦与干草就锻炼出了这般充满力量感的肌肉。当然，我们并不是在要求你天天吃草，这个例子的关键点在于干草的成分之一是碳水化合物，而肌肉增长需要碳水化合物。

你不必趴到自家草坪上狂吃草，或是像一个消瘦的马拉松运动员一样猛吃碳水化合物，但贝纳多博士建议所有经常做力量训练的人通过吃高碳水化合物食品（燕麦、意大利面、蔬菜、水果、米饭，甚至是运动饮料中的糖分）来摄入每日至少 60% 的能量。

碳水化合物是人体运动的主要能量来源，因为碳水化合物能直接被转化为肌糖原。碳水化合物能提高能量水平，为训练供能，还能为需要消耗能量的增肌过程提供必需的能量。贝纳多博士说道："如果你在大量消耗能量，就必须相应地大量摄入能量。"你只需记住这个简单的公式：碳水化合物 = 能量。原因如下：

碳水化合物在人体内会被分解为葡萄糖和糖原，即供能的糖。胰岛素这种激素可以促使肌细胞将葡萄糖转化成糖原并在需要使用前临时储备着。

由于碳水化合物十分容易消化，它能够迅速地供能。土豆泥、面包和糖果棒这类高碳水化合物食品还在口腔内时就已经被唾液分解得差不多了。借用巧克力品牌 M&M 的一个标语来说就是，碳水化合物入口即化。等这类食品抵达你的胃部时，它们已经时刻准备着为你下一次的训练供能了。

注册营养学家、匹兹堡钢人队及匹兹堡大学运动队的营养顾问莱斯利·邦奇解释道："碳水化合物会迅速地被吸收至血管。一根香蕉、一块饼干或是脱脂牛奶进到胃部没多久就会开始被转化为葡萄糖和糖原。"

糖原储存不能缺少胰岛素这种激素。每次你进食，血管的胰岛素含量都会上升。胰岛素会诱使肌细胞中的受体接纳葡萄糖，而葡萄糖一旦进入到细胞内，就会迅速地被代谢掉以供能或是被特殊的酶转化为糖原。

邦奇说道："如果你在训练前约一小时摄入了一定的碳水化合物，训练时你的血管内葡萄糖的含量就会上升。这就是训练前高碳水化合物加餐可以提升训练体能的原因。"

以碳水化合物为每顿正餐和加餐的主要营养成分能提升你训练时的体能、耐力和强度。通过一天的摄入不断补充的碳水化合物可以保持糖原储备（你的能量储备）时刻处于峰值。

当一位篮球运动员在球场上加速进行快攻或是一位健身者拿着极重的哑铃做推举

时，他们都主要在消耗肌糖原来为之供能。此举爆发性的运动被称作无氧运动，因为为之供能的化学反应是发生在无氧环境下产生的。有氧运动则相反，但若你是个少食多餐、坚持每周进行 3~4 次力量训练，且不时做些有氧运动的健身者，那你就没什么可担心的了。这些运动都会疯狂地消耗卡路里，不仅在你锻炼的时候如此，在你休息的日子里，人体在努力增肌时也是如此。尽管你的块头也在变大，但你增加的是肌肉而非脂肪。

---

**碳水化合物认知误区**

你可能听说过碳水化合物会导致增胖。几年前有人提出的一种区域减肥法大肆鼓吹这种观点，引起了不少争论。

但我们还是从一个客观的视角重新考察一下这个观点吧。

没错，碳水化合物会使人增胖，但若你摄入了超标的蛋白质和脂肪，它们同样也会使你增胖。只要摄入的能量超过了消耗的能量，人体就会增胖。

如果你成天大吃特吃意大利面和比萨，但吃完又不锻炼、成天坐着几个小时不动地看电视，那么你当然会由于摄入过多的碳水化合物而增胖啊。

---

像慢跑或游泳这类耗时较长、强度较低的运动会驱使氧气进入肌肉，而存在于肌肉中的氧气使得跑步运动员既可以消耗脂肪供能，也可以消耗肌糖原供能。这正是跑步运动员都比较瘦的缘由。

然而，由于力量训练每组只持续 1 分钟左右，进行此类训练的健身者几乎不会消耗脂肪。因此，对于健身人群而言，糖原储备非常重要。

一位体重 80 公斤、经常锻炼的人身体中能够储备约 2100 大卡的糖原，其中大部分（约 1600 大卡的糖原）被储存在肌肉中，其余的则以葡萄糖的形式存在于其肝脏和血管之中。

一旦这些储备被用尽，人体将无法及时调动足够的脂肪来维系运动时的消耗，此时就会出现力竭的情况。

邦奇说道："人体的糖原储备其实非常少，1 小时左右的力量训练就会耗尽这点储备。此后，你得及时补充储备。"

前文已经提及，人体最佳的能量来源是高碳水化合物的食品，这是因为人体倾向于消耗碳水化合物而非蛋白质和脂肪来供能。如果你体格健壮且坚持每天或每隔一天艰苦训练，你的身体机能会变得非常高效，碳水化合物会迅速地被转化为糖原并直接被输送至肌肉。

邦奇解释道："定期锻炼的人，肌肉其实一直在持续不断地消耗葡萄糖。多补充一点能源总归是好的。"

人体能储存的糖原量会随着训练增长。比起不锻炼的肌肉，经常锻炼的肌肉能够储备更多的糖原。随着你力量的增强和肌肉的增大，你必须摄入更多的热量才能将肌糖原的储备池补满。

在训练中肌糖原几乎会被耗尽，而肌肉需要时间来重新补满糖原储备。邦奇表示，通过训练后立即摄入高碳水化合物的食品，你可以缩短该过程所需的时长。

人体肌肉需要至少 24 小时（上至 48 小时）的时间来补满糖原储备，它们还需要能量和时间来调动氨基酸及修复训练造成的细微撕裂。

邦奇表示，你应在训练后的 15~60 分钟内摄入约 200 大卡的碳水化合物，越早越好。快速作用的碳水化合物正是此时你身体最迫切需要的。香蕉、比萨、意大利面、一根燕麦棒配上一些脱脂牛奶，或是一瓶运动饮料都是不错的训练后加餐选择。此后的 1~2 小时内，你就可以接着吃一顿符合饮食计划的正餐了。

确保储备常满的另一途径是坚持每顿正餐和加餐都大量摄入碳水化合物，这样一来，你就在不断地补充着储备。邦奇建议大家不要等到储备耗尽再来补充。

她说："如果你总是忽视碳水化合物摄入和糖原补充，你的身体会对你进行报复的。"当碳水化合物摄入不足时，人体的能量水平会逐渐降低，你会发现自己的训练重量下降、组数减少、甚至太累而不得不减少训练天数，而且需要的恢复时间也越来越长。

贝纳多博士称，许多经常锻炼的人摄入的能量往往连已有的肌肉都难以为继，更别说增肌了。

这种情况的征兆其实非常明显，那就是无论你做了多少力量训练，都丝毫没有任何增肌的迹象，这就是你应该增加碳水化合物摄入的信号了。

当你摄入的能量和碳水化合物不足时，效果就会变得不理想。因为当你的身体开始缺乏"能源"时，它就会从你的血管中抓取蛋白质（氨基酸）来供能，甚至通过分解现有的肌肉来获取所需的蛋白质。还有什么会比这更糟糕的呢？你本是要去健身房增肌的，结果你的身体却在窃取现有的肌肉来为你的锻炼供能。你所做的一切都是无用功。

避免这种恶性循环局面的方法其实很简单，你应该也已经猜到了。贝纳多博士表示，你只要摄入身体所需的碳水化合物，就能避免所摄入的蛋白质被用作供能而非增肌了。

但是，你可别听完这话就开开心心地去吃圣代冰淇淋了。增加碳水化合物摄入并不意味着增加总摄入，也不意味着你应该摄入太多精制糖，比如糖果、冰淇淋和蛋糕。

如果你腰间挂着沉甸甸的赘肉，你其实还应该减少能量的摄入。但即便如此，你应当减少的也是脂肪和蛋白质而非碳水化合物的摄入。

你摄入的碳水化合物应以常见于糙米、谷物、意大利面、全麦面包和蔬菜之中的复合碳水化合物为主。除个别种类以外，大部分复合碳水化合物的分解速率更低，因此能较为平稳地供能。单一碳水化合物和单糖不宜摄入过多。

碳水化合物分为两类：复合碳水化合物和单一碳水化合物。单一碳水化合物常见于精制白糖、蜂蜜、水果中的果糖以及精制白面粉之中，它空有许多热量却没有多少养分，因此单一碳水化合物会刺激血糖含量和胰岛素水平迅速升高，但这个效果是十分短暂的，通常要不了多久，血糖含量就会降至比摄入前还低的水平。

这就像是在车与车的保险杠都快要贴到一起了的高速公路大塞车中，你看到了旁边车道的一个空隙、一脚油门就插了进去。你可能是前进了一点，但其实从整体来看，你还是一样在跟着车流缓慢地挪动前行。相比之下，摄入复合碳水化合物（也称可溶性淀粉），要实用得多。

复合碳水化合物可不像单一碳水化合物那般空有热量。含有复合碳水化合物的未精制和未加工的食品通常还含有许多能量、维生素和矿物质，以及纤维等其他养分。而且与单一碳水化合物相比，复合碳水化合物的吸收速率较慢，因此它为血管供给和输送糖的过程是缓慢且持续的，这就避免了胰岛素的突然飙升，可以保证供能的相对稳定。

摄入复合碳水化合物就像是接上了稳定的电源，而非每几个小时才充一次电。

像是燕麦、意大利面、蔬菜和谷物这类质量和密度较大、含有中等能量的食品往往都含有复合碳水化合物。而且由于这类食品每克含有的能量比每克脂肪所含能量低，要想光靠摄入它们来满足增肌的能量需求都并非易事。因此，饮食计划不会让你挨饿，你不仅能吃好，而且还能吃不少。只不过，你得调整饮食以增加复合碳水化合物摄入的比例。

为满足人体的需求，邦奇建议大家每顿饭都摄入高碳水化合物的食品。

---

### 估算个人碳水需求

健身者需要每天大量摄入碳水化合物，因为他们进行力量训练所消耗的能量95%均来自于肌糖原，也就是储备的碳水化合物。

为估算个人每天所需的碳水化合物摄入，你可以按照每日摄入能量的百分比来估计。我们建议的每日碳水化合物的摄入量占总能量摄入量的比例约为60%~65%。

如果你十分清楚目前自己每日的总能量摄入量，你就可以用下述公式来估算自身的碳水化合物需求。举例来说，一个体重80公斤的人，由于他想要增肌，因此每日总摄入需要达到3300大卡。

计算公式：每日总能量摄入量 × 建议碳水化合物摄入比例（60%）= 每日碳

水化合物摄入量

对于例子中的参照人而言，其估算如下：

3300 大卡 ×0.60=1980 大卡（碳水化合物）

由于每克碳水化合物含有 4 大卡热量，以上述结果除以 4 就得到了其每日所需的碳水化合物摄入的克数，也就是：

1980/4=495（克／天）

营养学家称糖果为无营养能量，并建议大家避免食之。

## 常见食物的碳水化合物含量

| 食物 | 分量 | 碳水化合物（克） | 能量（大卡） | 蛋白质（克） | 脂肪（克） |
|---|---|---|---|---|---|
| 苹果 | 直径 8 厘米 | 32 | 125 | 0 | 1 |
| 原味迷你面包圈 | 直径 9 厘米 | 38 | 195 | 7 | 1 |
| 香蕉 | 1 根（中等大小） | 28 | 109 | 1 | 1 |
| 玉米棒 | 1 根（13 厘米） | 19 | 83 | 3 | 1 |
| 蔓越莓果酱 | 0.5 杯 | 54 | 209 | 1 | 0.2 |
| 佳得乐运动饮料 | 250 毫升 | 14 | 50 | 0 | 0 |
| 玉米片 | 1 杯 | 24 | 102 | 2 | 0 |
| 肯德基炸鸡腿 | 1 块 | 18 | 370 | 19 | 25 |
| 罐装红芸豆 | 1 杯 | 40 | 218 | 13 | 1 |
| 香肠比萨 | 1 块 | 41 | 420 | 19 | 4 |
| 速食糙米 | 2/3 杯（煮熟时） | 34 | 170 | 4 | 1.5 |
| 全麦花生酱果酱三明治 | 1 块 | 43 | 370 | 13 | 16 |
| 必胜客牌手工芝士比萨 | 2 块 | 86 | 618 | 28 | 18 |
| 土豆（煮熟） | 直径 6.35 厘米 | 27 | 118 | 2 | 0 |

（续）

| 食物 | 分量 | 碳水化合物（克） | 能量（大卡） | 蛋白质（克） | 脂肪（克） |
|---|---|---|---|---|---|
| 赛百味牌火鸡全麦三明治 | 1 块 | 45 | 282 | 17 | 4 |
| 塔可钟牌辣酱豆卷 | 1 个 | 54 | 370 | 13 | 12 |
| 肉酱意面 | 60 克细意大利面（生面重量）；0.5 杯意大利面调味酱（番茄/大蒜/洋葱） | 60 | 320 | 9 | 4.5 |
| 奶油夹心蛋糕 | 1 块 | 27 | 157 | 1 | 5 |
| 全麦面包 | 1 片 | 13 | 69 | 3 | 1 |

早餐吃谷物，加餐吃水果和饼干，晚餐吃米饭、意大利面或土豆，而且每日大量摄入蔬菜。蔬菜怎么吃都不会出错，因为几乎每顿素食的各种食品中都含有碳水化合物。

此外，每日应注意摄入各种各样的碳水化合物。不同的高碳水化合物食品对血糖含量的影响不尽相同，测量该影响的指数被称为食品的升糖指数。一个烤土豆的升糖指数比较高，因为摄入它会使你的血糖含量飙升，而一个苹果的升糖指数则比较低。升糖指数不太好估测，它取决于食物的加工程度和做法，同一种食物的升糖指数也并不总是恒定的。

训练后加餐摄入高升糖指数的食品比较适宜。单一碳水化合物的升糖指数往往较高，因此训练后可以吃一点甜食，但这里所说的甜食可不是指糖果。你可以吃一根果酱夹心的燕麦棒，最好再配上一点蛋白质摄入，比如半杯脱脂牛奶。其他时候只要注意多摄入不同种类的碳水化合物，并配上一定的蛋白质来降低消化速率、保持血糖水平的相对稳定即可。

邦奇表示，如果你讲究精准且习惯阅读食品的营养成分表，你可以每天摄入自身体重数值公斤数 6 倍克数的碳水化合物。按照这个公式计算，一个 80 公斤的人每日应该摄入约 480 克碳水化合物。

但大多数听从邦奇的营养建议的运动员都不是那类能细致考量任何东西重量的人，因此她建议他们午餐或晚餐大量摄入高复合碳水化合物的食品，至少占到当餐的 2/3 摄入，这样就容易执行得多。另一个简单的策略是每顿饭都以摄入碳水化合物而非肉类为主。

她说道："你也可以每顿正餐或加餐都吃点面包或面食，比如比萨、墨西哥薄饼、阿拉伯大饼以及饼干。"

如果你只是普通人，那偶尔想吃糖也是理所当然的。这没有任何问题，只要你对"偶尔"的定义并不是"每天"。糖果、果酱、果汁、水果和糖浆这些只应是你碳水化合物摄入的一个很小的部分（很小的部分，很小的部分，很小的部分，重要的事情说三遍）。我们都知道人体理应每天摄入几份水果，但对于进行力量训练的人而言，情况可能略有不同。你还是会摄入一定的水果，只是不那么多。

本书的饮食计划清晰地罗列了众多的适宜选项，你无需费心猜测，只要跟从硬汉计划的指引和饮食推荐即可轻松获取所需的碳水化合物摄入。

无论你是计量克数、根据食谱还是只凭常识和感觉来控制摄入，切记练就健美的身材是需要付出相应代价的，你可不能像普通人那样吃高脂却缺乏营养的垃圾食品。

# 增肌能源：蛋白质的真相

人体利用蛋白质修复肌肉并实现增肌。然而，尽管蛋白质是增肌的关键养分，过度摄取依然百害而无一利。大多数人根本不需要蛋白质补剂或是高蛋白饮食，摄入普通而均衡多样的蔬菜和动物蛋白已经完全足够了。

公元 6 世纪左右，奥林匹克运动员们开始聘请教练来管控他们的饮食与训练。来自意大利南部克罗托内的摔跤冠军选手米罗就遵循当时顶尖的营养学界权威推崇的高肉食摄入饮食。

传言道，米罗每顿饭都会吞食 13 公斤的牛肉和面包，佐以 7.5 升的葡萄酒。至于训练，为了引起轰动，他时常扛着一头奶牛跑过等同于整个奥林匹克运动场长度的距离。

他选择的这种大量摄入肉食的饮食习惯和震撼的训练方式都在传递同一个信息：肉食是强壮的关键因素。

快进到如今，你会发现健身房里的大块头们极力称颂着去皮鸡胸肉、蛋白粉、牛肉和氨基酸补剂的效能。

> **适量摄入蛋白质的重要性**
>
> 当你将力量训练变为自己生活的一部分后，力量训练必然会导致肌肉产生细微撕裂，而你的身体会利用蛋白质来对其进行修复，使其更大更强。然而，摄入过多的蛋白质就像是砌墙的时候在砖块之间填入了过多的砂浆，不仅浪费材料而且还会使墙体看起来凌乱不堪。多余的蛋白质不是直接被排泄掉，就是被强行塞进了不必要的储备之中，另外还有可能对肾脏造成负担，导致患肾结石。

这些健身狂魔的观点看似与米罗不尽相同，但本质上都在传达同一个信息：不管吃的是后腹牛排还是鹰嘴豆泥，蛋白质摄入是强壮的关键因素。

这个嘛，也许吧。

蛋白质对于增肌非常重要，它是唯一一种直接服务于修复和新增肌纤维的养分。与长期宅在家中久坐不动、成天就知道看有线电视体育专业频道、做着变身硬汉的白日梦的懒人相比，坚持力量训练的健身者确实需要摄入更多的蛋白质。

然而，这并不意味着你需要大量且过度地补充蛋白质。我们建议你通过吃诸如鱼肉、家禽肉类、红肉、豆腐、菜豆和奶制品等高蛋白食品摄入每日总能量摄入量15%的蛋白质。

以参照人为例（体重80公斤，身高178厘米），每日适宜的蛋白质摄入约143克，换算成等价的食物差不多是两块鸡胸肉、一杯低脂茅屋奶酪和半杯黑豆，这可比像米罗那样每天猛塞13公斤牛肉容易多了。

本书饮食计划的编撰者因克尔登表示，这点蛋白质摄入听起来似乎不够，但若这些蛋白质全都被用在增肌上，那可就相当多了。

因克尔登说道："运动量决定蛋白质需求。你需要的是足够的蛋白质来合成更多的肌肉，但人体能够充分利用的蛋白质是有限的，摄入更多未必更好。"

如果你常常在加油站买墨西哥玉米煎饼和在有着语音招牌的汽车穿梭餐厅买汉堡当晚餐，那么你很可能已经摄入了过量的蛋白质。

假如这就是你目前的饮食习惯，那当你开始力量训练时，你需要减少蛋白质的摄入，或者至少得调整你目前的饮食以确保你摄入蛋白质的同时没有大量摄入脂肪和胆固醇。

我们十分清楚高蛋白饮食是现在被健身狂魔们狂热追逐的时尚。它号称能使人体分泌的胰岛素水平稳定在最优水平，因而受到人们的热烈追捧。然而，饮食计划根本不需要设置那些不必要的饮食限制就能实现这一目标，免去了大家日复一日吃着单调膳食之苦。说实话，我们饮食计划中罗列的选项绝对比高蛋白饮食要诱人得多。追赶一时潮流的高蛋白饮食，你确实可以随心所欲地吃汉堡，但是你既不能吃汉堡顶部和底部的面包、也不能往里面加芥末酱，也不能吃里头夹着的酸黄瓜，你真的觉得自己能忍受一日三餐、日复一日地就吃着汉堡里面的肉饼吗？

大量摄入蛋白质本身并不会助你实现增肌或加速肌肉增长，你不能早餐吃着牛排和鸡蛋、下班回家的路上吃着双重芝士比萨就指望着令人惊艳的肱三头肌自己就冒出来了。增肌的核心依然是高强度的力量训练，而且大概也用不上你目前摄入的这么多的蛋白质。

增肌是一个循环往复进行撕裂和修复的过程。每次你进行力量训练时，受到压力的肌纤维都会产生细微的撕裂，这就是第二天你会感到肌肉酸痛的原因。

你的身体会以蛋白质为原料来修复这些肌纤维，并且为了更好地保护这些受过伤的肌纤维，你的身体会诱导它们增长。蛋白质在此只是起到修补和建筑工具的作用。

蛋白质在人体内具体的生化反应比较复杂，在此本书只为大家做一个简单的介绍。

氧原子、碳原子、氢原子和氮原子以不同的组合方式构成不同种类的氨基酸，这些氨基酸又以不同的连接顺序通过肽键连接起来构成蛋白质。

摄入膳食蛋白质（食物中的蛋白质）时，人体会先将之分解为氨基酸，再以不同组合方式重组这些氨基酸来构成新的蛋白质来修复和更新组织。除此之外，蛋白质还能刺激毛发增长、辅助激素和血红细胞的生成、在人体内输送养分和增强免疫力。

---

**蛋白质认知误区**

一位丹佛野马队的前锋曾经每天吃 45 块鸡胸肉，这可是严重过量的蛋白质摄入，而且现在你应该已经知道了，过量蛋白质摄入有弊无利。

丹佛野马队的运动营养顾问、注册营养学家杰姬·伯宁博士问道："你能想象出任何人一天吃 45 块鸡胸肉的场景吗？"

这位前锋块头非常之大，但当他去向伯宁博士寻求建议时，他其实只是一个 130 公斤的"弱者"。他的体能几乎连其足球训练和力量训练都难以为继。

伯宁博士告知他其鸡肉摄入过量了，严重过量了。

她解释道："他碳水化合物摄入不足，蛋白质摄入又过量了，其身体只好转而利用蛋白质作为能量来源。"

这个小故事最重要的教训就是：蛋白质并不适合作为能量来源。

---

**健身者应该摄入推荐每日膳食营养素供给量约 2 倍的蛋白质，但不应更多了。摄入超出自身需求量的蛋白质其实反而会阻碍增肌，因为在总摄入不变的情况下，过量的蛋白质意味着不足的碳水化合物，也就是不足的能量储备。**

你不需要每周大量购买牛肋排，否则卖肉给你的老板都能买得起凯迪拉克的汽车了。如果一些业余的健身房营养师让你有了这种错误的想法，那是因为他们曲解了蛋白质的工作原理以及增肌的机制。

一旦肌肉吸收了足够其修复肌纤维和增肌的蛋白质，多余的蛋白质就会被重新分配。它们可能会被作为能源消耗掉、转化为碳水化合物、转化为脂肪被储存起来，或者直接通过尿液被排出体外。因克尔登称，多余的蛋白质并没有什么实质的用处。

比蛋白质摄入更重要的是总能量摄入量。肌肉增长需要长期高强度的训练，而这又需要消耗非常多的能量。因克尔登表示，最佳的能量来源是碳水化合物，而非蛋白质。

蛋白质并不是特别高效的能源，它必须首先被转化为碳水化合物，再被转化为肌糖原（肌肉能源），然后才能开始为训练供能。或者它也可以被转化为脂肪并被储存起来以供未来需要。你没有听错，被转化为脂肪，这可不是我们想要达到的目的。

在碳水化合物摄入充足的情况下，人体极少会利用蛋白质储备来为训练供能。这样一来，蛋白质储备就能集中服务于肌纤维增长和修复了。

算算这笔账吧。每次训练后，肌肉都需要将近两天的时间才能补满糖原储备，这还是在充分休息和摄入高碳水化合物饮食的前提之下才能实现的结果。运动营养学家杰姬·伯宁博士表示，如果你日复一日地进行着高强度的训练，同时还摄入着高蛋白质低碳水化合物的饮食，你的糖原储备会逐渐减少，就像一块老化的电池一样逐渐充不进电。

结果你会发现，训练时自己不仅体能下降、在更短的时间内就感觉乏力，而且每组次数减少、训练重量降低，并且恢复所需的时长增加。最终，你的肌肉量甚至还减少了。

更糟的是，你还可能因此伤到身体。长期摄入过量的蛋白质对于人体的肾脏而言负荷极大。运动营养学研究者、注册营养学家苏珊·克莱纳在其著作《食出力量》中表示，由于肾脏负责处理分解蛋白质所产生的废物，过量摄入蛋白质会增加肾脏压力，甚至造成肾功能受损。

摄入蛋白质补剂是确保每天摄入足够蛋白质的快捷方式。当你一天吃的都是素食而离你最近的牛排店也在十万八千里外时（或者你是一位素食主义者，每天只吃素食的话），你就可以通过摄入蛋白质补剂的形式来补足缺失的蛋白质摄入。

不过，通常来说，你可以从食物中获取全部所需的蛋白质。如果你严格遵循饮食计划的话，就更不用担心蛋白质摄入不足了。民以食为天，没有谁不享受"吃"这件事，因此，我们更推崇健康的天然食品，而不是干燥、倒胃口的补剂粉末。喝牛奶、在公司的派对和自助餐上多吃点蔬菜，以及在自家后院烤些鸡肉，偶尔也可以换成牛排，这些就是保证蛋白质摄入的诀窍。

研究表明，相比蛋白粉或增肌粉这类补剂，健康的天然食品中所含的蛋白质更容易被人体吸收。这似乎是由于天然食品中含有被科学家们称之为"食物因子"的能够帮助人体吸收养分的物质，而蛋白质补剂中则未必含有这种物质。

尽管许多蛋白粉和氨基酸补剂的生产商都会宣称比起食物中的蛋白质，他们的产品能够更快地被人体吸收，但是伯宁博士解释道，既没有相关研究能够支持他们的这种说法，也没有证据表明蛋白质和氨基酸的快速吸收能够对增肌有任何促进作用。

许多进行力量训练的健身者都会在训练后立即摄入蛋白质奶昔，别这么做。因克尔登称，此时你的身体需要的是一瓶碳水化合物与蛋白质配比在 2:1 到 4:1 之间的运动饮料，它能辅助体能恢复和肌肉增长。

在高强度训练以后，人体需要几个小时来合成肌蛋白。伯宁博士表示，只要你每天都摄入一定的高蛋白食品，你的系统中就会有充足的氨基酸供身体在训练后修复肌肉。遵循饮食计划，你就能在锻炼日和休息日都时时保持着最优的蛋白质摄入水平。

除了不必要以外，蛋白质补剂和许多氨基酸补剂还有另一个问题：高昂的价格。花这个钱倒不如去买补剂还不如吃一罐金枪鱼来得实际，其蛋白质含量相比补剂只多不少。

伯宁博士提醒大家，切记均衡的饮食和高强度的锻炼才是增肌的根本，而什么蛋白质补剂或是氨基酸药剂全都是浮云。不管那些健身狂魔是怎么跟你说的，如果他们真的是健身达人，他们花在健身房进行力量训练的时间必然不会少，这才是他们健硕肌肉的真正源泉。

摄入动物蛋白质能确保你获取所有增肌所需的必需氨基酸，这是增肌必不可少的基础原料。如果你是一位严格的素食主义者，那么你就需要摄入合理搭配的不同种类的食物或是服用补剂来获取必需氨基酸了。

人体无法自行合成必需氨基酸，因此必须通过摄入食物来获取它们。食物所含的蛋白质可以分为两类：完全蛋白和不完全蛋白。

完全蛋白（即动物蛋白）中含有大量的必需氨基酸，它就像是一站式的氨基酸购物中心。因此，摄入鸡蛋、肉类、芝士、牛奶或是其他奶制品都能轻易地满足人体的蛋白质摄入需求。

植物蛋白（常见于菜豆、意大利面、小扁豆和坚果等）也称不完全蛋白。没有任何一种提供植物蛋白的食物含有代谢和增肌所必需的所有种类的必需氨基酸。

---

### 估算个人蛋白质需求

**每日应摄入多少蛋白质为宜？**

推荐每日膳食营养素供给量建议的每日蛋白质摄入量为每公斤体重 0.8 克。不过，这是针对缺乏运动且久坐不动的人群而言的，经常锻炼的健身者肯定需要更多的蛋白质。

运动营养学家们、教练们和运动员们围绕进行力量训练的人群每天到底至少需要摄入多少蛋白质这个问题争持不下，但硬汉计划的缔造者彼得·列蒙博士1995 年在俄亥俄州肯特州立大学的应用生理学研究实验室做了一项后来被广为引用的研究，该研究显示，适宜的区间大概为每公斤体重需要摄入 1.4~1.8 克蛋白质。

你可以根据下述公式来确定自身每日大致的蛋白质需求。先以体重除以 2.2（每公斤约等于 2.2 磅），接着以该结果乘以每公斤体重的建议蛋白质摄入克数。

如果你的体重为 175 磅，则：

175 磅 ÷2.2 磅 / 公斤 = 79.5 公斤

蛋白质需求的区间下限为：79.5 公斤 ×1.4 克 / 公斤 =111.3 克

蛋白质需求的区间上限为：79.5 公斤 ×1.8 克 / 公斤 =143.1 克

常见食物的蛋白质含量

| 食物 | 分量 | 蛋白质（克） | 能量（大卡） | 碳水化合物（克） | 脂肪（克） |
|---|---|---|---|---|---|
| 全麦麦片 | 1 杯 | 8 | 160 | 46 | 2 |
| 黑豆（熟） | 0.5 杯 | 8 | 114 | 20 | 0 |
| 切达奶酪 | 30 克 | 7 | 113 | 0 | 9 |
| 去皮烤鸡胸肉 | 180 克 | 53 | 284 | 0 | 6 |
| 鹰嘴豆 | 1 杯 | 14 | 269 | 45 | 4 |
| 蛤蜊（蒸熟） | 10 枚 | 24 | 141 | 5 | 2 |
| 奶酪,小块,脂肪含量1% | 1 杯 | 28 | 164 | 6 | 2 |
| 鸡蛋（全熟） | 1 枚 | 6 | 77 | 1 | 5 |
| 脱脂牛奶 | 1 杯 | 8 | 85 | 12 | 0 |
| 烤比目鱼 | 120 克 | 27 | 132 | 0 | 2 |
| 汉堡肉饼（精瘦） | 120 克 | 32 | 299 | 0 | 18 |
| 全麦花生酱果酱三明治 | 1 块 | 13 | 370 | 43 | 16 |
| 南瓜子 | 30 克 | 7 | 151 | 5 | 13 |
| 白灼虾 | 16 只 | 18 | 87 | 0 | 1 |
| 西冷牛排（瘦） | 120 克 | 34 | 228 | 0 | 9 |
| 金枪鱼 | 180 克(罐装) | 36 | 180 | 0 | 3 |
| 葵瓜子 | 0.25 杯 | 8 | 205 | 7 | 18 |
| 水煮鸡胸肉 | 1 罐 | 27.5 | 150 | 2.5 | 2.5 |
| 豆腐 | 0.5 杯 | 8 | 76 | 2 | 5 |
| 火鸡胸脱脂午餐肉 | 2 块 | 8 | 44 | 2 | 0 |
| 黑巧克力冲饮 | 1 罐(冲调好) | 10 | 220 | 38 | 3 |
| 烤鹿肉 | 120 克 | 34 | 179 | 0 | 4 |
| 烤麦芽 | 0.5 杯 | 16.5 | 216 | 28 | 6 |

如果你是一位严格的素食主义者（完全不摄入任何种类的动物制品，包括牛奶与鸡蛋），那你就必须通过摄入精心搭配的不同种类的素食来获取所有必需氨基酸。但如果你只是不吃肉，那你就可以在素食之外摄入鸡蛋、鱼、芝士以及其他奶制品来获取这些必需氨基酸。

如果你摄入低脂奶制品、瘦肉和各种各样的植物蛋白，那么你同样可以获取所需的所有必需氨基酸，此外还能将脂肪和胆固醇的摄入控制在较低的水平。这正是本书饮食计划的目标所在。

高动物蛋白的饮食往往也是高脂和高胆固醇的饮食，这并不是一件好事，而且它很可能没有含多少促进消化和排泄的纤维。

这并不是说摄入肉类必然对健康有害，只不过你需要对摄入的肉类属于动物的哪个部位以及其烹制方法有所选择。精选的较瘦的牛肉、羊肉和猪肉都是不错的低脂的蛋白质来源，去皮鸡胸肉也是广大健身爱好者的偏爱之选。

你还可以通过选择合适的烹制方法来降低摄入的肉类的油脂含量。因克尔登建议大家选择焙烤这种烹制方法，这样能使得肉中的部分油脂融化并流走。

另外一种平衡动物蛋白的弊端的方法是增加无肉膳食的次数。因克尔登表示，如果你喜欢奶制品，你就可以从低脂奶酪、低脂酸奶和脱脂牛奶中获取高质量的蛋白质。鸡蛋也是优质的蛋白质来源，但每日的摄入应适度。豆腐、菜豆、豌豆、小扁豆和各种蔬菜都含有大量的蛋白质。不仅如此，更多地摄入植物蛋白对你的钱包来说压力也会小一些。

因克尔登称："无论你是一位素食主义者还是食肉者，最佳的策略都是摄入各种各样的食物。这样不仅能促进增肌，也能提升人体的综合营养状况。"而营养状况可是一个很酷的身体指标啊！

# 能源中的胖子：燃烧的脂肪

注意将脂肪摄入控制在较低的水平，但也不必恐惧脂肪，对它与其他重要的养分一视同仁即可。在适度摄入的前提下，脂肪是很好的能量来源、维生素吸收的辅助工具，同时也是增肌的重要养分原料。不过，你摄入的脂肪应主要来自于植物而非肉类。

脂肪曾经是重要的能量来源。但时过境迁，如今已经鲜有人经历着饥一顿饱一顿的生活，而且脂肪也变成了养分中人人避而远之的"妖魔鬼怪"。听听现在这些危言耸听的炒作："切忌摄入脂肪；选择低脂和脱脂食品；脂肪只会招致肥胖。"不知情的人还以为脂肪这种人体的关键养分是什么致命毒药呢。

脂肪对于新陈代谢、增肌和分泌酶与激素都十分关键。完全不摄入脂肪是无法保持一副健康强壮的体魄的。摄入脂肪的诀窍在于根据身体的需求来摄入。

对于健身者而言，膳食脂肪就像是一位容易好心办坏事的朋友。你会接纳它进入你的生活，但也会限制跟它的交往，只在特殊场合与之相见。

诚然，摄入过量的脂肪会让你满身出现松松垮垮的赘肉，这肯定使你与你努力卧推想实现的目标背道而驰了。不过，如果你在坚持高强度运动的同时适量摄入正确种类的脂肪，你就不必担心这些脂肪会堆积在你的腹部了。

不仅如此，这些脂肪还会反过来辅助人体的许多重要机能，同时被储藏起来的脂肪会缓慢作用，为人体的正常运转供应能量。

---

**脂肪认知误区**

你可能听说过高脂饮食和脂肪补剂能够辅助提升人体以脂肪为能量来源的能力这种传言。这对于跑步运动员而言可能还有点效果，但对于力量训练者而言，则是一个服用毒药来治疗小疾的噩梦。

> 健身者还常听说高脂饮食，但当你了当你选择此种高脂饮食时，你的碳水化合物摄入和肌糖原储备量都会相应下降。确实，当人体糖原储备不足时，会转而以脂肪为能量来源，但这并不代表脂肪是高效的能源，而且脂肪根本无法为像力量训练这样高强度的锻炼供能。
>
> 研究表明，选择高脂饮食的人群在进行高强度训练时会迅速力竭。当糖原储备不足时，人体根本无法调动足够的脂肪来继续为训练供能。

内布拉斯加州奥马哈一家营养中心的主管、教育博士安·格朗让说道："脂肪不一定是你的敌人，它也可以是你的朋友。大多数坚持运动、状态活跃的人根本都无需惧怕脂肪。"

然而，格朗让博士表示，如果基因决定了你更容易罹患心脏病，比如你胆固醇较高、父亲42岁就曾心脏病发、家族中半数的叔叔婶婶都做了心脏搭桥手术，那么无论你的运动强度有多高，你都应当谨慎控制脂肪摄入。

格朗让博士称，除上述人群以外，大部分坚持运动且有一定健康意识的人很可能在脂肪摄入方面都不存在严重的过量的问题，甚至还可能由于受周遭密集的低脂、脱脂信息影响，反而存在脂肪摄入不足的问题。

她说道："你应当对脂肪和其他养分一视同仁。摄入不足或过多都不利于人体健康。"

每日的脂肪摄入量不足每日总能量摄入量的20%可能会损害你的增肌效果。

脂肪在人体中无处不在。它在每一个细胞的外膜中，它溶解、输送维生素D、K、E、A并辅助它们的吸收，它为人体供应组织（包括肌肉）生长和再生所必需的脂肪酸，它还像一个缓冲垫一样保护着人体的内脏并承担着能量储备的角色。

我们摄入的脂肪分为动物来源和植物来源两种。饱和脂肪（室温下成固态的脂肪）来自于诸如肉类、黄油、芝士和蛋黄等动物制品以及椰子、棕榈油等植物制品。不饱和脂肪（室温下成液态的脂肪）则常见于菜油、部分植物、坚果和种子之中。

美国心脏协会建议大家每天的脂肪摄入量应不到每日总能量摄入量的30%，并且主要以两种不饱和脂肪（多重不饱和脂肪和单一不饱和脂肪）为主。这个建议是供普通人参考的，但你应该已经了解，健身者的需求与一般人的需求还是有差异的。

你应当将每日脂肪摄入量控制在每日总能量摄入量的20%~25%之间。盐湖城的注册营养学家克劳迪娅·威尔逊表示，如果你的目标是减脂，那就控制在20%左右，但切忌为了凸显肌肉而走向极端（低于 20%）。

极端低脂的饮食会导致你营养不足，使你无法摄入足够的能量也可能会削弱你的训练效果，甚至还可能损害你的免疫系统。此外，格朗让博士称，这种饮食也是很难长久坚持的。

除非你是一位热切期盼人人都会在你出场时呆呆地盯着你的肌肉组织上的每一条血管和每一根纤维的健身狂魔，否则这样的极端低脂饮食根本没有任何意义。只要你遵从我们的建议，就足以让你令人眼前一亮和让你在下一个夏季的海滩上收获超高回头率的肌肉线条了。

此外，威尔逊表示，将你的脂肪摄入控制在每日总能量摄入量的 20%~25% 还能为你摄入足量的碳水化合物来为训练和增肌供能留有余地。尽管脂肪可以被用作能源，但在为力量训练供能时，脂肪的效能远低于碳水化合物。

力量训练者在训练中几乎完全依靠肌糖原供能。要想燃脂，你必须节食或是进行诸如快走和慢跑等此类的低强度运动。这就是为什么脂肪对于行走于大平原上的原始部落而言是不错的能源，而对你这个天天开车上班、一周就做 4 次力量训练的上班族来说却并非如此。

除了训练前后的加餐或正餐以外，其他时候每顿饭摄入一点脂肪是有益处的。脂肪能使得食物更美味，还能降低消化速率。你的饱腹感会持续得更久，在正餐之间吃得过多的可能性也会降低。

神奇的是，摄入脂肪甚至还可能让你吃得更少、变得更瘦。

与碳水化合物不同，脂肪会在消化道中逗留更长的时间。如果摄入了过多的脂肪，就会降低消化速率，让你在几个小时里都会觉得胃里满满的，过强的饱腹感会久久不散。而如果在一顿饭中只加入一点脂肪，这就足够增加这顿饭的饱腹感值（测量饱腹感和满足感的指标）了。

举例来说，假设你每天早上都会吃一个原味面包圈（300 大卡）作为早餐（事实上，饮食计划建议大家早餐摄入约 400 大卡）。由于面包圈几乎完全是碳水化合物，因此大概在两小时内它就会被完全分解，养分被输送至血管中。这正是说面包圈是非常出色的能量食物的缘由。但问题是，这样一来，你可能才刚到公司都还没开始干什么正事儿，就已经又饿了。

另一个选择是只吃半个面包圈，但在上面抹一些奶油奶酪。奶油奶酪中的脂肪会降低你的消化速率并让你在 3~4 个小时内都不会感到饥饿。

威尔逊解释道："增加一点脂肪的摄入，你虽然吃得少了一些，但摄入的能量依然保持在 300 大卡。"

脂肪还有一定的心理效用，因为它能够使得食物的口感和口味更佳。可能你也尝过一些脱脂的曲奇和薯片，味同嚼蜡不是吗？而且你还可能心想着这是脱脂的而不自觉地多吃了一些。

威尔逊告诫大家，一定要小心这个陷阱。许多生产商为了弥补脱脂食品口味上的不足而大量加入糖分。因此，低脂食品并不一定是低热量食品。

她说道："这种情况下，吃六七块脱脂曲奇还不如吃两块全脂曲奇呢。两块全脂曲奇会让你更满足，而且总能量摄入也比六七块脱脂曲奇低。"

**假若你奉行低脂饮食习惯（脂肪摄入低于每日总能量摄入量的 20%）并且发现自己无法增肌时，摄入更多的脂肪能为你提供增肌所需的额外的能量。**

大家都惧怕脂肪让人变得松松垮垮、赘肉横生，那是因为脂肪的热量非常之高。每克脂肪所含的能量（9 大卡）是每克碳水化合物（4 大卡）的两倍还要多。

格朗让博士表示，对于想增肌的瘦子和想练成一个大块头的足球前锋而言，多摄入点脂肪有助于实现其目标。

熊熊燃烧能量的精英运动员们常常摄入脂肪含量高达 35% 的饮食。

格朗让博士说道："营养学家总是表示饮食油脂过于容易被转化为身体脂肪储存起来。对于体重超标、缺乏运动且摄入过量能量的人群而言，此话不假。但是对于经常运动的活跃健身人群而言，这样说就不太准确了。相比之下，健身人群需要更多脂肪提供的能量。"也许你发觉自己不管摄入多少碳水化合物和蛋白质似乎都不足以支持增肌的需要、不管如何日复一日地锻炼都没有明显的增肌效果，一点脂肪可能就是不成与成之间的决胜关键。

但是，威尔逊告诫道，这并不是准许你大吃特吃冰淇淋、全脂牛奶和快餐的许可证。

动物制品中的饱和脂肪含有大量的胆固醇，因此可能造成血小板堆积在动脉中，进而导致心脏病。饱和脂肪的摄入应该有节制，尽量选择来自诸如橄榄油和花生酱等植物制品的不饱和脂肪。此外，尽量避免摄入氢化脂肪。

威尔逊称，就算你的每日脂肪摄入量并未超出建议比例，你还是需要谨慎选择摄入脂肪的种类。从经验法则来看，以多重不饱和脂肪和单一不饱和脂肪为主要脂肪摄入为宜。

如果你喜欢吃肉，没关系，吃一块牛排或者一份排骨吧。适量的肉类摄入有利于肌肉增长。不过，注意选择精瘦的部位，切掉可见的肥肉，并选择烤制的方式以便肉中所含的部分脂肪可以流走。

烧、烤、焙与蒸都是低脂的烹饪方式，这不仅适用于肉类，其他食物的烹制也是同理。油炸则是极度高脂的烹饪方式，最好避免油炸，但确实要进行油炸时，应选用橄榄油或菜籽油，这两种油都含有大量的单一不饱和脂肪。

选择并烹制每100大卡小于或等于3克脂肪的食品，同时注意观察营养成分表上是否有列出氢化脂肪。生产商可能会通过氢化作用加工食品中的脂肪，这能使得食品的口感和口味更佳，但同时也会使之更不健康，原因如下。其一，氢化作用会使得脂肪从多重不饱和脂肪（好）转化为饱和脂肪（坏）。其二，氢化作用会产生反式脂肪酸，而反式脂肪酸会升高有害胆固醇且降低有益胆固醇的含量。因此，注意尽量避免摄入含氢化脂肪的加工食品。

如果厨房是你的天下，你可以采取下述方式准备你的膳食以降低其脂肪含量：用人造黄油取代黄油、用脱脂酸奶取代酸奶油，并用蛋白取代整个鸡蛋。

在选购人造黄油时，为最小化氢化脂肪的摄入，要选择以液态植物油（如菜籽、橄榄或红花）为主要成分并且每茶匙所含饱和脂肪小于或等于2克的种类。

许多人发现他们在控制脂肪摄入方面的软肋在于奶酪。威尔逊表示，习惯低脂奶酪的关键在于保留习惯的口感。就算你现在已经适应了喝脱脂牛奶，你可能还会记得刚刚尝试时觉得脱脂牛奶既稀又淡而无味的日子。但当你从全脂牛奶改为低脂牛奶、最后接受了脱脂牛奶后，脱脂牛奶与全脂牛奶似乎也没有那么大的差别。

威尔逊建议道："其中一个策略是使用低脂但味道浓烈的奶酪，比如硬质切达奶酪、帕玛森奶酪和菲达奶酪。口味可以掩盖脱脂带来的口感不足。"

---

**估算个人脂肪需求**

如果你追求精准而且不介意细致地计算能量和克数，你就可以根据运动营养学家、注册营养学家苏珊·克莱纳在其著作《食出力量》中给出的下述公式来估算自身每天的脂肪摄入需求。首先，你要估计自己每天大致的总能量摄入量。用连续几天的总能量摄入量的总和除以天数可以得到一个比较准确的日均参考值。

假设你每天的总能量摄入量为3300大卡，而且你想要将脂肪摄入量的比例控制在20%左右，将数值代入下述公式：

每日总能量摄入量 × 建议脂肪摄入比例（20%）＝ 每日脂肪摄入量

3300大卡 × 0.20 = 660大卡

每日脂肪摄入量 / 每克油脂所含能量 ＝ 每日油脂摄入克数

660大卡 ÷ 9大卡 / 克 ≈ 73克

### 特定食物的脂肪含量

| 食物 | 分量 | 脂肪（克） | 饱和脂肪（克） | 能量（大卡） | 脂肪摄入量占总能量摄入量的比例（%） | 碳水化合物（克） | 蛋白质（克） |
|---|---|---|---|---|---|---|---|
| 巧克力曲奇口味冰淇淋 | 0.5 杯 | 16 | 10 | 300 | 48 | 34 | 5 |
| 鲍鱼果（巴西坚果） | 6~8 颗 | 19 | 4.6 | 186 | 92 | 3.6 | 4 |
| 罐装新英格兰蛤蜊浓汤 | 1 杯 | 15 | 5 | 240 | 56 | 21 | 7 |
| 红烩牛肉 | 1 杯 | 8 | 3.5 | 180 | 40 | 18 | 10 |
| 芝士口味玉米片 | 11 片 | 7 | 1 | 140 | 45 | 17 | 2 |
| 蓝莓蛋糕面包圈 | 1 个 | 16 | 3.5 | 290 | 50 | 35 | 3 |
| 奶油咖啡冰沙 | 450 克 | 22 | 14 | 410 | 48 | 51 | 3 |
| 颗粒脆花生酱 | 2 汤匙 | 16 | 3 | 190 | 76 | 7 | 8 |
| 墨西哥辣椒奶酪 | 30 克 | 9 | 6 | 110 | 74 | 0 | 7 |
| 坚果棒 | 2 根 | 18 | 3 | 310 | 52 | 32 | 5 |
| 麦当劳巨无霸汉堡配大份薯条 | 各 1 份 | 52 | 17 | 980 | 48 | 95 | 34 |
| 鸡尾酒花生 | 30 克 | 14 | 2 | 170 | 74 | 6 | 7 |

本书饮食计划部分的作者、理学硕士、注册营养学家托马斯·因克尔登指出，现在有素食主义的品牌生产以大豆为主要成分的奶酪，它们不仅口味和口感非常接近于传统的奶酪，而且还要低脂得多。

有时，口味和口感上的差异是很难接受的。如果你无法忍受吃一个原味的面包圈不配黄油，那就抹一点黄油，但是把加在咖啡中的奶油换成脱脂牛奶。如果低卡沙拉酱让你感到反胃，那就用真正的沙拉酱，但是晚餐的餐包就吃原味的吧。

威尔逊提出："吃饭应该是一件有趣的事，有时你需要片刻能够全然地享受吃饭而无需斤斤计较每克脂肪的时光。这也不难实现，你只需要做出相应的选择即可；在这里选择了全脂，就在别处选择低脂。只要你的饮食整体上达到了均衡，那就没有任何问题。"

# 水、运动饮料与其他饮品：解体渴

摄入饮品对于运动营养十分关键。一个人只有身体中，尤其是肌肉中充满了体液，才能以最好的状态进行训练。对于日常活动而言，只要饮用大量的水和其他适宜的饮料即可。而在训练前中后，摄入运动饮料更佳。运动饮料不仅可以辅助水合作用、迅速增加血液中碳水化合物的含量，而且还能缩短所需的恢复时长。当然，假若减脂是你的锻炼目标，那就别喝运动饮料了，坚持喝水就好。

在日常训练中，无论你被灌输的是怎样的理念，如果你想训练得有所成效，还是需要充分补水的。谁都不应在训练过程中杜绝饮水，水合作用对呈现出最佳运动表现至关重要。保持充分的水合作用能够：储存糖原和将蛋白质转化为新肌肉。

无论是在训练日还是休息日，健身爱好者应该从早上起床开始到晚上睡觉之前都时刻注意充分补水。

肌肉中的含水量高达 75%，体液的流失会严重影响运动表现。当你处于脱水状态时，你能承受的训练重量会减轻（或每组次数会减少）、会在更短的时间内出现力竭，而且还需要更长的时间才能恢复。

人体高达 65% 的体重是人体内水分的质量，这样看来，水是人体最重要的养分之一也是理所当然的。

水不仅能增加血量、输送养分和氧气，而且还充斥于细胞之间的间隙，是生化反应的重要媒介。此外，水中还含有电解质这种溶于水的、在神经和肌肉之间传递电信号的化合物。不仅如此，水还能起到润滑关节的作用。

如果肌肉脱水的话，它会像干掉的海绵一样缩小。伊利诺伊州的营养顾问、注册营养学家朱莉·伯恩斯表示，脱水还会导致人体神经信号紊乱、养分输送缓慢、肌肉收缩减弱，同时运动表现大幅下降。兼任着芝加哥小熊队、芝加哥黑鹰队和芝加哥公牛队营养顾问的朱莉说道："是否进行充分补水很大程度上影响着训练效果。"部分研究显示，由于脱水造成的 1%~2% 的体重下降会大大削弱运动表现。

旧恩期称："迅速进入力竭状态的首要原因是脱水而非缺少能量来源。不断大量饮水是保持肌肉最佳运动状态最简单的方法。"

此外，水分是储备糖原和补充糖原储备的必要元素。华盛顿墨瑟岛的注册营养学家和运动营养学作家、《高性能营养》一书的作者苏珊·克莱纳表示，每储存 1 份糖原，肌肉就要消耗 3~4 份水。

她说："除非充分补水，否则你不可能迅速地在训练后恢复过来。"

许多人长期都处在一种轻微的脱水状态，总是没能摄入满足身体每日所需的水量。相比运动量和肌肉量较小的人群而言，健身爱好者每日需要摄入更多的水分。

需水量基于新陈代谢速率，同时随着温度、运动量和海拔的上升而增加。

据克莱纳博士估计，一位平时久坐不动、每日摄入 2500 大卡、生活在海平面地区、常年待在温度宜人、湿度较低的空调房里的普通人每天至少需要摄入 12 杯 250 毫升的液体，而且多多益善。

---

运动摄水误区

1947 年就已经有研究表明了在高强度训练中不及时补充水分的危害，尤其是在训练环境温度还较高的情况下。然而，直到 20 世纪 70 年代以后，运动过程中应及时补水的理论指导才出现在教科书中以及被应用到实践中去。在此期间，许多运动员和军人都因为伴随着脱水的劳累型中暑而失去了生命。

---

但健身爱好者可不属于普通人。他们吃得更多、训练强度更大、休息日也在增肌，同时日常活动整体都更加活跃，因此他们的需水量也更多，大约在每天近 4 升左右，而且在出汗量较大的训练日还会更多。

克莱纳博士说道："有人会抱怨喝那么多的水会让他们成天往厕所跑，确实如此，但经常排尿有利于及时排出肾脏滤除的毒素。"

克莱纳博士称，排尿是人体水分充足的表现。除非你刚刚摄入了大量维生素 B（维生素 B 会快速伴随尿液被排出体外并导致尿液颜色较深），通常的尿液应该是几乎无色也无气味的。如果你的尿液颜色比稻草还黄，而且气味浓郁，那是因为里面积攒了大量肾脏滤除的毒素和脏东西，但由于先前体液不足才未能及时被排出体外。

此外，眼睛干涩、喉咙干渴、虚弱无力以及头疼都可能是身体轻微脱水的信号。

克莱纳博士表示，水应该占你每天液体总摄入量的一半以上。你可以制作一个每日安排来从早到晚地提醒自己补充足够的水分。

切忌待到口渴以后再饮水。口渴是人体已经轻微脱水的征兆，因此，最好制作一个饮水计划（其实就是一个饮水时间安排表，或者几张提醒自己饮水的便签）来提醒自己经常饮水。（你也可以称之为豪饮计划，但这可跟周六晚去酒吧纵情享乐没有任何关系。）

克莱纳博士建议健身爱好者们根据下述方法督促自身每天多饮水：

- 早上起床先喝几杯水，睡觉前也喝几杯水（尽管睡觉前喝水可能导致你半夜要起床上厕所）
- 每顿正餐和加餐都喝水佐餐
- 在冰箱放一瓶凉水，每天都喝完当天那瓶水；在桌子上也放一瓶水，以免你白天只喝苏打水、茶或咖啡而不喝水
- 带水去健身房

如果你不喜欢自来水的味道，你可以往里面挤一点柠檬汁或青柠汁，或是加一点苏打水。再者，配备家用净水系统也可以滤除自来水中的污染物、改善自来水的味道。或者你也可以选择购买瓶装水或纯净水。不管是便利店能买到的小瓶纯净水还是配送到家、倒插在饮水机上的桶装水，这类饮用水基本都不存在味道不佳的问题。

水并不是唯一能够满足你每日液体摄入需求的选项。在不训练时，你还可以选择脱脂豆奶或米乳、稀释的果汁、苏打水、汤品、运动饮料，甚至是水分充足的食物（尤其是汁水充沛的水果和蔬菜）来满足身体的液体摄入需求。

然而，你应该减少咖啡和酒精的摄入，这类饮品会阻碍水合作用。

任何含咖啡因或酒精的饮品都是利尿剂（摄入后加速体液流失的液体），包括咖啡、茶、啤酒、红酒和混合饮料。

这一点你应该也心知肚明。你到酒吧喝了一杯扎啤，20分钟后上个厕所就几乎全排空了。又过了15~20分钟，大自然的召唤就又响起了。如果你喝了一夜的啤酒，第二天早上你所感受到的头疼主要就是由脱水导致的。

咖啡、茶和苏打水也没比啤酒好到哪儿去。伯恩斯说道："我认为含咖啡因的饮料都不能算是补水的液体摄入，咖啡因在我看来百弊而无一利。如果你喝了一杯咖啡或是一罐含咖啡因的苏打水，你反而还要再喝一杯等量的水才能弥补其导致的体液流失。"

不过，脱咖啡因的红茶和咖啡属于例外。它们都可以算作是每日液体摄入的一部分，

你想喝多少都没问题。

运动饮料并不适合日常解渴，但是非常适合在训练前中后饮用。伯恩斯建议大家选择一款口味好、碳水化合物含量充足且能够补充流失的电解质的运动饮料。

她表示，水和其他液体足以满足静态活动的需求了，但是对于训练而言，饮用运动饮料更佳。然而，如果你的训练目标在于减脂，那就坚持饮水即可。运动饮料适合在训练前中后饮用，它能促进水合作用，能够补充碳水化合物，并能补充在大量出汗中流失掉的电解质。

你会发现在商场的陈列架上摆着五花八门、让人眼花缭乱的各种各样的运动饮料，但伯恩斯告诫大家，它们可不是生来平等的。她建议大家选购非碳酸型、每 100 毫升所含营养成分符合下述标准的运动饮料产品：

- 6~7.5 克碳水化合物
- 约 45 毫克钠
- 至少 13 毫克钾

选择能够挑逗你味蕾的运动饮料。有些运动饮料就是更好喝、更吸引人一些。研究表明人们更倾向于在训练后饮用有特定风味或甜味的饮料而非白开水。

许多运动饮料生产商会大吹大擂他们的产品的维生素含量之高。然而，伯恩斯表示，尽管多摄入些维生素并没有害处，但它们也并非是运动饮料的必要成分。你无需特意花费更多钱去购买添加了维生素的运动饮料，因为只要根据健美饮食计划每天好好吃饭，你就已经摄入了足量的维生素。

伯恩斯还补充道，注意避免饮用碳酸型运动饮料，因为碳酸会降低消化速率和导致胃部不适。

此外，别忘了提防添加了咖啡因的运动饮料。有些"能量饮料"的咖啡因含量高得吓人。克莱纳建议大家选购碳水化合物含量较高且含有一定蛋白质的种类。这样一来，如果你不喜欢在训练前进食，饮用这类运动饮料也足以成为一顿符合要求的加餐。然而，本书饮食计划的编撰者托马斯·因克尔登告诫大家注意运动饮料中所含的能量，豪饮的同时切忌超出了建议的每日总能量摄入的标准。

因克尔登提醒大家，如果你想要消除赘肉，运动饮料中多余的能量就适得其反了。切记，想要减脂的你只要坚持饮水和低卡的液体即可。

克莱纳博士称，运动饮料不仅能为人体补充所需的水分，还能提高血液中的血糖含量，并为训练提供一点额外的能量。

训练前，先饮水。克莱纳博士建议大家训练两小时以前摄入两杯饮品。这样一来，当你开始进行力量训练时，摄入的饮品就已经被充分吸收了。在训练结束后，立即再摄入 100~200 毫升的饮品。

训练前、中、后饮用运动饮料比饮水更佳的原因在于饮料中的单糖会提升胰岛素水平，并使人体血管中充满葡萄糖。此时，人体会部分利用葡萄糖进行供能并减少肌糖原的消耗，这样一来，你的肌糖原储备就足以支持你完成整个训练，并在力竭前还能有几次力量的爆发。

美国运动医学会建议单次训练时长大于一小时或由于运动强度大或环境温度高而大量出汗的健身人群定时补水，每 15~20 分钟摄入 100~200 毫升液体。

对于中强度的训练（快走、中强度有氧运动等），训练时长如果在 30~60 分钟之间，那么饮水就已经足够了。但若时长大于 60 分钟，或是运动强度更大（如参与英式足球比赛），则应选择不仅能够补水，而且还能提供额外的碳水化合物和能量的运动饮料更为适宜。

如果在训练中摄入任何液体都会让你有浮肿感，克莱纳博士建议你循序渐进地摄入，先从每次只喝一点点开始，并在几周内不断地缓缓增加每次的摄入量。在环境温度较高的健身房锻炼的人群尤其需要注意补充水分。

---

**估算体液流失**

当训练强度较高时，呼吸和出汗会导致体液大量流失。要了解自己补水是否充分，最简单的方式就是在训练前后各称一次体重。伊利诺伊州的运动营养学家、注册营养学家朱莉·伯恩斯表示，训练中体重每降低 1 公斤，就应当相应地补充 1300~1550 毫升的液体。

伯恩斯称，许多人都会对训练带来的体重下降的幅度之大感到讶异。伯恩斯刚开始担任芝加哥黑鹰队的营养顾问时，她发现部分曲棍球选手在一场比赛结束后体重甚至能下降 3~5 公斤。

伯恩斯说道："每次训练你都需要时刻铭记补充流失的体液。"测量体重不仅能提醒你注意补充水分，而且还能让你认识到运动出汗导致的体液流失量之大。

---

训练后饮用运动饮料胜过饮水，因为它能补充流失的电解质、促进水合作用以及加速肌糖原储备的恢复。

训练后一瓶运动饮料和一份高升糖指数的食品（如面包、意大利面、米饭、燕麦棒等）是最佳的组合。因克尔登提醒大家别忘了同时摄入一定的蛋白质，这样的饮食搭配能够提高人体血管中的血糖含量和胰岛素水平，并促进肌肉吸收糖原。（但别忘了仔细查看运动饮料的营养成分表，因克尔登告诫大家部分运动饮料所含的碳水化合物主要都是果糖，这类饮料并不能实现上述功能。）

与水相比，运动饮料还能加速水合作用。运动饮料中的钠和葡萄糖会促使更多的水分子进入细胞，因而能够辅助吸收。而且，克莱纳博士解释道，钠（盐）还会使你感到口渴，并促使你饮水，为水合作用提供充足的原料。

## 营养补剂的游戏

有些营养补剂有用；大部分没用。所有的营养补充剂都有副作用；有些副作用非常危险。氨基酸看起来最为安全。

我们可能不想承认，但是我们中的一些人正在寻找一种"神奇的子弹"。我们梦想着吃颗药丸，或摇几下，或使用一台机器，我们就能变成一个强壮的人，而不是依靠自己刻苦的努力。

当然，你不是那样的人。

但是，不管你信不信，有些人一边喝着软饮料一边吃着油腻的汉堡、充满脂肪的薯条，一边购买承诺能让人在 5 分钟内收缩腹部的运动器材和视频，以及昂贵的小瓶"燃脂神器""能量助推器"和"超级肌肉锻炼神器"。

健身行业当然知道这一点。不然你认为他们为什么会在货架上摆上你能想象到的各种肌肉营养品？ 有些公司承诺或者至少强烈暗示他们的产品是能够永久改变我们锻炼方式的奇迹。

这当然是炒作。

有些力量补剂可以起作用，但是大多数达不到它们承诺的效果，如果它们有效，很可能是安慰剂效应。

想成为一个强壮的人，你需要你把你的心、意识和身体都投入硬汉计划中。我们并不是要告诉你，你买个罐头就能变成一个强壮的人。而且事实也是这样。

在美国俄亥俄州托莱多从事运动医学的布罗林森说："在美国，有一种文化上的偏见认为我们大部分的问题都能用药物、活力增强剂和其他生理药物来解决。事实上，我们应该把重点放在营养和锻炼上，以保持健康和活力。"

这句话并不是说有些氨基酸、蛋白质、促激素和其他补剂没有任何价值，许多补充剂实际上还是有些作用的。

如果没有可被量化的效果，医生就不会将他们称为"机能增进"和"生理需要"。

"机能增进"意味着运动表现增强。"生理需要"意味着它们会影响你的身体，也会影响你的心理。但仅仅因为一个制造商称其"机能增进"或"生理需要"的产品并不意味着它就能起到相应的效果。

如果你整天想着要吃哪些补剂的话，我们会告诉你选哪个。但现在请先别想这些。真正的收益来自正确的饮食和锻炼。补剂只能帮助你增加一点优势，或者让你的锻炼效果稍微好上一点。而且我们也应该注意到，即使是我们咨询过的医生是一位营养补剂提倡者，他也只能建议你在医生的监督下使用这些。

"不幸的是，许多人认为，如果一点点补剂效果很好，那么多一点补剂效果一定会更好，"运动医学专家马克说道。"同时，他们高估了他们所采用补充剂的有益效果。这两点结合起来，可能会导致人们对产品过量使用。"

### 氨基酸的引进

氨基酸是蛋白质的组成基础。而蛋白质是你想要发展肌肉所不可或缺的重要组成部分。

纽约州奥尔巴尼的注册营养师兼运动营养顾问斯潘泊尔说："当我就健身和辅食问题向咨询者提供建议时，我总是强调良好营养的重要性。然后我告诉他们：'如果你还想在市场上尝试一些氨基酸，可以。这对你可能会有一些益处。'"

但她同时警告说，你也应该注意副作用。氨基酸很自然并不意味着它不会带来伤害。

斯潘泊尔解释说："使用氨基酸存在缺点，如腹胀和痉挛。这就是为什么我总是想让人们通过吃好的而不是服用补剂来改善营养。良好的营养加上锻炼，能够增强耐力、创造更好的身体。"我们健身计划的营养顾问因克尔登说："另外，大量的自然食物含有尚未被发现或研究过的营养素，这是制造商的补剂无法提供的，因为他们不知道它们的存在。"

下面我们来认识一下已经被临床证实有些效果的肌酸。

### 肌酸

许多氨基酸都以补充剂的形式存在。但是任何健康食品商店或营养品店的导购都会告诉你一件事：现在，肌酸才是王道。

运动医学博士斯托卡德说："研究证明，对于形成肌肉和提高肌肉力量，没有其他氨基酸的效果抵得上肌酸。"

许多研究显示，运动员补充肌酸的益处如下：

- 宾夕法尼亚州立大学将 18 名运动员分成 2 组，经过 12 周同等强度的负重阻力训练，服用肌酸组运动员的去脂体重的平均增长率为 6.3％，而安慰剂组运动员的去脂体重的平均增长率为 3.1%。同时，肌酸组卧推表现提高了 24%，无肌酸组的卧推表现提高了 16%。

- 服用肌酸作为补剂的运动员在去脂体重、举重能力、短跑表现、高强度阻力训练和灵敏度训练上都获得了进步。这些结果来自于在孟菲斯大学进行的对 25 名 NCAA（全国大学体育协会）足球运动员的研究。

孟菲斯大学运动与体育营养实验室主任兼助理主席理查德·柯瑞德博士说，研究证明肌酸可以帮助运动员更快速地从疲劳中恢复过来，而且在心脏病、肌肉疾病和帕金森病的临床治疗中可能有效果。

"然而，作为一名医生，我很难毫不犹豫地为大多数人推荐这样的补充品——你一推荐，每个人都想要增大服用的剂量，他们认为，服用一点点补充剂效果就能这么好，那么再多一点效果一定会更好，这样很容易适得其反。"

# 素食主义者的高能肌肉食品指南：不吃肉也能增肌

精心管理、搭配的素食饮食不但很健康，而且相对易于遵循。只要能跟上你的蛋白质需求量、能量摄入量，以及一些主要在肉类中被发现的重要维生素和矿物质，你就会得到练成坚硬的肌肉所需要的一切。

不少的"纯爷们儿"吃蛋饼，他们还吃坚果、豆腐、豆制品和其他几十种植物性食物；通过举重他们能够瘦下来，同时变成大块头，练成强壮的身体。

他们不吃肉类（包括鱼类）。而一些被称为严格素食主义者的人在饮食中还避免了任何种类的蛋、奶制品和动物衍生产品。大量的实例表明素食的健身者在花椰菜、豆类和其他植物的饮食基础上也能够生长出大量的肌肉。四届"宇宙先生"比尔·派尔就是一个很好的例子，作为一个由于健康原因逐渐放弃肉类的素食主义者，他仍然保持着强壮的身体。

在本书中，我们提倡了以植物为基础、以肉为中心的饮食的好处，因为适度的肉对一个日常活动多的人来说有很多塑造肌肉的好处。但是你也可以不吃肉。

虽然素食的平均效果比非素食要好，但不要以为素食总是更优越。除非你已经为以前由肉类和其他原始产品所提供的营养物质找到替代品，否则你将会破坏保持健康的营养平衡。如果你扔掉食物金字塔的肉、鱼部分，你必须用豆类、坚果代替它。

如果你吃得不合理，即使你的饮食听起来很健康，也不会增强你的锻炼效果、加速你的肌肉恢复和增长。无论你决定只是放弃红肉还是全身心地采用纯素饮食，都需要注意细节。了解需要掌控的细节并不难。

素食运动员不能期望着随心所欲地制定计划能够使训练奏效。

素食举重者的蛋白质需求相对肉食举重者要高一些。但通过摄入不同的植物蛋白质，素食者可以得到他所有的必需氨基酸。

素食的力量训练者能得到足够的蛋白质吗？答案是肯定的，但需要多加注意，因为植物中多余的纤维会使植物蛋白质难以消化，素食者需要比肉食者摄入更多的蛋白质才行。

一些蛋白质在摄入过程中流失了。举重者每天每公斤体重需要 1.4~1.8 克蛋白质，而素食举重者需要摄入更多。

我们建议取这个范围内的最大值，每天每公斤摄入 2 克不会太多。如果你正在遵循高蛋白饮食，那么植物蛋白可能比动物蛋白更好，因为它可以降低胆固醇水平，并降低罹患心脏病的风险。

> 素食者的类型
>
> 当你和在书店的历史书区认识的知性女子共进午餐时，你们喝着葡萄酒，她描述了她对 20 世纪初期历史、她新买的大众甲壳虫汽车以及对健身的激情。当女服务员准备为你们点菜时，你的约会对象加了一句："哦……我是素食主义者。"
>
> "听起来很酷！"你一边说一边想着这顿饭你只能吃到意大利面和豆腐蘸有机酱了。但是她接着点了鲑鱼浓汤。你不禁说道："呃……这不是肉吗？"
>
> 根据科学分类来说，鱼类也是一种肉，但传统上有些素食主义者认为鱼不属于肉类，也许是因为鱼类不像那些普遍被认定是肉类的家畜那样能用于骑乘或者用来耕作。有些人也认为鸟不属于肉类，原因也许和上面一样。
>
> "鱼绝对不是肉！"她反驳道。

事实上，素食者的类型不止一种。

而这位年轻的女士实际上是个半素食主义者。

以下是对素食主义者做出的一个准确分类。

- 半素食者：通常不吃红肉，但可以吃家禽、鱼和海鲜
- 蛋奶素食者：吃乳制品和鸡蛋，但不吃所有的肉
- 奶素食者：吃乳制品，但不吃鸡蛋和肉
- 蛋素食者：吃鸡蛋，但不吃奶制品和肉
- 严格的素食者或纯素食者：完全不吃动物性食物
- "长寿饮食法"遵循者：只吃全谷物、蔬菜、汤、豆类

蔬菜、豆类和谷物中的蛋白质与动物蛋白质有着很大的区别——它们有着不同的氨基酸含量。肉、蛋、乳制品和所有其他动物产品中的蛋白质被称为完整的蛋白质，因为它们含有人体所需的九种必需氨基酸。你的肝脏可以根据需要制造非必需的氨基酸，但是你的身体只能通过食物或者分解代谢肌肉获得必需的氨基酸。显然，丢失肌肉不是我们想要的。

植物蛋白质中也含有全部必需氨基酸。然而，它们中可能某些氨基酸含量高，但

其他某些氨基酸含量较低。因此，素食者必须从数种食物中混合搭配出足量的必需氨基酸。例如，吃豆类和大米将两个不完整的植物蛋白质变成完整的蛋白质。

如果你是一个吃肉的人，你吃的动物肉类已经为你完成了这个装配过程。通过食用它的肉、奶、蛋，你可以把你需要的一切氨基酸以正确的比例摄入。

如果你不吃任何动物产品，你要多改变你在吃零食和正餐时摄入的植物蛋白，并注重大豆这样的高质量蛋白质。多样化的食物摄入才可保证你能得到足够的氨基酸来修复肌肉、恢复身体。

你越严格坚持素食，你身体摄入所有必需氨基酸的难度就越大。

然而，素食主义者虽然任务艰巨，但并不是不能完成。为了在饮食中摄入更多的蛋白质，我们建议你多吃豆类食品，如豆类、坚果、豆腐等。大豆制品非常好，因为大豆中含有几乎与乳制品中一样完整的蛋白质。坚果、豆类和谷物所含不太完整。

大豆真是一种了不起的、功能颇多的食物。你可以用它达到很多目的。由豆粉中提取的植物组织蛋白是素食者最喜爱的。它和肉酱一样浓郁，可用来做意大利面酱、辣椒酱和炒牛肉酱。你甚至可以用它做汉堡。

这些植物蛋白质的摄入量取决于你的体重，但是你应该每天至少摄入能盛满六杯半普通玻璃水杯的食物。

多年来，素食主义者被告知他们需要在每顿饭中搭配一些植物蛋白质。这种互相补充的饮食策略认为，几种不完整的蛋白质必须同时到达肠道才能组成完全蛋白质。这就是为什么真正的严格素食者总是仔细计划他们的膳食，确保吃一粒谷物的同时摄入一颗豆类。

近年来，这种对精确度的研究少得多了，因为对于大多数人来说，这没有必要。只要素食者在一天中摄入足够的热量和多种富含蛋白质的食物，他们的氨基酸需求就能得到满足。

但柯瑞德博士建议，在极高强度的力量训练时期，素食主义者应该坚持传统的混合谷物和豆类的方式。另外，他说，正如我们以前所建议的那样，素食者每顿饭和零食应该摄入一些蛋白质，而不是隔一两餐吃上一次。

为了最大程度地修复肌肉和恢复体力，你要保持身体内氨基酸的充足。如果没有足够的蛋白质和热量，你的身体会开始分解代谢肌肉。你要防止这种崩溃。

不注意蛋白质摄入的素食运动员在锻炼之后康复时间更长，更容易发生恢复停滞，这就意味着虽然他们经常锻炼，却收效甚微。

对于那些吃很少或者不吃动物产品的"好动者"来说，如何摄入足够的卡路里是个问题。严格的素食者应该吃高热量的植物性食物，并考虑食用代餐饮料和代餐奶昔。

一种方法是从吃素的角度出发，每天多吃一次高碳水化合物、高蛋白的代餐食品。对于能吃乳制品的人来说，乳清蛋白粉效果很好，大豆蛋白也几乎同样有效。体育营养学家埃内特·拉森博士说："你可以把果汁、冰块、水果、酸奶和豆腐粉或豆腐混合在一起，制成自己的思慕雪。"商业代餐食品太贵，不能每天食用。自己制作代餐食品真的很容易，把它们做得营养又美味也并不难。

代餐食品不仅是碳水化合物和蛋白质的良好来源，而且还包含充足的能量。

拉森博士说："素食运动员有时专注于碳水化合物的摄入量，只吃大量低热量的食物，导致所需的卡路里无法满足，你必须吃更多的热量密集的食物，其中包括脂肪。吃一定量的脂肪是允许的，特别是当你像大多数运动员那样需要高热量的时候。"

"你可以用奶酪、鸡蛋和其他奶制品满足你的热量和脂肪需求。你还可以摄入橄榄油、菜籽油、牛油果、豆浆、豆腐等严格取自植物中的脂类。同时，坚果和菜籽也含有大量的脂肪酸、抗氧化剂和纤维。我们非常推荐坚果和菜籽，它们除了脂肪外还含有各种各样的营养。我想每个素食者每天都应该吃上几勺。"

毫不奇怪，对于素食者来说，碳水化合物只会可能太多，不会太少。水果、蔬菜、豆类、米饭、面食、面包和其他类型的谷物，这些素食饮食的主食提供的碳水化合物能满足一个健身者需要的所有肌肉燃料。

**素食饮食中的维生素和矿物质很少——甚至根本没有，需要通过每日服用维生素和矿物质补剂来获得。**

不少素食者的铁、钙、维生素 $B_{12}$ 和锌摄入不足。你缺不缺以上营养物质真的取决于你属于哪种类型的素食主义者。

如果你喝牛奶、酸奶或其他乳制品，不用担心缺钙。如果没有食用乳制品的习惯，你需要食用芥蓝菜、羽衣甘蓝等蔬菜和豆腐。这也许能给你足够的钙，因为一个人每天需要 1000 毫克左右的钙。

素食主义者还可能因为铁的吸收问题而经历缺铁的症状。肉类和鱼类含有血红素铁，这是一种易于吸收的铁。各种谷物、豆类、蔬菜、坚果中含有非血红素铁。维生素 C（抗坏血酸）是使非血红素铁更易吸收的原因之一。

水果（特别是柑橘）、番茄、西兰花和花椰菜等蔬菜，这些富含维生素 C 的食物每餐都应该吃。番茄既含有铁，又富含维生素 C，是素食者的必备食物。同时，使用铸铁炊具也能改善铁的吸收。

除了提供容易吸收的铁，肉类还能满足大多数人对锌的需求。有证据表明，素食者可能缺乏锌元素。讽刺的是，各种谷物、坚果、南瓜籽、果肉和小麦胚芽组成的无肉饮食含有丰富的锌元素。但是一些谷物和豆类植物中含有被称为植酸盐的化合物质，它似乎阻碍了人体对锌元素的吸收。然而，大多数素食主义者都食用了含植酸盐的大量豆类和谷类。

莫西娜说："不要服用大剂量的锌补剂。你真正需要的只是每日维生素、矿物质补剂，这其中就包含了锌的补剂。"推荐给健康成年男性的每日锌摄入剂量为 15 毫克，健康成年女性为 11.5 毫克。

---

### 成为素食主义者

你想变成一个素食主义者？ 那么你必须要打破一些固有习惯，比如在下班回家的路上买汉堡，或者星期天和你的朋友一起喝啤酒、享用牛排。但是相信你可以做到。

我们建议你转变为素食主义者的过程最好慢慢来。从一个食肉者转向一个完全的素食者并不是一夜之间就能做到的事情。

以下是助你成为素食主义者的建议：

- 每周吃几顿素食。
- 不要立即停止吃肉。先从红肉开始下手，然后，如果你愿意的话，逐渐减少虾肉、鸡肉和鱼肉的摄入。
- 逐步摄入更多的高纤维素食。纤维在使你产生饱腹感的同时还能减缓消化的速度。但一下子食用过多的纤维会使你的肠道感到痛苦并产生令人尴尬的肠胃胀气。
- 多尝试不同类型的素食。不要固定于单一的几种食物，否则你会很快厌倦。
- 多试试素食食谱。不要只吃煮、炒蔬菜；做一个蔬菜馅饼或砂锅。别太清淡，试着用香料调味。

---

每日维生素补充剂还需要注意避免维生素 $B_{12}$ 的缺乏，维生素 $B_{12}$ 是制造红血细胞和神经的重要维生素，你只能从动物产品中获得维生素 $B_{12}$。如果你是素食主义者，你肯定需要服用维生素 $B_{12}$ 补剂或者吃一些强化 B 族维生素的食物。你应该能够找到富含维生素 B 的谷物。每日推荐摄入量并不多——只有 6 微克。

不吃肉或鱼的素食健美者不能在体内合成塑造肌肉所需的全部肌酸。试试使用合成肌酸补剂吧。

对于大多数素食者来说，体内的肌酸含量不足可能没什么大不了的；但如果你是一个举重者，肌肉中需要大量的肌酸来合成塑造肌肉时，你也许就不会这么想了。肌酸是一种天然的物质，有助于肌肉收缩，并形成一个短期的能量来源。

肌酸主要来自肉类和鱼类，蔬菜和其他一些植物食品中肌酸的含量微乎其微。例如，蔓越莓每公斤只有 0.02 克肌酸，而鲑鱼每公斤有 4 克肌酸，鲱鱼每公斤有 9 克肌酸。

一个素食主义的健身者失去了从肉类中获取额外肌酸的机会，所以他需要肌酸补剂。

---

**肌酸负荷**

当你满心愉悦地遐想着未来强壮的自己时，不要忘记其中的一个细节：肌酸。运动营养专家兼《肌酸：力量供给》联合作者理查德·柯瑞德博士说，随着你贯彻素食生活方式的加深，你的肌肉中可能没有足够的肌酸来支持重量的提升。

如果你不吃肉但定期吃鱼，那么你可能没有问题，否则你应该补充合成肌酸。

最初，柯瑞德博士建议每公斤体重每天服用 0.3 克肌酸，持续约 5 天。他说，这个剂量相对较高。为了确定你这 5 天的时间具体需要的量，你需要用你的体重乘以 0.3。如果你 80 公斤，那么肌酸补充量算法如下：

80×0.3 克 = 24 克

顺便提一下，5 克等于 1 茶匙——这是一个简单的衡量方法。

柯瑞德博士说："对于素食者来说，你需要使肌肉过饱和，从而使肌肉水平得到提升。之后，每天减少服用肌酸 2 克左右。

---

而且，由于肌酸长期以来可能存在不足，所以尽管没有必要，但可能需要首先加载，如果你每天服用 5 克的剂量，你将在 30 天达到满负荷水平。或者你可以增加负载，并在 5 天内达到满负荷。装载 5 天后，减少摄入、维持剂量变得十分重要。

现在你知道，一系列不同的饮食方式都可以给你带来一副强壮的身体，就像不同的路径都可以让你爬到山顶上一样。一个资深素食生态学家可以用他喜欢的食物达到目标，一个肉食伐木工人或者其他所有不同类型和风格的人同样可以做到。

你不需要强迫自己去采用一种适合所有人的时尚饮食方式，或者用大量某种食物来折磨自己。你的身体只需要在你的适宜时间段内摄入各种有益健康的食物和饮料。

健身计划就是这样做的。正如我们已经指出的那样，素食主义者只需要稍微调整一下，当然调整也要根据他们的个人需要进行。

素食与否，你需要根据你自己的健身目标和起始重量，以及你自己的口味和生活方式来调整这个计划。在接下来的章节中，我们将告诉你如何定制这个计划，以便在完成你的健身目标时能够完全符合您的要求。

# 个人饮食精确度

**你需要根据你的体重和具体健身目标来定制健身计划。**

为了说明整本书中的概念，我们找到一位身高 178 厘米、体重 80 公斤的志愿者作为参照对象，他希望自己能稍微强壮一点。但是我们知道，一个通用的方法并不适合每一位读者，这就是为什么我们在这里提供了两套营养数据：一个是为了那个健身目的是需要更多肌肉的瘦家伙，另一个是为那个需要减肥才能找到他的强壮身体的家伙。

你已经明白了你是哪一类型的健身者。如果你有任何的不确定，身体脂肪测量可以为你指点迷津，因克尔登说，你在一个健康俱乐部应该能检查你的身体成分，最好是由运动科学或运动生理学高级学位的人员或注册营养师来检查。（很多非专业的力量训练师都知道如何操作测量仪器，并且可以精准地计算，但是只有获得资格证书可以确保他们学习了正确的测量程序。）

测试者可能会测量你身体周围的几处皮肤褶皱，以确定你身体里的脂肪含量。因克尔登说，理想的人体脂肪含量范围约为 12%~18%。脂肪含量为 8% 以下的人跟最佳健康状况相比过于瘦弱，所以需要增加脂肪。体内脂肪含量超过 25% 意味着你可能需要减少一些热量摄入并减小你的腰围。

明确你的状况。你是减重者还是增重者？（如果你没有减少脂肪的必要，只需要增加肌肉，那么你是一个增重者。我们知道很多这样的增重者，我们也知道更多需要减重的健身者。如果你是这两类健身者中的一种，不必感到羞耻。无论你从哪里开始，这个项目都会为你带来改善。）在本小节后面的表格中选择你的营养数据并熟悉它们。你会注意到这两类健身者的蛋白质需求是一样的。减重者将通过降低摄入碳水化合物和脂肪的量来减少卡路里。

这个计划并非一成不变和适用于所有人。如果你是一个技工或者其他类似挥洒大量汗水的职业劳动者，那么在你进行锻炼之前，你已经比在桌子后面工作的久坐人群耗费掉了更多的力气。因此，您需要摄取比表格建议的更多的卡路里。

所以，当你实行计划的时候，注意你的体重。如果你每周下降超过 1 公斤，你需要将你的卡路里摄入量提高一个档次。如果体重下落太快，试着增加 300~500 大卡，以减轻你的体重下落速度。同样，如果你每周增加 1 公斤以上，你需要放慢体重上升的速度。从你的日常食物总量中减少 300~500 大卡。为什么？因克尔登解释说，因为那么多的肌肉很难迅速地获得，所以很可能多余的热量只会给你带来脂肪。

请记住，你每周只能在举重房里待上几个小时，但食物无处不在。

你在冰箱、餐馆、快速停车场、自动贩卖机和杂货店做出的层出不穷的决定将极大地影响你在健身房里的锻炼效果。

在下文提供的体重减轻或体重增加的"每日配额"表格上找到适合您的配额。然后，稍微算算。将这些数字除以 6，并记录下这些结果。这些数字是每顿正餐或小吃的目标。（从技术上讲，在锻炼的日子里，你吃了 7 顿，因为你的锻炼加餐分成了一份完成前的加餐和一份完成后的加餐，但能量总量相当于一份常规加餐。）

当你实行健身计划时，你的体重会改变。当体重改变时，你的数字也会改变。你需要回到图表重新计算你的配额。

我们建议你至少每两周重新测量一次体重。事不宜迟，开始行动吧。

日常配额

| 体重（磅①） | 减重者 | | | | 增重者 | | | |
|---|---|---|---|---|---|---|---|---|
| | 热量（大卡） | 蛋白质（克） | 脂肪（克） | 碳水化合物（克） | 热量（大卡） | 蛋白质（克） | 脂肪（克） | 碳水化合物（克） |
| 170 | 2,135 | 139 | 47 | 288 | 3,235 | 139 | 72 | 508 |
| 175 | 2,213 | 143 | 49 | 299 | 3,313 | 143 | 74 | 519 |
| 180 | 2,290 | 147 | 51 | 311 | 3,390 | 147 | 75 | 531 |
| 185 | 2,368 | 151 | 53 | 322 | 3,468 | 151 | 77 | 542 |
| 190 | 2,445 | 155 | 54 | 334 | 3,545 | 155 | 79 | 554 |
| 195 | 2,523 | 159 | 56 | 345 | 3,623 | 159 | 81 | 565 |
| 200 | 2,600 | 163 | 58 | 357 | 3,700 | 163 | 82 | 577 |
| 205 | 2,678 | 168 | 60 | 368 | 3,778 | 168 | 84 | 588 |
| 210 | 2,755 | 172 | 61 | 379 | 3,855 | 172 | 86 | 599 |
| 215 | 2,833 | 176 | 63 | 391 | 3,933 | 176 | 87 | 611 |

| 体重<br>（磅①） | 减重者 | | | | 增重者 | | | |
|---|---|---|---|---|---|---|---|---|
| | 热量<br>（大卡） | 蛋白质<br>（克） | 脂肪<br>（克） | 碳水化合物<br>（克） | 热量<br>（大卡） | 蛋白质<br>（克） | 脂肪<br>（克） | 碳水化<br>合物<br>（克） |
| 220 | 2,910 | 180 | 65 | 402 | 4,010 | 180 | 89 | 622 |
| 225 | 2,988 | 184 | 66 | 414 | 4,088 | 184 | 91 | 634 |
| 230 | 3,065 | 188 | 68 | 425 | 4,165 | 188 | 93 | 645 |
| 235 | 3,143 | 192 | 70 | 436 | 4,243 | 192 | 94 | 656 |
| 240 | 3,220 | 196 | 72 | 448 | 4,320 | 196 | 96 | 668 |
| 245 | 3,298 | 200 | 73 | 459 | 4,398 | 200 | 98 | 679 |
| 250 | 3,375 | 204 | 75 | 471 | 4,475 | 204 | 99 | 691 |
| 255 | 3,453 | 208 | 77 | 482 | 4,553 | 208 | 101 | 702 |
| 260 | 3,530 | 212 | 78 | 494 | 4,630 | 212 | 103 | 714 |
| 265 | 3,608 | 217 | 80 | 505 | 4,708 | 217 | 105 | 725 |
| 270 | 3,685 | 221 | 82 | 516 | 4,785 | 221 | 106 | 736 |
| 275 | 3,763 | 225 | 84 | 528 | 4,863 | 225 | 108 | 748 |
| 280 | 3,840 | 229 | 85 | 539 | 4,940 | 229 | 110 | 759 |
| 285 | 3,918 | 233 | 87 | 551 | 5,018 | 233 | 112 | 771 |
| 290 | 3,995 | 237 | 89 | 562 | 5,095 | 237 | 113 | 782 |
| 295 | 4,073 | 241 | 91 | 573 | 5,173 | 241 | 115 | 793 |
| 300 | 4,150 | 245 | 92 | 585 | 5,250 | 245 | 117 | 805 |

①磅：1磅≈0.45千克。

第四部分

健身饮食

## 简单而美味的早餐

闹钟响起来的时候,你是不是一直按小睡键,直到最后时间到了,才不得不拖着疲惫的身躯,套上衣服直接去上班?

太糟糕了。睡觉时,血糖水平下降,如果不尽快进行补充(吃早餐),那么一天下来有可能让你不堪应付。

营养早餐对于硬汉计划至关重要,而且这是有讲究的。因为早晨能更有效地吸收食物,所以要吃能够快速转化为能量的食物(碳水化合物和蛋白质),开始新的一天。如果你能坚持吃谷物、水果和脱脂牛奶之类的健身餐,而不是甜甜圈、培根,你就会越来越不像面团宝宝,而是越来越性感、帅气。

请记住,这些早餐是针对体重 80 公斤、身高 178 厘米的人士设计的。你需要根据自己的身体情况和目标进行部分调整。如果找不到相应的食材,请用其他健康食品替代。

### 针对减肥者

#### 煎蛋三明治

| | |
|---|---|
| <ul><li>1 个全蛋</li><li>3 个蛋清</li><li>2 片全麦面包</li><li>1 个番茄</li><li>1/2 杯橙汁</li></ul> | 将鸡蛋和蛋清在碗里搅拌。平底锅涂上植物油,把蛋液煎一下,倒在面包上,并夹上切片的番茄。 如果你喜欢,可以在面包上涂点辣芥末。如果觉得很清淡,想吃点来劲儿的,可以在鸡蛋中加入青椒、洋葱或其他蔬菜。 如果时间紧张,在烹饪鸡蛋的同时,切点番茄片夹在三明治里,然后把杰作放在餐巾纸上,在通勤的路上吃。在出门的时候,喝 1 杯橙汁。<br>总计:355 大卡,46 克碳水化合物,24.1 克蛋白质,8.4 克脂肪 |

|  | 全蛋 | 蛋清 | 全麦面包 | 番茄 | 橙汁 |
|---|---|---|---|---|---|
| 能量（大卡） | 75 | 46 | 146 | 31 | 57 |
| 碳水化合物（克） | 0.6 | 1 | 25.8 | 5.7 | 12.9 |
| 蛋白质（克） | 6.3 | 10.5 | 5.4 | 1 | 0.9 |
| 脂肪（克） | 5.3 | 0 | 2.4 | 0.4 | 0.3 |

### 水煮蛋三明治

- 3 个全蛋
- 2 片燕麦面包
- 3/4 杯橙汁
- 1/2 杯脱脂牛奶

讨厌早起做饭？前一天晚上看晚间电视节目的时候煮鸡蛋，然后将其放在冰箱里。早晨起来的时候，剥去蛋壳，切开鸡蛋（保留蛋白，扔掉两个蛋黄）。把鸡蛋夹在面包里，跟牛奶一起吃下，还可以喝杯橙汁。

总计：369 大卡，52 克碳水化合物，23 克蛋白质，7.6 克脂肪

|  | 全蛋 | 蛋清 | 燕麦面包 | 橙汁 | 脱脂牛奶 |
|---|---|---|---|---|---|
| 能量（大卡） | 75 | 29 | 134 | 84 | 47 |
| 碳水化合物（克） | 0.6 | 0.3 | 24.8 | 20.3 | 6 |
| 蛋白质（克） | 6.3 | 7 | 4.4 | 0.8 | 4.5 |
| 脂肪（克） | 5.3 | 0 | 2 | 0 | 0.3 |

### 葡萄柚蛋卷

- 1 个全蛋
- 3 个蛋清
- 1 片黑麦面包
- 1 个葡萄柚
- 1 杯常规或脱咖啡因咖啡
- 1 茶匙糖
- 1/2 杯脱脂牛奶

在不粘锅里涂点植物油，煎鸡蛋，折叠，再煎一下，瞧！简单的煎蛋卷就做好了。要想口味丰富一些，就加一些辣椒和蘑菇。旁边放上面包和脆饼，再倒一些咖啡。如果你讨厌葡萄柚，可以用橙子代替。

总计：361 大卡，49.2 克碳水化合物，25 克蛋白质，6.8 克脂肪

|  | 全蛋 | 蛋清 | 黑麦面包 | 葡萄柚 | 咖啡 | 糖 | 脱脂牛奶 |
|---|---|---|---|---|---|---|---|
| 能量（大卡） | 75 | 46 | 68 | 103 | 5 | 17 | 47 |
| 碳水化合物（克） | 0.6 | 1 | 12.7 | 23.8 | 0.9 | 4.2 | 6 |
| 蛋白质（克） | 6.3 | 10.5 | 2.3 | 1.2 | 0.2 | 0 | 4.5 |
| 脂肪（克） | 5.3 | 0 | 0.9 | 0.3 | 0 | 0 | 0.3 |

## 贝果早餐

- 1/2 个肉桂葡萄干贝果
- 1 汤匙无盐花生酱
- 1 小根香蕉
- $1^1/_2$ 杯脱脂牛奶

将花生酱涂到贝果上，放在一个空盒子或其他容器中，免得掉到汽车座椅上（如果你用的是脱脂花生酱，就可以加 2 汤匙）。把香蕉放在公文包里，把水杯装满脱脂牛奶，跟百吉饼一起吃掉，以便赶得上晨会。

总计：382 大卡，52 克碳水化合物，19.8 克蛋白质，9.8 克脂肪

| | 贝果 | 花生酱 | 香蕉 | 脱脂牛奶 |
|---|---|---|---|---|
| 能量（大卡） | 36 | 102 | 103 | 141 |
| 碳水化合物（克） | 7.2 | 3.1 | 23.7 | 18 |
| 蛋白质（克） | 1.3 | 4 | 1 | 13.5 |
| 脂肪（克） | 0.2 | 8.2 | 0.5 | 0.9 |

## 樱桃华夫饼

- $1^1/_2$ 块全谷物冷冻华夫饼
- 1/2 冷冻樱桃
- 2 杯脱脂牛奶

这个甜点早餐特别适合讨厌做饭的人。只要将华夫饼和樱桃微波加热 1 分钟，然后搭配脱脂牛奶吃下。

总计：376 大卡，56.7 克碳水化合物，22.1 克蛋白质，5.8 克脂肪

| | 华夫饼 | 樱桃 | 脱脂牛奶 |
|---|---|---|---|
| 能量（大卡） | 129 | 59 | 188 |
| 碳水化合物（克） | 20.2 | 12.5 | 24 |
| 蛋白质（克） | 3.1 | 1 | 18 |
| 脂肪（克） | 4.1 | 0.5 | 1.2 |

## 酸奶薄脆饼

- 1 杯低热量、脱脂酸奶
- 30 克低脂燕麦片
- 1 茶匙亚麻籽油（没错，适量的油对你有好处）
- 30 克烤麦芽

选择你喜欢的酸奶口味，但要求热量每杯不超过 90~100 大卡。将酸奶倒入塑料容器中，加入其他食材混合，然后一边赶路一边吃下。

总计：365 大卡，49.7 克碳水化合物，20.7 克蛋白质，9.2 克脂肪

|  | 脱脂酸奶 | 低脂燕麦片 | 亚麻籽油 | 麦芽 |
|---|---|---|---|---|
| 能量（大卡） | 92 | 114 | 42 | 117 |
| 碳水化合物（克） | 13 | 22.6 | 0 | 14.1 |
| 蛋白质（克） | 10 | 2.4 | 0 | 8.3 |
| 脂肪（克） | 0 | 1.5 | 4.7 | 3 |

## 谷物营养早餐

- 180 克玉米片（或其他全麦谷物）
- 1/2 杯脱脂牛奶
- 1 茶匙亚麻籽油
- 30 克无核葡萄干
- 1 勺粉状乳清蛋白

将玉米片与水混合加热。然后将牛奶、亚麻籽油、葡萄干和乳清蛋白粉搅拌在玉米片粥里。一份热腾腾的美好早餐就成功了。

总计：395 大卡，53.5 克碳水化合物，27 克蛋白，7.8 克脂肪

|  | 玉米片 | 脱脂牛奶 | 亚麻籽油 | 葡萄干 | 乳清蛋白 |
|---|---|---|---|---|---|
| 能量（大卡） | 122 | 47 | 42 | 95 | 89 |
| 碳水化合物（克） | 22.6 | 6 | 0 | 22.4 | 2.5 |
| 蛋白质（克） | 4.1 | 4.5 | 0 | 0.9 | 17.5 |
| 脂肪（克） | 1.7 | 0.3 | 4.7 | 0.1 | 1 |

## 热谷物香草味乳清蛋白

- 180 克奶油燕麦麦片
- 1/2 杯脱脂牛奶
- 1 茶匙亚麻籽油
- 1 杯冷冻黑莓（不加糖）
- 1 勺香草乳清蛋白

将奶油燕麦麦片和水混合加热成麦片粥，放到碗里搅拌均匀。再将牛奶、亚麻籽油、冷冻黑莓和香草乳清混合到麦片粥中。

总计：364 大卡，50.9 克碳水化合物，24.9 克蛋白质，6.5 克脂肪

|  | 燕麦麦片 | 脱脂牛奶 | 亚麻籽油 | 黑莓 | 乳清蛋白 |
|---|---|---|---|---|---|
| 能量（大卡） | 88 | 47 | 42 | 108 | 79 |
| 碳水化合物（克） | 19.2 | 6 | 0 | 23.7 | 2 |
| 蛋白质（克） | 2.6 | 4.5 | 0 | 1.8 | 16 |
| 脂肪（克） | 0.1 | 0.3 | 4.7 | 0.6 | 0.8 |

### 桃红色的热燕麦粥

| | |
|---|---|
| • 120 克燕麦片<br>• 1 杯脱脂牛奶<br>• 1 茶匙亚麻籽油<br>• 30 克籽粒苋<br>• 1 个中等大小的新鲜桃子 | 将燕麦片和水进行混合，然后微波加热，并加入牛奶、亚麻籽油、苋菜和桃子（我们喜欢脆一点的，但不要太脆了）。<br><br>总计：358 大卡，55.1 克碳水化合物，16.1 克蛋白质，7.8 克脂肪 |

| | 燕麦片 | 牛奶 | 亚麻籽油 | 籽粒苋 | 桃子 |
|---|---|---|---|---|---|
| 能量（大卡） | 68 | 93 | 42 | 108 | 47 |
| 碳水化合物（克） | 13.4 | 12 | 0 | 18.8 | 10.9 |
| 蛋白质（克） | 2.3 | 9 | 0 | 4.1 | 0.7 |
| 脂肪（克） | 0.6 | 0.5 | 4.7 | 1.9 | 0.1 |

### 培根和免煮麦片

| | |
|---|---|
| • 6 片瘦培根<br>• 60 克原味碎麦片<br>• 1/2 杯脱脂牛奶 | 培根用锅煎熟。搭配麦片粥和牛奶一起食用。偶尔吃点瘦肉也不错，但不要吃太多。大多数培根都是高钠的，而且含有很多化学物质。<br><br>总计：321 大卡，52 克碳水化合物，28.5 克蛋白质，3.3 克脂肪 |

| | 瘦培根 | 碎麦片 | 脱脂牛奶 |
|---|---|---|---|
| 能量（大卡） | 66 | 208 | 47 |
| 碳水化合物（克） | 0 | 46 | 6 |
| 蛋白质（克） | 18 | 6 | 4.5 |
| 脂肪（克） | 3 | 0 | 0.3 |

## 针对增重者

### 鸡肉香肠配麦片

| | |
|---|---|
| • 60 克熟熏香肠<br>• 3/4 杯燕麦麸<br>• 1 杯脱脂牛奶<br>• 1 茶匙亚麻籽油<br>• 2 小根香蕉 | 香肠用锅煎熟。搭配加了牛奶和亚麻籽油的麦片粥。如果早上不想吃香蕉，那就换成 360 毫升的橙汁。<br><br>总计：551 大卡，84.8 克碳水化合物，23 克蛋白质，12.9 克脂肪 |

| | 香肠 | 燕麦麸 | 脱脂牛奶 | 亚麻籽油 | 香蕉 |
|---|---|---|---|---|---|
| 能量（大卡） | 90 | 119 | 94 | 42 | 206 |
| 碳水化合物（克） | 2.2 | 23.2 | 12 | 0 | 47.4 |
| 蛋白质（克） | 8.1 | 3.9 | 9 | 0 | 2 |
| 脂肪（克） | 5.4 | 1.2 | 0.6 | 4.7 | 1 |

### 胡萝卜松饼加水果

- 2块低脂胡萝卜松饼（或任何其他脂肪不超过3克的松饼），每份约45克
- 2茶匙人造黄油
- 1杯脱脂牛奶
- 1个橙子

如果你真的很讨厌洗碗，这个现成的即食早餐只需要你在饭后清理刀和玻璃杯。

总计：546大卡，90.3克碳水化合物，27克蛋白质，10克脂肪

| | 松饼 | 人造黄油 | 脱脂牛奶 | 橙子 |
|---|---|---|---|---|
| 能量（大卡） | 313 | 67 | 94 | 72 |
| 碳水化合物（克） | 62 | 0 | 12 | 16.3 |
| 蛋白质（克） | 14 | 0 | 9 | 4 |
| 脂肪（克） | 1 | 7.4 | 0.6 | 1 |

### 玉米粒加覆盆子

- 2包原味即食玉米粒
- 120克新鲜覆盆子
- 1勺特制法国香草乳清蛋白
- 1茶匙亚麻籽油
- 1杯香草豆奶

将覆盆子、乳清和亚麻籽油混合到一起用微波炉或水煮的方法加热。如果你是乳糖不耐受或是喝够了果汁，那么喝香草豆奶也挺好。

总计：523大卡，80克碳水化合物，29克蛋白质，9.6克脂肪

| | 玉米粒 | 覆盆子 | 乳清蛋白 | 亚麻籽油 | 豆奶 |
|---|---|---|---|---|---|
| 能量（大卡） | 188 | 63 | 79 | 42 | 151 |
| 碳水化合物（克） | 41.2 | 13.1 | 2 | 0 | 23.7 |
| 蛋白质（克） | 4.4 | 1 | 16 | 0 | 7.6 |
| 脂肪（克） | 0.6 | 0.7 | 0.8 | 4.7 | 2.8 |

## 草莓奶昔

- 2 杯脱脂牛奶
- 480 克冷冻草莓
- 2 茶匙亚麻籽油
- 30 克烤纯麦芽

将牛奶倒入搅拌机中，然后加入草莓、亚麻籽油和烤纯麦芽。冷冻的草莓使奶昔十分浓稠，吃的时候需要一把勺子。

总计：568 大卡，79.5 克碳水化合物，28.3 克蛋白质，14.2 克脂肪

| | 脱脂牛奶 | 草莓 | 亚麻籽油 | 麦芽 |
|---|---|---|---|---|
| 能量（大卡） | 188 | 179 | 84 | 117 |
| 碳水化合物（克） | 24 | 41.4 | 0 | 14.1 |
| 蛋白质（克） | 18 | 2 | 0 | 8.3 |
| 脂肪（克） | 1.2 | 0.6 | 9.4 | 3 |

# 美味的三明治、沙拉和羹汤：午餐

如果你不在工厂工作，每到中午你几乎可以听到有声音在你的胃里回荡。

虽然一天已经过半，但任务仍然艰巨，早餐积攒的能量用尽，为了迎接下午的挑战，你不能在空腹的时候回到"战场"，此时我们将为您提供能量满满的健身午餐，让您下午的"战斗"会打得更加"激烈"。

请记住：这些午餐是专为体重 80 公斤，身高 178 厘米的人士提供。你需要针对自己的身体情况和目标进行上下调整。另外，如果某些品种在商店中找不到，请任意替换成其他的健康食品。

## 针对减肥者

### 金枪鱼沙拉三明治

| | |
|---|---|
| • 1 块燕麦贝果<br>• 75 克金枪鱼<br>• 1 茶匙蛋黄酱<br>• 4 片长叶莴苣<br>• 1 个中等大小苹果 | 将金枪鱼与蛋黄酱混合，将其撒在贝果上，并配以蔬果，贝果也可由全麦面包替代。苹果可作为甜点。<br>总计：398 大卡，59.9 克碳水化合物，25.4 克蛋白质，7.3 克脂肪 |

| | 贝果 | 金枪鱼 | 蛋黄酱 | 莴苣 | 苹果 |
|---|---|---|---|---|---|
| 能量（大卡） | 181 | 86 | 34 | 7 | 90 |
| 碳水化合物（克） | 37.8 | 0 | 0.1 | 1 | 21 |
| 蛋白质（克） | 7.6 | 16.7 | 0.1 | 0.7 | 0.3 |
| 脂肪（克） | 0.9 | 2.1 | 3.7 | 0.1 | 0.5 |

## 加料牛肉蔬菜汤

- 1 杯牛肉蔬菜汤
- 60 克精瘦牛肉（煮熟沥干）
- 1 块中等大小的全麦圆面包

基本款牛肉汤，加上熟汉堡，就做成一份足以饱腹的美餐。用剩余的果汁泡圆面包吃。

总计：390 大卡，41.7 克碳水化合物，28.8 克蛋白质，12.2 克脂肪

|  | 牛肉蔬菜汤 | 牛肉 | 全麦圆面包 |
|---|---|---|---|
| 能量（大卡） | 144 | 145 | 101 |
| 碳水化合物（克） | 23.3 | 0 | 18.4 |
| 蛋白质（克） | 9.5 | 16.2 | 3.1 |
| 脂肪（克） | 1.5 | 9 | 1.7 |

## 超凡鸡汤

- 1 杯鸡肉汤
- 30 克熟鸡胸肉
- 1/2 个撒哈拉燕麦麸皮塔饼
- 1 个个头偏小的梨
- 1 片美式奶酪

基本款鸡汤，加入熟鸡胸肉，然后就做成了一碗汤，而不是粥之类的东西。皮塔饼、梨和奶酪等配菜增加了午餐的分量。

总计：363 大卡，46 克碳水化合物，22.1 克蛋白质，10.1 克脂肪

|  | 汤 | 鸡胸肉 | 皮塔饼 | 梨 | 奶酪 |
|---|---|---|---|---|---|
| 能量（大卡） | 75 | 44 | 74 | 91 | 79 |
| 碳水化合物（克） | 9.4 | 0 | 15.3 | 21 | 0.3 |
| 蛋白质（克） | 5.7 | 8.8 | 2.4 | 0.5 | 4.7 |
| 脂肪（克） | 1.6 | 1 | 0.3 | 0.6 | 6.6 |

## 鸡肉沙拉三明治

- 1 个鸡肉沙拉三明治
- 1 个番茄
- 1 杯脱脂牛奶

打开即食鸡肉沙拉三明治，夹入番茄片，搭配牛奶吃下。

总计：351 大卡，50.7 克碳水化合物，20 克蛋白质，6.9 克脂肪

|  | 三明治 | 番茄 | 脱脂牛奶 |
|---|---|---|---|
| 能量（大卡） | 226 | 31 | 94 |
| 碳水化合物（克） | 33 | 5.7 | 12 |
| 蛋白质（克） | 10 | 1 | 9 |
| 脂肪（克） | 6 | 0.4 | 0.5 |

### 自制鸡肉沙拉

- 60 克烤鸡胸肉
- 1 杯生菜
- 1 个番茄
- 1 个小青椒
- 1 个中等大小的胡萝卜
- 3 汤匙意式沙拉酱（94％脱脂）
- 1 汤匙帕尔马干酪（磨碎）

这款午餐不仅给你一个吃烧烤的机会，而且还有机会向你的同事吹嘘你的高超厨艺。晚上烧烤好鸡胸肉，放入其他食材做成沙拉，并将其放在冰箱中，早上取出。如果你愿意，分量做大一点，不加沙拉酱，然后完成每天推荐的运动量。

总计：268 大卡，26.5 克碳水化合物，22.8 克蛋白质，7.7 克脂肪

|  | 鸡胸肉 | 生菜 | 番茄 | 青椒 | 胡萝卜 | 沙拉酱 | 干酪 |
|---|---|---|---|---|---|---|---|
| 能量（大卡） | 89 | 10 | 31 | 23 | 28 | 57 | 30 |
| 碳水化合物（克） | 0 | 1.3 | 5.7 | 4.8 | 6.2 | 7.5 | 1 |
| 蛋白质（克） | 17.6 | 0.9 | 1 | 0.7 | 0.6 | 0 | 2 |
| 脂肪（克） | 2 | 0.1 | 0.4 | 0.1 | 0.1 | 3 | 2 |

### 自制火腿沙拉

- 1 碗罗马生菜
- 1 个番茄
- 1 个小青椒
- 1 个中等大小的胡萝卜
- 2 汤匙凯撒原味沙拉酱
- 90 克高级火腿
- 1 个中等大小的梨

这是另一种可选的沙拉，将瘦肉和很多蔬菜拌在一起。如果你愿意，烹制鸡肉沙拉时可以加点奶酪。并用梨子做沙拉的开胃菜。

总计：369 大卡，46.6 克碳水化合物，19.8 克蛋白质，11.4 克脂肪

| | 生菜 | 番茄 | 青椒 | 胡萝卜 | 沙拉酱 | 火腿 | 橙 |
|---|---|---|---|---|---|---|---|
| 能量（大卡） | 10 | 31 | 23 | 28 | 69 | 99 | 109 |
| 碳水化合物（克） | 1.3 | 5.7 | 4.8 | 6.2 | 0.5 | 3 | 25.1 |
| 蛋白质（克） | 0.9 | 1 | 0.7 | 0.6 | 1 | 15 | 0.6 |
| 脂肪（克） | 0.1 | 0.4 | 0.1 | 0.1 | 7 | 3 | 0.7 |

### 自制金枪鱼沙拉

- 1 碗罗马生菜
- 1 个番茄
- 1 个小青椒
- 1 个中等大小的胡萝卜
- 90 克金枪鱼
- 1 汤匙意大利沙拉酱
- 1 个橙子

金枪鱼的用途很多，这里将它作为沙拉的基底。橙子是用来搭配甜点的。将其他所有食材拌到一起。 想要种类多样的话，可以添加洋葱、红辣椒、芹菜、南瓜或者任意深色蔬菜。

总计：321 大卡，40.6 克碳水化合物，25 克蛋白质，6.4 克脂肪

| | 生菜 | 番茄 | 青椒 | 胡萝卜 | 金枪鱼 | 沙拉酱 | 橙子 |
|---|---|---|---|---|---|---|---|
| 能量（大卡） | 10 | 31 | 23 | 28 | 103 | 31 | 95 |
| 碳水化合物（克） | 1.3 | 5.7 | 4.8 | 6.2 | 0 | 1 | 21.6 |
| 蛋白质（克） | 0.9 | 1 | 0.7 | 0.6 | 20.1 | 0 | 1.7 |
| 脂肪（克） | 0.1 | 0.4 | 0.1 | 0.1 | 2.5 | 3 | 0.2 |

## 针对增重人士

### 金枪鱼凉拌意面

- 1 碗弯管通心粉
- 60 克金枪鱼
- 2 汤匙原味菜籽油蛋黄酱
- 1 碗罗马生菜
- 1 个小青椒
- 1 个番茄
- 1 个中等大小的胡萝卜
- 2 个个头偏小的橘子

意面爱好者们注意了：只要煮点通心粉，把橘子以外的所有食材都拌进去，然后放在冰箱里冷一下， 看起来像沙拉，吃起来也像沙拉。

总计：564 大卡，94.6 克碳水化合物，26.5 克蛋白质，8.7 克脂肪

| | 通心粉 | 金枪鱼 | 蛋黄酱 | 生菜 | 青椒 | 番茄 | 胡萝卜 | 橘子 |
|---|---|---|---|---|---|---|---|---|
| 能量（大卡） | 194 | 62 | 62 | 10 | 23 | 31 | 28 | 154 |
| 碳水化合物（克） | 39.7 | 0 | 2 | 1.3 | 4.8 | 5.7 | 6.2 | 34.9 |
| 蛋白质（克） | 6.7 | 14.5 | 0 | 0.9 | 0.7 | 1 | 0.6 | 2.1 |
| 脂肪（克） | 0.9 | 0.5 | 6 | 0.1 | 0.1 | 0.4 | 0.1 | 0.6 |

### 配沙拉的比萨

- 2 片辣香肠比萨
- 1 碗罗马生菜
- 1 个番茄
- 1 个个头偏小的青椒
- 1 个中等大小的胡萝卜
- 1 汤匙意式沙拉酱（94%脱脂）
- 1 杯脱脂牛奶

只要你能坚持住只吃两片，你就可以尽情享受比萨了。在午餐之后，还可以吃一份拌了意式沙拉酱的脱脂沙拉。

总计：571 大卡，72.3 克碳水化合物，32.4 克蛋白质，16.2 克脂肪

| | 比萨 | 生菜 | 番茄 | 青椒 | 胡萝卜 | 沙拉酱 | 脱脂牛奶 |
|---|---|---|---|---|---|---|---|
| 能量（大卡） | 366 | 10 | 31 | 23 | 28 | 19 | 94 |
| 碳水化合物（克） | 39.8 | 1.3 | 5.7 | 4.8 | 6.2 | 2.5 | 12 |
| 蛋白质（克） | 20.2 | 0.9 | 1 | 0.7 | 0.6 | 0 | 9 |
| 脂肪（克） | 14 | 0.1 | 0.4 | 0.1 | 0.1 | 1 | 0.5 |

### 自制比萨美餐

- 1 块 60 克的贝果
- 1 茶匙软质人造黄油
- 2 汤匙意面酱
- 60 克减脂低钠乳酪
- 2 片番茄
- 1/4 个青椒
- 2 个橙子

如果你特别想吃比萨，但却不能出去吃，那就自制一份比萨美餐。这在工作时也可以制作。只要在百吉饼上撒一点人造黄油，撒上意大利面酱，再加上奶酪、番茄和青椒切片，然后将其放在微波炉或面包机中烤 1 分钟以内。

总计：560 大卡，80.4 克碳水化合物，28.3 克蛋白质，13.9 克脂肪

| | 水果 | 人造黄油 | 意面酱 | 乳酪 | 番茄 | 青椒 | 橙子 |
|---|---|---|---|---|---|---|---|
| 能量（大卡） | 153 | 33 | 21 | 152 | 5 | 6 | 190 |
| 碳水化合物（克） | 30 | 0 | 3.1 | 2 | 0.9 | 1.2 | 43.2 |
| 蛋白质（克） | 6 | 0 | 0.5 | 18 | 0.2 | 0.2 | 3.4 |
| 脂肪（克） | 1 | 3.7 | 0.7 | 8 | 0.1 | 0 | 0.4 |

### 赛百味芝士牛排三明治

- 1个赛百味牛排奶酪香烤全麦三明治
- 1碗罗马生菜
- 1个中等大小的胡萝卜
- 1个个头偏小的青椒
- 1个番茄
- 1汤匙低热量沙拉酱
- 1个个头偏大的橙子

作为一种快餐，赛百味三明治无疑是有利于瘦身的。如果你来不及吃午餐，那就带上一份生菜、番茄、青椒和胡萝卜制成的沙拉，配上沙拉酱和橙子，然后点一份听起来很有罪恶感但实质上低脂的赛百味香烤三明治。

总计：579 大卡，81.6碳水化合物，33.9 克蛋白质，12.9 克脂肪

| | 三明治 | 生菜 | 胡萝卜 | 青椒 | 番茄 | 沙拉酱 | 橙子 |
|---|---|---|---|---|---|---|---|
| 能量（大卡） | 370 | 10 | 28 | 23 | 31 | 22 | 95 |
| 碳水化合物（克） | 41 | 1.3 | 6.2 | 4.8 | 5.7 | 1 | 21.6 |
| 蛋白质（克） | 29 | 0.9 | 0.6 | 0.7 | 1 | 0 | 1.7 |
| 脂肪（克） | 10 | 0.1 | 0.1 | 0.1 | 0.4 | 2 | 0.2 |

### 汉堡王烤鸡三明治

- 1个汉堡王烤鸡三明治（不加蛋黄酱）
- 1份汉堡王花园沙拉（不加沙拉酱）
- 1份汉堡王意大利沙拉酱（低热量）
- 180毫升橙汁
- 1个个头偏大的苹果

当其他顾客大嚼特嚼涂满奶酪的双层牛肉堡时，你可以享用一份烤鸡三明治和花园沙拉。另外，从家里带一个苹果作为甜点。

总计：544 大卡，69.1 克碳水化合物，28.9 克蛋白质，16.8 克脂肪

| | 三明治 | 沙拉 | 沙拉酱 | 橙汁 | 苹果 |
|---|---|---|---|---|---|
| 能量（大卡） | 202 | 101 | 17 | 86 | 138 |
| 碳水化合物（克） | 7 | 8 | 3 | 18.8 | 32.3 |
| 蛋白质（克） | 21 | 6 | 0 | 1.5 | 0.4 |
| 脂肪（克） | 10 | 5 | 0.5 | 0.5 | 0.8 |

### 必胜客素食比萨

|  |  |
|---|---|
| • 2 片必胜客低脂爽脆素食比萨<br>• 360 毫升低糖可乐 | 一点点必胜客就足以让你大呼"危险！警报！"了。不过菜单上有一款是无害的：低脂爽脆素食比萨。记住，你只能吃 2 片，所以你要么跟别人一起分享，要么带回去送给需要的人。<br>总计：546 大卡，78.5 克碳水化合物，22 克蛋白质，16 克脂肪 |

|  | 比萨 | 低糖可乐 |
|---|---|---|
| 能量（大卡） | 392 | 154 |
| 碳水化合物（克） | 40 | 38.5 |
| 蛋白质（克） | 22 | 0 |
| 脂肪（克） | 16 | 0 |

# 丰盛却不失健康的晚餐

还记得《异形奇花》里贪婪的食人花吗？不停地喊"喂我！喂我！喂我！"你吃晚饭的时候有没有过这种感觉？

不要做"跟风晚吃饭"这种事，除非你希望自己大腹便便，屁股上堆满脂肪。吃饭越晚，你的身体越有可能堆积脂肪。

健身晚餐并不会保证你拥有一个好胃口。坚持计划，你会发现自己开始对胡吃海塞几乎没有兴趣了。但我们可以保证，你会享受到足够分量的可口晚餐。

请记住：这些晚餐专为体重 80 公斤，身高 178 厘米的人士提供。你需要针对自己的身体情况和目标进行上下调整。另外，如果某些品种在商店中找不到，请任意替换成其他的健康食品。

## 针对减肥人士

### 肉和土豆，还有甜点

| | |
|---|---|
| • 90 克无骨鸡胸肉（烤制）<br>• 1/2 杯冷冻混合蔬菜（煮熟沥水不加盐）<br>• 1 块烤土豆（不加盐）<br>• 1 茶匙无盐黄油<br>• 1/2 杯草莓 | 用低脂的方法烹制鸡胸肉，如果不喜欢烤土豆，可以用红薯或菰米代替来补充碳水化合物。<br>总计：399 大卡，50.6 克碳水化合物，32.5 克蛋白质，7.4克脂肪 |

| | 鸡胸肉 | 蔬菜 | 土豆 | 黄油 | 草莓 |
|---|---|---|---|---|---|
| 能量（大卡） | 133 | 59 | 148 | 35 | 24 |
| 碳水化合物（克） | 0 | 11.9 | 33.6 | 0 | 5.1 |
| 蛋白质（克） | 26.4 | 2.6 | 3.1 | 0 | 0.4 |
| 脂肪（克） | 3 | 0.1 | 0.2 | 3.8 | 0.3 |

## 白鲑鱼配糙米

- 1 1/2 杯摇匀的沙拉（不加沙拉酱）
- 30 克低脂沙拉酱
- 1 1/2 杯煮熟的糙米
- 45 克烤白鲑鱼片

在超市选取半成品的沙拉，并用你最喜爱的低脂沙拉酱进行搅拌。煮米饭，烤鱼，你将享用欧内斯特·海明威般的盛宴。（当然是指他年轻清瘦的时候）

总计：442 大卡，52.6 克碳水化合物，30.8 蛋白质，12.2 克脂肪

|  | 沙拉 | 沙拉酱 | 糙米饭 | 鱼片 |
|---|---|---|---|---|
| 能量（大卡） | 38 | 79 | 161 | 164 |
| 碳水化合物（克） | 6.7 | 12.3 | 33.6 | 0 |
| 蛋白质（克） | 2.6 | 0.1 | 3.8 | 24.3 |
| 脂肪（克） | 0.1 | 3.3 | 1.3 | 7.5 |

## 三文鱼配菰米

- 90 克三文鱼片（熟）
- 1 碗菰米饭（煮熟）
- 1 碗西葫芦（煮熟沥干，不加盐）

看到熊从汹涌的河流中捞起一大条三文鱼，谁会不激动呢？煮鱼的时候，假装自己就是那头熊，跟它一样强壮，但却没它那么胖。

总计：354 大卡，42.1 克碳水化合物，29.3 克蛋白质，7.6 克脂肪

|  | 三文鱼片 | 菰米饭 | 西葫芦 |
|---|---|---|---|
| 能量（大卡） | 149 | 171 | 34 |
| 碳水化合物（克） | 0 | 35 | 7.1 |
| 蛋白质（克） | 21.6 | 6.5 | 1.2 |
| 脂肪（克） | 6.9 | 0.6 | 0.1 |

## 菲力牛排

- 1 个烤红薯（不加盐）
- 75 克烤菲力牛排
- 1 碗切碎的西兰花（煮沸沥干，不加盐）
- 1/4 个柠檬

烤红薯的同时（把皮留在上面），烤牛肉，煮西兰花。往煮熟的西兰花上挤点柠檬就可以了。一顿健康的美食，让你变成大力士。

总计：417 大卡，54 克碳水化合物，30.4 克蛋白质，8.8 克脂肪

| | 红薯 | 牛排 | 西兰花 | 柠檬汁 |
|---|---|---|---|---|
| 能量（大卡） | 189 | 162 | 64 | 2 |
| 碳水化合物（克） | 43.7 | 0 | 9.8 | 0.5 |
| 蛋白质（克） | 3.1 | 21.6 | 5.7 | 0 |
| 脂肪（克） | 0.2 | 8.4 | 0.2 | 0 |

### 猪扒配土豆泥

- 90 克煮熟的无骨猪扒
- 1 碗土豆泥（约 30 毫升脱脂牛奶制成，不含黄油）
- 2/3 杯优选青豆和杏仁（不加黄油）

猪扒烤熟，土豆泥准备好，青豆煮熟。现在你可以做出中西部风味的美食了。

总计：396 大卡，41.9 克碳水化合物，25.1 克蛋白质，14.2 克脂肪

| | 猪扒 | 土豆泥 | 青豆 |
|---|---|---|---|
| 能量（大卡） | 166 | 175 | 55 |
| 碳水化合物（克） | 0 | 36.9 | 5 |
| 蛋白质（克） | 19 | 4.1 | 2 |
| 脂肪（克） | 10 | 1.2 | 3 |

### 烤鸡肉沙拉

- 60 克烤无骨鸡胸肉
- 1 杯罗马生菜
- 1 个番茄
- 1 个青椒
- 1 个中等大小胡萝卜
- 3 汤匙脱脂意式沙拉酱
- 1 汤匙巴马干酪（磨碎）
- 1 杯脱脂牛奶

这样一份有鸡肉、巴马奶酪和意大利酱的烤鸡肉沙拉，非常具有意式代表性。如果你愿意，可以多加一些食谱上没有的蔬菜。

总计：320 大卡，34 克碳水化合物，31.8 克蛋白，5.5 克脂肪

| | 鸡胸肉 | 生菜 | 番茄 | 青椒 | 胡萝卜 | 沙拉酱 | 干酪 | 脱脂牛奶 |
|---|---|---|---|---|---|---|---|---|
| 能量（大卡） | 89 | 10 | 31 | 23 | 28 | 15 | 30 | 94 |
| 碳水化合物（克） | 0 | 1.3 | 5.7 | 4.8 | 6.2 | 3 | 1 | 12 |
| 蛋白质（克） | 17.6 | 0.9 | 1 | 0.7 | 0.6 | 0 | 2 | 9 |
| 脂肪（克） | 2 | 0.1 | 0.4 | 0.1 | 0.1 | 0.3 | 2 | 0.5 |

## 快捷蔬菜沙拉

- 1 杯罗马生菜
- 1 个番茄
- 1 个青椒
- 1 个中等大小的胡萝卜
- 1/4 碗玉米粒（不加盐或糖）
- 1/4 碗罐装芸豆
- 30 克切达干酪（切碎）
- 2 汤匙脱脂意式沙拉酱
- 1/2 杯脱脂牛奶

饥肠辘辘又不想做饭的夜晚，这款用冰箱里现成的蔬菜和罐装食品做成的沙拉可以作为"救命菜"。

总计：331 大卡，45 克碳水化合物，21.7 克蛋白质，6.5 克脂肪

|  | 生菜 | 番茄 | 青椒 | 胡萝卜 | 玉米粒 | 芸豆 | 干酪 | 沙拉酱 | 脱脂牛奶 |
|---|---|---|---|---|---|---|---|---|---|
| 能量（大卡） | 10 | 31 | 23 | 28 | 47 | 54 | 81 | 10 | 47 |
| 碳水化合物（克） | 1.3 | 5.7 | 4.8 | 6.2 | 9 | 10 | 0 | 2 | 6 |
| 蛋白质（克） | 0.9 | 1 | 0.7 | 0.6 | 1.5 | 3.5 | 9 | 0 | 4.5 |
| 脂肪（克） | 0.1 | 0.4 | 0.1 | 0.1 | 0.5 | 0 | 5 | 0 | 0.3 |

## 自制金枪鱼沙拉

- 1 碗罗马生菜
- 1 个番茄
- 1 个青椒
- 1 个中等大小的胡萝卜
- 90 克金枪鱼
- 1 汤匙意大利沙拉酱
- 1/2 杯脱脂牛奶
- 1 个橙子

5 分钟的时间就能把沙拉做好。橙子作为甜点。记住，金枪鱼上可以加点沙拉，以促进蛋白质的吸收。

总计：347大卡，47.6 克碳水化合物，29.5克蛋白质，3.7克脂肪

|  | 生菜 | 番茄 | 青椒 | 胡萝卜 | 金枪鱼 | 沙拉酱 | 脱脂牛奶 | 橙子 |
|---|---|---|---|---|---|---|---|---|
| 能量（大卡） | 10 | 31 | 23 | 28 | 103 | 10 | 47 | 95 |
| 碳水化合物（克） | 1.3 | 5.7 | 4.8 | 6.2 | 0 | 2 | 6 | 21.6 |
| 蛋白质（克） | 0.9 | 1 | 0.7 | 0.6 | 20.1 | 0 | 4.5 | 1.7 |
| 脂肪（克） | 0.1 | 0.4 | 0.1 | 0.1 | 2.5 | 0 | 0.3 | 0.2 |

## 意面配沙拉

- 60 克碎牛肉（瘦）
- 1/4 碗传统意面酱
- 1 碗浓缩的意大利面（煮熟，不加盐）
- 1 杯罗马生菜
- 1/4 个青椒
- 1/4 个番茄
- 1/2 个中等大小的胡萝卜

往意面酱里加一些熟的碎牛肉，然后倒在煮好的意面上。再做一份沙拉，这样的晚饭令人难以拒绝。

总计：412 大卡，52.8 克碳水化合物，23.4 克蛋白质，11.8 克脂肪

|  | 牛肉 | 意面酱 | 意面 | 生菜 | 青椒 | 番茄 | 胡萝卜 |
|---|---|---|---|---|---|---|---|
| 能量（大卡） | 140 | 40 | 194 | 10 | 6 | 8 | 14 |
| 碳水化合物（克） | 0 | 6.1 | 39.7 | 1.3 | 1.2 | 1.4 | 3.1 |
| 蛋白质（克） | 14.1 | 0.9 | 6.7 | 0.9 | 0.2 | 0.3 | 0.3 |
| 脂肪（克） | 9.3 | 1.3 | 0.9 | 0.1 | 0 | 0.1 | 0.1 |

# 针对增重人士

## 白蛤酱意面

- 1 碗浓缩意大利面（煮熟，不加盐）
- 1/2 杯罐装白蛤酱
- 60 克金枪鱼
- 1 碗切碎的西兰花（煮熟，不加盐）
- 1 碗罗马生菜
- 1 个番茄
- 1 个青椒
- 2 个中等大小的胡萝卜
- 1 汤匙意大利沙拉酱（94%脱脂）

将意面煮熟，将其与白蛤酱、金枪鱼和西兰花等食材拌在一起，然后你就得到了一份美味的意大利料理，搭配沙拉一起吃。

总计：571 大卡，77.2 克碳水化合物，39.7 克蛋白质，11.4 克脂肪

|  | 意面 | 白蛤酱 | 金枪鱼 | 西兰花 | 生菜 | 番茄 | 青椒 | 胡萝卜 | 沙拉酱 |
|---|---|---|---|---|---|---|---|---|---|
| 能量（大卡） | 194 | 112 | 62 | 64 | 10 | 31 | 23 | 56 | 19 |
| 碳水化合物（克） | 39.7 | 1 | 0 | 9.8 | 1.3 | 5.7 | 4.8 | 12.4 | 2.5 |
| 蛋白质（克） | 6.7 | 9 | 14.5 | 5.7 | 0.9 | 1 | 0.7 | 1.2 | 0 |
| 脂肪（克） | 0.9 | 8 | 0.5 | 0.2 | 0.1 | 0.4 | 0.1 | 0.2 | 1 |

## 辣椒炖豆加奶酪

- 1 杯罐头装辣椒炖豆
- 30 克减脂切达或科尔比氏干酪
- 3/4 杯煮熟的糙米
- 1 个苹果

将加热的辣椒炖豆上面撒上干酪，或者单独食用干酪。配合米饭和水果一起吃掉。

总计：576 大卡，99.5 克碳水化合物，29.1 克蛋白质，6.9 克脂肪

|  | 辣椒 | 干酪 | 糙米饭 | 苹果 |
|---|---|---|---|---|
| 能量（大卡） | 229 | 48 | 161 | 138 |
| 碳水化合物（克） | 33.1 | 0.5 | 33.6 | 32.3 |
| 蛋白质（克） | 18 | 6.9 | 3.8 | 0.4 |
| 脂肪（克） | 2.8 | 2 | 1.3 | 0.8 |

## 火鸡胸肉配火腿和瑞士奶酪

- 90 克烤去皮无骨火鸡胸肉
- 1 片烟熏精瘦火腿
- 30 克未加工的减脂瑞士奶酪（切片）
- 1 杯罗马生菜
- 1 个番茄
- 1 个青椒
- 1 个中等大小的胡萝卜
- 90 克新鲜蘑菇
- 2 汤匙意大利沙拉酱
- 1 个土豆（不加盐烤熟）
- 1 茶匙人造黄油

如果你吃够了火鸡胸肉，可以试试这个。 烤土豆，煎鸡胸肉。别急，请继续往下听： 火鸡快好的时候，加上火腿和瑞士奶酪。 沙拉和烤土豆给这顿饭增加了点分量。

总计：529 大卡，60.6 克碳水化合物，47.2 克蛋白质，10.4 克脂肪

|  | 火鸡胸肉 | 火腿 | 奶酪 | 生菜 | 番茄 | 青椒 | 胡萝卜 | 蘑菇 | 沙拉酱 | 土豆 | 人造黄油 |
|---|---|---|---|---|---|---|---|---|---|---|---|
| 能量（大卡） | 108 | 25 | 76 | 10 | 31 | 23 | 28 | 27 | 20 | 148 | 33 |
| 碳水化合物（克） | 0 | 0 | 1 | 1.3 | 5.7 | 4.8 | 6.2 | 4 | 4 | 33.6 | 0 |
| 蛋白质（克） | 25.6 | 4.5 | 9 | 0.9 | 1 | 0.7 | 0.6 | 1.8 | 0 | 3.1 | 0 |
| 脂肪（克） | 0.6 | 0.8 | 4 | 0.1 | 0.4 | 0.1 | 0.1 | 0.4 | 0 | 0.2 | 3.7 |

### 汉堡王芝士汉堡

- 1个汉堡王芝士汉堡
- 180毫升橙汁

如果你特别想吃汉堡王，一顿晚餐不会让你的健身计划功亏一篑的。

总计：461大卡，46.8克碳水化合物，24.5克蛋白质，19.5克脂肪

|  | 芝士汉堡 | 橙汁 |
| --- | --- | --- |
| 能量（大卡） | 375 | 86 |
| 碳水化合物（克） | 28 | 18.8 |
| 蛋白质（克） | 23 | 1.5 |
| 脂肪（克） | 19 | 0.5 |

### 汉堡包和炸薯条

- 90克油炸特瘦碎牛肉馅饼（沥干）
- 1个汉堡坯子
- 20根炸薯条
- 1杯加利福尼亚混合蔬菜（花椰菜、西兰花、西葫芦、胡萝卜，不加盐）
- 2片生菜叶
- 1片番茄

要吃"全美式"吗？汉堡、炸薯条、水煮蔬菜，将生菜和番茄放到汉堡上，你就是约翰·韦恩①。

总计：569大卡，59.5克碳水化合物，30.5克蛋白质，23.2克脂肪

①约翰·韦恩是美国著名演员，以出演西部片和战争片中的硬汉而闻名。——译者注

|  | 牛肉 | 汉堡坯子 | 薯条 | 蔬菜 | 生菜 | 番茄 |
| --- | --- | --- | --- | --- | --- | --- |
| 能量（大卡） | 211 | 115 | 208 | 26 | 4 | 5 |
| 碳水化合物（克） | 0 | 21.2 | 31.6 | 5.3 | 0.5 | 0.9 |
| 蛋白质（克） | 21.2 | 4.3 | 3.2 | 1.3 | 0.3 | 0.2 |
| 脂肪（克） | 14 | 1.5 | 7.6 | 0 | 0 | 0.1 |

### 麦当劳牛肉芝士汉堡

- 1个麦当劳牛肉芝士汉堡
- 1份花园沙拉
- 1/2包低脂沙拉酱
- 1杯橙汁

如果你想吃汉堡包，来份麦当劳牛肉芝士汉堡配沙拉和橙汁准没错。

总计：577大卡，71.3克碳水化合物，26.5克蛋白质，25.8克脂肪

|  | 牛肉芝士汉堡 | 沙拉 | 沙拉酱 | 橙汁 |
|---|---|---|---|---|
| 能量（大卡） | 429 | 27 | 35 | 86 |
| 碳水化合物（克） | 37 | 4 | 11.5 | 18.8 |
| 蛋白质（克） | 23 | 2 | 0 | 1.5 |
| 脂肪（克） | 21 | 0.3 | 4 | 0.5 |

### 火鸡三明治

- 1 个原味烤火鸡豪华三明治
- 1 小份炸薯条
- 1 份沙拉
- 1 份低热量意大利沙拉酱

如果你晚饭时间在购物中心逗留，试试原味烤火鸡豪华三明治。你甚至还能吃得下一份沙拉和半份炸薯条。当然，他们不卖半份炸薯条，你必须扔掉一半（秘诀：在坐下来之前就要把那半份扔进垃圾桶）。

总计：440 大卡，55.4 克碳水化合物，23.1 克蛋白质，14 克脂肪

|  | 三明治 | 炸薯条 | 沙拉 | 沙拉酱 |
|---|---|---|---|---|
| 能量（大卡） | 266 | 123 | 27 | 24 |
| 碳水化合物（克） | 33 | 14.9 | 4 | 3.5 |
| 蛋白质（克） | 20 | 1.1 | 2 | 0 |
| 脂肪（克） | 6 | 6.6 | 0.3 | 1.1 |

### 火腿三明治

- 1 个火腿三明治（由两片火腿、两片特制全麦面包，1 茶匙芥末酱制作而成）
- 120 克土豆泥（不含酱汁或黄油）
- 500 毫升苏打水

这款火腿三明治，只要你想吃随时能吃到。

总计：608 大卡，81 克碳水化合物，35 克蛋白质，16 克脂肪

|  | 火腿 | 全麦面包 | 芥末酱 | 土豆泥 | 苏打水 |
|---|---|---|---|---|---|
| 能量（大卡） | 246 | 111 | 3 | 72 | 176 |
| 碳水化合物（克） | 2 | 19.8 | 0.2 | 15 | 44 |
| 蛋白质（克） | 28 | 4.8 | 0.2 | 2 | 0 |
| 脂肪（克） | 14 | 1.4 | 0.2 | 0.4 | 0 |

## 如何创造终极健身场地：完美的家庭健身房

我们假设你有场地、有意愿，有钱来建你自己的家庭健身房。那么你需要哪些必需而又有趣的附加设备呢？下边给出我们的建议。

- 全身镜（贴在墙上）
- 空调
- 存放运动型饮料和果汁的冰箱
- 3条毛巾和3个挂毛巾的钩子（1条用来擦汗，1条用来擦设备上的汗，1条给你哥们儿准备）
- 休息用的椅子
- 在地板上铺上地毯或铺设健身房橡胶地板（否则你会弄坏瓷砖、刮伤地板，而且注意不要影响到楼下的住户）
- 绝对不要有电话
- 有秒针的挂钟（用来计时）
- 电视机
- 跳绳
- 室内健身自行车
- 椭圆机
- 划船机
- 跑步机
- 平衡球
- 单杠
- 双杠
- 杠铃片放置器和哑铃架
- 海报（如果是在地下室，请把墙上的海报照亮。海报选择视觉效果好的，可以激励你的任何内容）
- LED灯或卤素灯（如果是一个较暗的房间，比如说地下室，这样可以给人生机

勃勃的、夏日的感觉）

- 黑板或白板（在上面可以画出你每日的训练计划）
- 空气净化器
- 饮水机
- 体重秤
- 备用的运动衫和 T 恤（冷的时候可以穿上）
- 淋浴设备
- 浴后用浴巾若干

举重训练设备

- 杠铃（6 英尺⊖长或奥运标准的 7 英尺长）
- 一套杠铃片（5 磅的 4 片，10 磅的 4 片，25 磅的 2 片，35 磅的 2 片，45 磅的 2 片。随着训练强度的加强，日后再追加）
- 2 个杠铃片卡扣
- 卧推架
- 6 对哑铃（分别为 10 磅、15 磅、20 磅、25 磅、30 磅和 35 磅）
- 高质量、可以倾斜和下降的长凳（确保支撑架至少 90 厘米宽，以保证稳定；便宜的太窄而且易坏）
- 挂片式深蹲架
- 史密斯机
- 拉伸机
- 倾斜板（提踵练习用）

---

⊖ 英尺，1 英尺 ≈ 0.30 米。——译者注

# 健身时的最佳着装：健身衣橱

你需要多少运动服装呢？《男士健康》杂志的健身专家引领你安排好自己的衣橱，得体又实用。

毛巾

- 特大号棉质浴巾（质量好的毛巾并不比一般的贵多少，但是浴后却可以给你奢侈的享受，切记用后即洗干净）
- 棉质手巾（随身带 1 条用来在举重训练后擦额头以及装备上的汗，切记用后即洗干净）

长裤、短裤

- 轻薄、吸水材质、有内衬（内裤）的跑步短裤
- 全棉短裤
- 全棉卫裤
- 速干、弹力、莱卡混纺材质的运动裤
- 泳裤（夏季或假期，你会用得上）
- 运动紧身裤（如果你生活在寒冷的地区）

内衣裤

- 四角内裤或三角内裤（选你觉得舒服的）
- 自行车短裤（这种短裤不仅在热天可以速干，而且出奇的舒服。如果你觉得羞怯，可以在外边再穿一条运动短裤）

鞋

- 跑鞋
- 全能训练鞋（适用于室内健身）
- 健步鞋或远足鞋
- 专项运动鞋，取决于你从事的运动（篮球鞋，足球鞋，远足鞋……）

上装

- 短袖 T 恤（材质为棉质或合成吸水材质）
- 长袖半开襟亨利衫（棉质）
- 2 件全棉长袖运动衫（其中一件为帽衫）
- 速干长袖 T 恤（保暖材质）
- 长袖单壳风衣或防雨夹克

袜子

- 全棉袜（包小腿、低帮）
- 聚丙烯袜子（为远足或冬季活动准备）
- 羊毛户外袜（可套在聚丙烯袜外穿着）

其他配件

- 棒球帽
- 举重手套
- 运动手套（适用你所从事的棒球、高尔夫、自行车以及其他需要手套的运动）
- 太阳镜
- 钥匙扣（跑步或骑行时适用）
- 帆布包或双肩背包（用来放置脏衣服）
- 训练包（可折叠但结实，有口袋可放置健身需要的装备）
- 预先准备好的洗漱包（时刻准备好的健身、出差或旅行所需用品）

# 你的橱柜里应该有这些

一个钟情于健康饮食的人，他的厨房储物柜里应该囤点什么呢？这里为你完整地列出了清单。记住空间安排：把你常用的食材（麦片、食用油、意大利面）放在手边，把偶尔用的放在较低或较高的位置，或放在地下室。

基本的烹饪所需

- 油（你需要两种油：植物油和橄榄油，植物油中倾向菜籽油）
- 醋
- 香草（牛至、罗勒、百里香、意大利调料、欧芹和迷迭香）
- 香料（辣椒粉、肉桂、小茴香、大蒜粉和其他特别的混合粉）
- 糖
- 面粉
- 盐
- 辣椒
- 酱油调味汁
- 意大利面（比如意大利扁面条或意大利细面条）和奇形怪状面（意大利螺旋面或车轮面）
- 野米（菰米）
- 即食面

饮料储备

- 可可粉
- 柠檬汁粉
- 茶包（混合花茶、茉莉花茶、绿茶、英式早餐茶、伯爵红茶）

制好的食品

- 意大利面酱（低脂）
- 速食汤（如蔬菜通心粉汤、扁豆汤和低脂蛤蜊浓汤）
- 主食类（可迅速获取碳水化合物的食物，如黑豆、米饭、低脂通心粉、奶酪和蒸粗麦粉）

即食食品

- 谷类食品。（如水果或坚果口味麦片、麦芽和低脂格兰诺拉燕麦卷）
- 燕麦片（袋装、罐装或盒装）
- 谷物棒（可作为早餐或零食）
- 葡萄干
- 咸饼干（芝麻圆饼和小麦饼干）
- 微波爆米花（低脂或脱脂）
- 玉米片（烘焙款）
- 坚果（切碎的无糖坚果和向日葵籽，放入沙拉里很健康）

罐装食品

- 竹笋
- 豆子（多贮备几种，黑豆、辣豆、鹰嘴豆、焗豆和低脂炸豆泥等）
- 番茄酱

中级水平烹饪所需

- 坚果（花生、核桃、腰果、开心果等）
- 芝麻油
- 米醋
- 调味汁或半成品甜品酱（放在冰激凌、巧克力蛋糕或香蕉上）
- 豆腐

如果你有面包机或烘焙机，准备如下：

- 发酵粉
- 小麦粉
- 面包粉
- 小苏打
- 玉米淀粉

- 蜂蜜
- 酵母

新鲜食品

- 洋葱
- 土豆、红薯
- 大蒜
- 香蕉
- 热带水果（如菠萝、芒果、猕猴桃或木瓜；虽然剥皮很难，但很美味）

其他备用品

- 蛋白粉（为时间紧急时准备）

# 硬汉家冰箱里的储备

如果你的冰箱里没有绿色食物的话，你的饮食是不完美的。如果硬汉想要吃得健康而又美味的话，他将会在冰箱里储存如下的东西（当然，你可以根据你的需要进行调整）。

假设：

- 你经常在家吃早餐和晚餐，不经常吃午餐
- 你每个星期购物一次，准备一个星期的食物
- 你为个人准备食物，偶尔招待几位客人

饮料

- 脱脂牛奶，4升
- 橙汁，2升
- 其他果汁（比如葡萄汁）或运动型饮料
- 蔬菜汁
- 大罐过滤水

调味品

- 番茄酱
- 烧烤酱
- 辣椒酱
- 洋葱做的辣调味汁
- 芥末
- 蛋黄酱（低脂）
- 沙拉酱（低脂）
- 放在小罐子里的蒜泥
- 蜂蜜
- 中国调味品：蒜蓉辣酱、豆豉酱、海鲜酱、蚝油、酸梅酱

- 意大利调味品：番茄干油、腌橄榄、填充橄榄、马槟榔
- 拉丁调味品：腌制墨西哥胡椒、莎莎酱、玉米粉薄烙饼
- 柠檬汁
- 黄油或软式人造奶油
- 切达干酪（低脂）
- 帕玛森芝士（磨碎）
- 亚麻籽油
- 原味酸奶（低脂）
- 果酱
- 酸奶油（低脂）
- 苹果酱
- 布丁，若干杯
- 花生酱（低脂）
- 巧克力糖浆

肉盒

在冰箱里储存够两天食用的鸡胸肉和牛肉馅，另外，把吃不完的冻起来。
- 火鸡培根
- 去皮鸡胸肉
- 精瘦牛肉馅
- 熟虾
- 瘦肉火腿或火鸡切片
- 奶酪片（低脂）
- 鸡蛋

果盒

每个星期都储存 15~20 个新鲜水果。
- 苹果，半打
- 橙子，半打
- 夏季水果或浆果
- 瓜类：哈密瓜或西瓜

蔬菜盒

储存可以做一份沙拉和家常晚餐的蔬菜。

- 生菜

- 黄瓜

- 番茄

- 青葱

- 芹菜

- 胡萝卜

- 青椒

- 4 种以上可供烹饪的蔬菜，如青瓜、西兰花、茄子、青豆、大白菜

- 新鲜的姜，1 小块

冷冻层

- 够吃 4 餐的肉：没有涂面包屑的鱼片、精瘦牛排、鸡胸肉、精瘦肉香肠

- 够吃 1~2 餐的烹制好的食物：素汉堡、1 磅袋装饺子（馄饨、意大利饺子、饺子形馅饼等）、低脂冷冻食品

- 1 磅 1 袋或 1 盒的蔬菜，多种蔬菜，加之切碎的西兰花和菠菜

- 咖啡（冷冻风味更佳）

- 浆果（如果你喜欢的话储存一些蓝莓、草莓和其他独特的浆果、用来做水果沙冰，或放在冰激凌、烤薄饼的上边）

- 椒盐脆饼，1 盒

- 百吉饼，半打（小块多种口味）

- 全麦面包，1 条

- 香草冰淇林或酸奶（低脂）

- 全麦华夫饼，1 盒（低脂）

# 急救和自我治疗：保护性医药箱

我相信你不会受伤，硬汉。你也不会生病，不会擦伤，不会酸痛，不会拉伤，扭伤或被抓伤。但是你是一个生活在现实世界中的人，你要做好受伤的准备，储备这些必须的和特殊功效的药物。

常备用品

- 应急冰袋
- 多种宽度弹性绷带（等长）
- 外用酒精
- 阿司匹林或布洛芬（用来缓解疼痛和减少发炎）
- 胶布和纱布
- 用于包扎伤口的抗菌药膏
- 色彩鲜艳的各种胶布绷带（如邦迪）
- 棉球和棉签
- 紧急救助电话号码单（包括你的医生和救护车服务电话）

瓶瓶罐罐

- 氢化可的松软膏（用来止痒）
- 抗菌剂
- 双氧水
- 抗真菌霜或抗真菌液
- SPF 值至少 15 的防晒霜
- SPF 值至少 8 的润唇膏
- 山金车膏或凝胶（用于肌肉痛或发炎）
- 驱虫剂

基本装备

- 平头剪刀
- 体温计
- 镊子
- 压舌板（用来固定手指或脚趾）

其他

- 按摩器（上端有发动机，可提供最大舒适度的震动）